21世纪日语系列教材

データでわかる
新日本社会
日本への扉

主編　辺　静
副編　［日］井田正道
　　　［日］望月佐多子
　　　範　玉梅

北京大学出版社
PEKING UNIVERSITY PRESS

图书在版编目(CIP)数据

新日本社会：日文/边静主编. —北京：北京大学出版社，2015.9
（21世纪日语系列教材）
ISBN 978-7-301-25874-3

Ⅰ.①新… Ⅱ.①边… Ⅲ.①日本–概况–教材–日文 Ⅳ.①K931.3

中国版本图书馆CIP数据核字(2015)第104024号

书　　名	新日本社会
著作责任者	边　静　主编
责任编辑	兰　婷
标准书号	ISBN 978-7-301-25874-3
出版发行	北京大学出版社
地　　址	北京市海淀区成府路205号　100871
网　　址	http://www.pup.cn　新浪微博:@北京大学出版社
电子信箱	lanting371@163.com
电　　话	邮购部 62752015　发行部 62750672　编辑部 62759634
印刷者	北京宏伟双华印刷有限公司
经销者	新华书店
	787毫米×1092毫米　16开本　14印张　260千字
	2015年9月第1版　2022年8月第2次印刷
定　　价	56.00元

未经许可，不得以任何方式复制或抄袭本书之部分或全部内容。
版权所有，侵权必究
举报电话: 010-62752024　电子信箱: fd@pup.pku.edu.cn
图书如有印装质量问题，请与出版部联系，电话: 010-62756370

前 言

　　本书作为北京科技大学"十二五"规划教材，主要为"现代日本社会文化"课程编写，适用于大学日语专业本科高年级学生以及硕士研究生的课堂教学和自学。同时，本书也是"基础日语"课堂教学中社会文化知识的重要补充素材。另外，本书也可作为大众读物，供有一定日语基础，对现代日本社会、文化感兴趣的读者阅读与思考。

　　本书由 16 章构成，对应高校一学期 16 或 18 周的教学。全书力图使用最新数据，全方位呈现现代日本社会的特点，包括日本的政治经济、日本人的生活和现阶段的社会问题。内容全面、新颖，有趣味性。本书除"第 0 章"的总体介绍外，其余各章每章围绕一个主题进行解说。各章中首先列出该主题的基本知识点，然后用 Topic 1、Topic 2、Topic 3 提出与本章主题相关的 3 个侧面进一步介绍。之后在"重要语句"部分集中解释本章中出现的关键词句。随后是"练习问题"，包含基本问题和应用问题。最后设有相对独立的"专栏"，讨论一个与日常生活相关却容易被忽略的问题，引发读者从更多角度深入思考。

　　本教材有如下特色：

　　日语编写：本书使用日语编写。日语难度为国际日语能力测试 2 级水平，可以保证零起点的日语专业 3 年级学生以及达到 2 级水平的日语自学者顺利阅读。同时，本书所有章节均是编者们在现有资料的基础上重新写成，内容与表达也都经过两位日籍编者的仔细修改推敲，文章自然、优美。

　　结构合理：各章采取同样结构，从不同侧面层层深入阐释。结构一目了然，内容由浅入深、循序渐进。

　　视点新颖：本书从日本人和中国人的不同视角剖析现代日本社会，同时有意识地关注中日社会之异同，可为读者提供多样的思考方式。

　　知识点新：本书选取新近权威统计数据深入浅出介绍日本社会，有利于学生宏观把握日本社会的发展脉络。

　　趣味性强：本书避免枯燥的知识点的罗列，力图用贴合内容的照片、图片、数据图表等与文字配合，让读者在轻松愉悦地阅读的过程中，较全面地掌握知识，并激发读者进一步学习探讨的兴趣。

　　本书由中方人员边静、范玉梅，日方人员井田正道、望月佐多子共同编写。其

中，井田老师和望月老师均为有丰富教学经验的日籍教师，他们在中国工作多年，热爱日语教育事业，为中日友好奉献着几乎所有的精力。井田老师和望月老师在全书的构成、章节的撰写和后期的校对等各个方面承担了繁重的任务。可以说没有两位老师的智慧和贡献，本书不会顺利问世。中方编者边静和范玉梅为北京科技大学外国语学院教师。这两位教师留学日本多年，回国后长期从事中日社会比较研究和日语教育工作。她们将自己的专业知识运用到本书的编写中，力图为读者提供更多的思考和认识角度。

希望我们精心编写的这部教材，能够成为读者正确、全面理解日本社会的桥梁，并为中日两国人民的友好略尽绵薄之力。

本书的编写和出版得到了"十二五"期间高等学校本科教学质量与教学改革工程建设项目和北京科技大学教材建设经费的资助，特此感谢。同时，还要特别感谢北京大学出版社和兰婷编辑为本书的出版提供的帮助。

中方编者代表　边静

2015 年 9 月

著者紹介

辺　静
北京科技大学外国語学院教師

1975年遼寧省生まれ。お茶の水女子大学卒。社会学博士。北京科技大学では日本語や日本社会研究などの授業を担当。

本書が皆さんの日本社会に対する全面的な理解に役立ち、同時に、中国社会に対する理解に繋がればいいなと思います。

井田　正道
北京科技大学外籍教師

1976年島根県生まれ。駒澤大学文学部卒。日本での出版社勤務を経て、40ヵ国を周遊。2009年より北京で日本語教師に。

日本社会を知れば、日本がどんな国か分かってきます。今まで知らなかったことをこの本でたくさん学んでほしいです。

望月　佐多子
北京国際青年研修学院日本語部教務長

1978年京都府出身。京都府立大学文学部卒。大学時代に北京に留学し、卒業後は北京に13年滞在。

学生の皆さんに日本語を教えるかわりに、私も多くのことを学びました。この本が皆さんの勉強の役に立てたらとても嬉しいです。

範　玉梅
北京科技大学外国語学院教師

1974年陝西省生まれ。西安外国語大学卒。2008年に大阪大学文学博士を取得し、大阪大学研究員を経て、2010年より現職。

理解が深まれば行動も変わります。日本について我々が知らないことは意外に多いです。本書で様々な発見を期待しています。

目次 CONTENTS

データでわかる
新日本社会
日本への扉

前言 …………………………… i
著者紹介 …………………… iii

第0章　日本はどんな国？　1
日本の基本情報……………………… 2
日本の都道府県の特徴……………… 8

第1章　日本の家族　11
基本情報◆日本の家族 …………… 12
Topic 1　家庭内での役割分担……… 14
Topic 2　高齢者の介護……………… 16
Topic 3　日本人の結婚と離婚……… 18
重要語句 …………………………… 20
練習問題 …………………………… 21
コラム①　家庭の「お弁当」の行方……… 22

第2章　日本の住居　23
基本情報◆日本の住居 …………… 24
Topic 1　伝統的な家………………… 26
Topic 2　現代的な家………………… 28
Topic 3　共同住宅…………………… 30
重要語句 …………………………… 32
練習問題 …………………………… 33
コラム②　正座できない、したがらない若者たち……………………… 34

第3章　日本の食生活　35
基本情報◆日本の食生活 ………… 36
Topic 1　和食と日本人……………… 38
Topic 2　食生活の変化と「食育」…… 40
Topic 3　食品の安全性……………… 42
重要語句 …………………………… 44
練習問題 …………………………… 45
コラム③　今、スローフードが見直される 46

第4章　日本の物価　47
基本情報◆日本の物価 …………… 48
Topic 1　日本の物価………………… 50
Topic 2　消費税と関税……………… 52
Topic 3　格安ショップ……………… 54
重要語句 …………………………… 56
練習問題 …………………………… 57
コラム④　値下げには値下げで対抗、終わりなき「牛丼戦争」……………… 58

第5章　日本人のマナー　59
基本情報◆日本人のマナー ……… 60
Topic 1　人に迷惑をかけない……… 62
Topic 2　店員の接客マナー………… 64
Topic 3　日本人の食事マナー……… 66
重要語句 …………………………… 68
練習問題 …………………………… 69
コラム⑤　世界中に注目された震災時の日本人のマナー……………… 70

目次 CONTENTS

第6章　日本の交通事情　71
- 基本情報◆日本の交通事情 …………… 72
- Topic 1　日本の道路交通 ……………… 74
- Topic 2　公共交通機関 ………………… 76
- Topic 3　日本の交通の特徴 …………… 78
- 重要語句 …………………………………… 80
- 練習問題 …………………………………… 81
- コラム⑥　世界初の新幹線開通、未だに死亡事故はゼロ ………………… 82

第7章　日本の環境対策　83
- 基本情報◆日本の環境対策 …………… 84
- Topic 1　日本人の環境保護意識 ……… 86
- Topic 2　森林保護と環境保護活動 …… 88
- Topic 3　日本のエコ技術最前線 ……… 90
- 重要語句 …………………………………… 92
- 練習問題 …………………………………… 93
- コラム⑦　なぜ日本の街にはゴミが落ちていないの？ ……………………… 94

第8章　日本の防災対策　95
- 基本情報◆日本の防災対策 …………… 96
- Topic 1　日本人の防災意識 …………… 98
- Topic 2　防災教育とボランティア … 100
- Topic 3　政府や企業の取り組み …… 102
- 重要語句 ………………………………… 104
- 練習問題 ………………………………… 105
- コラム⑧　奇跡の一本松 ……………… 106

第9章　日本の都市　107
- 基本情報◆日本の都市 ………………… 108
- Topic 1　近代都市の誕生 …………… 110
- Topic 2　日本の主要都市 …………… 112
- Topic 3　都市の郊外化と地方圏 …… 114
- 重要語句 ………………………………… 116
- 練習問題 ………………………………… 117
- コラム⑨　「ゆるキャラ」による地方都市活性化 …………………………… 118

第10章　日本の経済　119
- 基本情報◆日本の経済 ………………… 120
- Topic 1　日本経済の歴史 …………… 122
- Topic 2　日本の産業 ………………… 124
- Topic 3　日本の貿易 ………………… 126
- 重要語句 ………………………………… 128
- 練習問題 ………………………………… 129
- コラム⑩　日本経済回復へ──東京オリンピック誘致成功 ………… 130

第11章　日本の企業　131
- 基本情報◆日本の企業 ………………… 132
- Topic 1　年功序列と終身雇用制 …… 134
- Topic 2　日本企業の「ホウレンソウ」… 136
- Topic 3　日本を支える製造業 ……… 138
- 重要語句 ………………………………… 140
- 練習問題 ………………………………… 141
- コラム⑪　「経営の神様」──パナソニック創業者・松下幸之助 ……… 142

目次　CONTENTS

第12章　日本の政治　143

- 基本情報◆日本の政治……………… 144
- Topic 1　選挙制度 ……………… 146
- Topic 2　日本の政党 ……………… 148
- Topic 3　日本の地方自治 ………… 150
- 重要語句……………………………… 152
- 練習問題……………………………… 153
- コラム⑫　日本の総理大臣はなぜよく代わるのか？ ……………… 154

第13章　日本のマスメディア　155

- 基本情報◆日本のマスメディア……… 156
- Topic 1　報道の自由と権利問題 …… 158
- Topic 2　日本のテレビと新聞 ……… 160
- Topic 3　マスメディアの問題点 …… 162
- 重要語句……………………………… 164
- 練習問題……………………………… 165
- コラム⑬　日本のスポーツ新聞はとにかく派手 ……………… 166

第14章　日本の学校教育　167

- 基本情報◆日本の学校教育………… 168
- Topic 1　特別活動と学校行事 …… 170
- Topic 2　部活動 ……………… 172
- Topic 3　学校外での活動 ………… 174
- 重要語句……………………………… 176
- 練習問題……………………………… 177
- コラム⑭　100年以上前に就学率95％、教育を重視する日本 …………… 178

第15章　日本の社会問題　179

- 基本情報◆日本の社会問題………… 180
- Topic 1　少子高齢化問題 ………… 182
- Topic 2　生活問題 ……………… 184
- Topic 3　教育問題 ……………… 186
- 重要語句……………………………… 188
- 練習問題……………………………… 189
- コラム⑮　超高齢社会における高齢者の生きがい探し …………… 190

付録　191

- 索引 ………………………………… 192
- 特別付録：日本知識クイズ ……… 202
- 日本知識クイズ◆解答◆ ………… 206
- 参考資料 …………………………… 210
- 著者メッセージ
  もっと日本を感じてほしい … 216

第0章
日本はどんな国？

　本書の内容に入る前に、まず日本についての基本情報について確認しておきましょう。中国と日本は同じ東アジアの海を隔てた隣国で、長年交流を続けてきました。しかし日本とはさまざまな違いがあり、中国人がよく知らないことも多いです。

日本の首都	日本の通貨	日本の面積	日本の総理大臣
日本の言語	日本の地形	日本の気候	日本の自然災害
日本の人口	日本の産業	日本の交通	日本の政治
日本の宗教	日本の外交	日本の祝日	日本の世界遺産
日本のノーベル賞受賞者		日本の行政区分	

みなさんは日本についてどれくらい知っていますか？

Q1、日本の首都はどこですか？

Q2、日本の現在の総理大臣は誰ですか？

Q3、日本で一番高い山は何ですか？

Q4、日本にはどのような自然災害がありますか？

Q5、日本の人口はどれくらいですか？

Q6、日本には年間で何日くらい祝日がありますか？

Q7、日本の世界遺産にはどのようなものがありますか？

Q8、日本の都道府県をいくつくらい言えますか？

日本の基本情報

【日本の基礎知識】

　日本は日本列島とその周辺の島々を領土とする東アジアの国家です。海を隔てた隣国の中国とは古来から現在にいたるまで文化や貿易などで交流が続いています。

- ◆国名：日本（「にほん」または「にっぽん」と読む）
- ◆公用語：日本語
- ◆首都：東京
- ◆面積：377,960km²（世界第62位）
- ◆人口：約1億2688万人（世界第10位）※2014年12月現在
- ◆人口密度：336人/km²
- ◆65歳以上の人口割合：24.1%（2013年）
- ◆平均寿命：男性80.2歳（世界第4位）、女性86.6歳（世界第1位）※2013年
- ◆内閣総理大臣：安倍晋三
- ◆天皇：明仁天皇（125代）
- ◆年号：平成（2015年は平成27年）
- ◆通貨：円（JPY）
- ◆暦：太陽暦
- ◆国歌：君が代
- ◆広域地方公共団体：47都道府県（1都1道2府43県）
- ◆時差：中国とは1時間差（日本が9時なら中国は8時）

【日本の言語】

　日本語は日本人の母語で、日本全土で日本語による義務教育が行われています。識字率はほぼ100%です。地域によって方言はありますが、中国ほど方言による言葉の差異はありません。

【日本の地形】

- ◆**位置**：日本は、アジア大陸の東側に位置する島国です。太平洋の北西部にあり、周囲を太平洋、日本海、東シナ海、オホーツク海などの海洋に囲まれています。
- ◆**国土形成**：総面積は37.8万km²で、これは中国の約25分の1の広さです。領土はすべて島から成っています。本州、北海道、九州、四国の四つの大きな島を含む約7000の島が北東から南西へと3000kmに及ぶ長さで連なっており、国土の6割以上が山岳地帯で森林に覆われています。

◆山地：日本は国土の約4分の3が山地と丘陵地です。本州の中央部には、飛騨山脈、木曽山脈、赤石山脈といった高い山脈が連なり、日本アルプスまたは「日本の屋根」と呼ばれています。環太平洋造山帯に属し、火山が多く、火山活動によってできた湖や温泉も多いです。富士山（3776m）は日本で最も高い山で世界遺産にも認定されました。

◆平地：日本の国土の約4分の1が平地です。日本最大の平野は17000 km²の関東平野で、利根川流域と関東地方1都6県にまたがっています。

◆河川・湖：日本の河川は流れが激しくて短い、流域面積が狭い、水量の変化が大きい、という3つの特徴があります。最も広い湖は琵琶湖（670km²）、最も長い川は信濃川（367km）、最も流域面積の広い川は利根川（16,840km²）です。

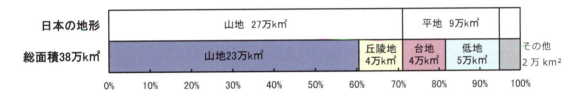

【日本の気候】

日本は中緯度地帯に位置するため、全体的に見ると気温が温暖で、四季の区別がはっきりしています。日本の気候は大きく太平洋式気候と日本海式気候に分けられます。

- 太平洋沿岸気候区は夏は雨が多く、冬は乾燥しています。
- 日本海沿岸気候区は夏はわりあい雨が少なく、冬は雪が多いです。
- 北海道気候区は冬が長く、日本海側は雪が多く気温が低いです。
- 南西諸島気候区は一年中気温が高く、台風による雨が多いです。
- 瀬戸内気候区は冬も温暖で年中雨が少なく、晴れた日が多いです。
- 中部高地気候区は夏と冬の気温の差が大きく、降水量が少ないです。

◆ 気候の性質・特徴
- 島嶼であるため、全般に気温変化が穏やかで降水量が多い海洋性気候です。
- 国土が縦長であるため、南北で気温に大きな違いがあります。
- 列島の中央を縦走する山岳地帯を境に太平洋側と日本海側で天候が大きく異なります。
- 主に6月上旬から7月上旬にかけて北海道を除いて雨が降り続く梅雨の時期があります。

◆ 気候区分
- 北海道と本州の山岳地帯の一部……亜寒帯
- 本州の大部分・九州・四国・南西諸島の北部……温帯
- 火山列島・南鳥島・沖ノ鳥島・八重山列島・多良間島・沖大東島……熱帯

【日本の自然災害】

- ◆**地震**：日本は地震の非常に多い国で、津波や山崩れ・地割れなどを引き起こします。
- ◆**津波**：地震に伴い発生する高波です。2011年の東日本大震災では津波が甚大な被害をもたらしました。
- ◆**火山噴火**：日本は火山の多い国で、溶岩・火山灰・火砕流や津波などによって周辺の地域に被害をもたらします。
- ◆**梅雨・台風**：日本では6月から7月にかけて梅雨の時期となり、雨の日が続きます。また、日本列島は台風の通り道になっているため、夏の集中豪雨が、洪水や山崩れ・土石流などを引き起こします。
- ◆**雪害**：北海道、東北地方、北陸地方など日本海側や山岳地方は雪が多く、積雪により交通機関、農作物、住宅などが被害を受けることがあります。

東日本大震災での津波

【日本の人口】

日本の人口は約1億2688万人（2014年12月）で世界第10位です。これは中国の人口の約11分の1にあたります。人口の5割が国土の14%ほどの平野に集中しており、特に東京、大阪、名古屋を中心とする地域（三大都市圏）に日本の人口の5割弱が住んでいます。このような人口の差により、過疎化・過密化といった問題が発生しています。人口100万人を超える大都市が各地方に点在しており、国民の多くはこれらの大都市、又はその周辺部で生活しています。

また、日本では急速に少子高齢化が進行しています。2007年に超高齢社会（65歳以上の人口割合が21%以上）となりました。現在、日本の人口は増加から減少に転じており、社会的に問題になっています。

【日本の産業】

- ◆**農業**：規模の小さい自作農が多く、稲作が中心です。自給率が低いですが、貿易自由化により海外から安い農産物が輸入されるようになりました。
- ◆**林業**：日本は国土面積の約3分の2を森林が占めますが、1970年以降の木材の輸入自由化により競争力を失い、海外の木材の輸入が急増しました。
- ◆**水産業**：日本近海は暖流と寒流が交わり、漁業資源に恵まれており、昔から漁業が盛んでした。しかし、経済水域の設定や資源保護の視点から漁獲量の制限が厳しくなっています。
- ◆**工業**：日本は工業国として、国内総生産（GDP）で世界第3位の経済大国です。工業は首都圏から北九州にのびる太平洋岸の「太平洋ベルト地帯」で盛んです。
- ◆**サービス業**：卸売業は総合商社を中心に発達し、小売業は海外進出も盛んになっています。また、日本の情報産業は世界的に見ても非常に発達しています。

【日本の交通】

　1964年に世界初の高速鉄道である新幹線が開通しました。鉄道網は日本中に広がり、特に首都圏は鉄道や地下鉄の路線が非常に多いです。また、高度経済成長以降、道路網・高速道路網が発達しています。世界規模の海運会社や航空会社も存在します。

【日本の政治】

- ◆**日本国憲法**：日本国憲法は、国の最高法規であり、その下に国会が制定する法律が置かれています。日本国憲法の三大原則は「国民主権」「基本的人権の尊重」「平和主義」です。
- ◆**象徴天皇制**：天皇は日本国および日本国民統合の「象徴」で、憲法の定める国事行為のみを行い、国政に関する権能はもっていません。
- ◆**国政**：国の政治は国会と内閣を中心に行われます。国会と内閣は分立しながら協働して国政を行う議院内閣制です。
- ◆**三権分立**：日本の統治機構は三権分立に基づいており、立法権は国会に、行政権は内閣に、司法権は裁判所に属します。

【日本の宗教】

　日本の宗教は神道系、仏教系の信者が多く、キリスト教などの他宗教の信者は非常に少ないのが特徴です。日本では長らく神仏習合の文化があったため、多重宗教をとっている信者も多く、神道系と仏教系を合わせると2億人近い信者がいるのはそのためです。仏教は6世紀に中国から伝わったと言われています。

　現代の日本人の多くは宗教儀礼には参加しているものの、特定の宗教に帰属しているという意識は薄く、どの宗教や宗派を信仰しているかを重視されることはほとんどありません。

日本人の宗教信仰の割合
神道系：79.3％（約1億100万人）
仏教系：66.7％（約8500万人）
キリスト教系：1.5％（約200万人）
その他：7.1％（約900万人）
文部科学省「宗教統計調査」2013年

【日本の外交】

　日本はこれまで世界中の国と友好関係を築いてきました。国際連合を中心に各国と幅広い外交を行い、長年にわたって援助や貿易を行っています。特に第二次世界大戦後は多大な影響力をもつアメリカ合衆国との関係を重視しています。また、地理的に近い東アジア各国と強い関係を保ち、東南アジアやオーストラリア、西ヨーロッパ各国との関係も深いです。

　中国とは約2000年におよぶ長い交流の歴史があり、漢字、仏教、暦、料理など多くのものが中国から日本に伝わり、日本の文化形成に大きな影響を与えてきました。各時代で貿易が行われ、現在では農作物や地下資源などが中国から日本に輸入され、日本からは自動車や電化製品などが中国に輸出されています。しかし、歴史上の問題や領土問題などで両国の関係は良好とはいえず、今後の動向に注目が集まっています。

【日本の祝日】

1月1日	元旦(がんたん)	7月第3月曜日	海の日
1月第2月曜日	成人の日	9月第3月曜日	敬老の日(けいろう)
2月11日	建国記念の日	9月23日頃	秋分の日(しゅうぶん)
3月20日頃	春分の日(しゅんぶん)	10月第2月曜日	体育の日
4月29日	昭和の日(しょうわ)	11月3日	文化の日
5月3日	憲法記念日	11月23日	勤労感謝の日
5月4日	みどりの日	12月23日	天皇誕生日
5月5日	こどもの日		

【日本の世界遺産】

- 知床(北海道)
- 白神山地(青森、秋田)
- 平泉(岩手)
- 日光の社寺(栃木)
- 小笠原諸島(東京)
- 富士山(静岡、山梨)
- 古都京都の文化財(京都)
- 古都奈良の文化財(奈良)
- 白川郷・五箇山の合掌造り集落(岐阜、富山)
- 富岡製糸場と絹産業遺産群(群馬)
- 法隆寺地域の仏教建造物(奈良)
- 紀伊山地の霊場と参詣道(和歌山、奈良、三重)
- 姫路城(兵庫)
- 石見銀山遺跡とその文化的景観(島根)
- 原爆ドーム(広島)
- 厳島神社(広島)
- 屋久島(鹿児島)

【日本のノーベル賞受賞者】

1949年	湯川秀樹	物理学賞	2002年	田中耕一	化学賞
1965年	朝永振一郎	物理学賞	2008年	南部陽一郎	物理学賞
1968年	川端康成	文学賞	2008年	小林誠	物理学賞
1973年	江崎玲於奈	物理学賞	2008年	益川敏英	物理学賞
1974年	佐藤栄作	平和賞	2008年	下村脩	化学賞
1981年	福井謙一	化学賞	2010年	鈴木章	化学賞
1987年	利根川進	医学生理学賞	2010年	根岸英一	化学賞
1994年	大江健三郎	文学賞	2012年	山中伸弥	医学生理学賞
2000年	白川英樹	化学賞	2014年	赤崎勇	物理学賞
2001年	野依良治	化学賞	2014年	天野浩	物理学賞
2002年	小柴昌俊	物理学賞	2014年	中村修二	物理学賞

※南部陽一郎と中村修二は日本国籍時の研究成果で受賞。受賞時はアメリカ国籍。

【行政区分】1都1道2府43県

地理上、日本は北海道、東北、関東、中部、近畿、中国、四国、九州・沖縄の八つの地方に分けられます。行政上では、日本は1都（東京都）、1道（北海道）、2府（大阪府、京都府）、43県に分かれています。

日本の行政区分

北海道地方
1. 北海道

東北地方
2. 青森県
3. 岩手県
4. 宮城県
5. 秋田県
6. 山形県
7. 福島県

関東地方
8. 茨城県
9. 栃木県
10. 群馬県
11. 埼玉県
12. 千葉県
13. 東京都
14. 神奈川県

中部地方
15. 新潟県
16. 富山県
17. 石川県
18. 福井県
19. 山梨県
20. 長野県
21. 岐阜県
22. 静岡県
23. 愛知県

近畿地方
24. 三重県
25. 滋賀県
26. 京都府
27. 大阪府
28. 兵庫県
29. 奈良県
30. 和歌山県

中国地方
31. 鳥取県
32. 島根県
33. 岡山県
34. 広島県
35. 山口県

四国地方
36. 徳島県
37. 香川県
38. 愛媛県
39. 高知県

九州沖縄地方
40. 福岡県
41. 佐賀県
42. 長崎県
43. 熊本県
44. 大分県
45. 宮崎県
46. 鹿児島県
47. 沖縄県

日本の都道府県の特徴

都道府県	読み方	主な特徴（都市名、観光地など）	特産品

北海道地方

都道府県	読み方	主な特徴（都市名、観光地など）	特産品
北海道	ほっかいどう	札幌、函館、さっぽろ雪まつり、ラベンダー畑	海産物、夕張メロン

東北地方

都道府県	読み方	主な特徴（都市名、観光地など）	特産品
青森県	あおもりけん	ねぶた祭り、白神山地	りんご
岩手県	いわてけん	盛岡、中尊寺金色堂、宮沢賢治	わんこそば
宮城県	みやぎけん	仙台、松島（日本三景）	笹かまぼこ
秋田県	あきたけん	十和田湖、なまはげ、秋田美人	きりたんぽ
山形県	やまがたけん	蔵王、将棋の駒	米沢牛、さくらんぼ
福島県	ふくしまけん	会津若松、白虎隊、猪苗代湖	喜多方ラーメン

関東地方

都道府県	読み方	主な特徴（都市名、観光地など）	特産品
茨城県	いばらきけん	水戸、鹿島アントラーズ（Jリーグ）	納豆
栃木県	とちぎけん	日光東照宮、日光江戸村	餃子
群馬県	ぐんまけん	草津温泉、尾瀬、富岡製糸場	下仁田ねぎ
埼玉県	さいたまけん	浦和、大宮、さいたまスーパーアリーナ	草加せんべい
千葉県	ちばけん	東京ディズニーランド、成田空港	落花生
東京都	とうきょうと	首都、浅草、秋葉原、東京スカイツリー	雷おこし
神奈川県	かながわけん	横浜、横浜ベイブリッジ、横浜中華街	シューマイ

中部地方

都道府県	読み方	主な特徴（都市名、観光地など）	特産品
新潟県	にいがたけん	佐渡島、田中角栄	魚沼産コシヒカリ
富山県	とやまけん	黒部ダム、富山の薬売り	ホタルイカ
石川県	いしかわけん	能登半島、兼六園（三大庭園）	輪島塗
福井県	ふくいけん	東尋坊、永平寺	越前ガニ
山梨県	やまなしけん	富士山、武田信玄、富士急ハイランド	ほうとう
長野県	ながのけん	1998年冬季オリンピック開催、諏訪湖	野沢菜、信州そば
岐阜県	ぎふけん	白川郷、下呂温泉	飛騨牛
静岡県	しずおかけん	富士山、サッカーが盛ん	お茶、うなぎ
愛知県	あいちけん	名古屋、名古屋城、TOYOTA	味噌カツ、ういろう

都道府県	読み方	主な特徴（都市名、観光地など）	特産品

近畿地方

都道府県	読み方	主な特徴（都市名、観光地など）	特産品
三重県	みえけん	伊勢神宮、鈴鹿サーキット	伊勢エビ、松坂牛
滋賀県	しがけん	琵琶湖、安土城、比叡山	近江牛、鮒寿司
京都府	きょうとふ	清水寺、金閣寺、天橋立（日本三景）	京野菜、八ツ橋
大阪府	おおさかふ	通天閣、ユニバーサル・スタジオ・ジャパン	たこやき
兵庫県	ひょうごけん	神戸、阪神甲子園球場、姫路城	神戸牛
奈良県	ならけん	東大寺の大仏、法隆寺	奈良漬
和歌山県	わかやまけん	白浜温泉、那智の滝	梅干

中国地方

都道府県	読み方	主な特徴（都市名、観光地など）	特産品
鳥取県	とっとりけん	鳥取砂丘、大山	20世紀梨
島根県	しまねけん	出雲大社、石見銀山、隠岐の島	しじみ、出雲そば
岡山県	おかやまけん	後楽園（三大庭園）、桃太郎	きびだんご
広島県	ひろしまけん	原爆投下都市、厳島神社（日本三景）	もみじ饅頭
山口県	やまぐちけん	下関、秋吉台	ふぐ

四国地方

都道府県	読み方	主な特徴（都市名、観光地など）	特産品
徳島県	とくしまけん	阿波踊り、鳴門海峡	すだち
香川県	かがわけん	瀬戸大橋、金比羅宮	讃岐うどん
愛媛県	えひめけん	松山城、道後温泉	みかん
高知県	こうちけん	土佐犬、坂本竜馬、よさこい祭り	鰹

九州・沖縄地方

都道府県	読み方	主な特徴（都市名、観光地など）	特産品
福岡県	ふくおかけん	博多、大宰府天満宮	明太子、豚骨ラーメン
佐賀県	さがけん	吉野ヶ里遺跡、有明海	有田焼
長崎県	ながさきけん	原爆投下都市、ハウステンボス	カステラ、皿うどん
熊本県	くまもとけん	阿蘇山、熊本城	辛子れんこん
大分県	おおいたけん	別府温泉、由布院温泉	かぼす、椎茸
宮崎県	みやざきけん	シーガイア、日向灘	芋焼酎
鹿児島県	かごしまけん	屋久島、種子島宇宙センター、桜島	さつまいも、さつま揚げ
沖縄県	おきなわけん	綺麗な海	ちんすこう、泡盛

第1章 日本の家族

日本の女性って、結婚すると本当に専業主婦になるの？

　日本人の女性は結婚したら専業主婦になって仕事をやめる、夫は外で働き、子育ては妻の仕事、こんな情報を耳にした人も多いでしょう。確かに以前の日本はそのように夫婦で役割分担をしていました。しかし、現在の日本では少しずつ変化してきているようです。それでは、子育ては誰がするのでしょうか？　親の面倒は誰がみるのでしょうか？　家庭の役割分担はどうなっているのでしょうか？　ここでは、近年変化が見られる日本の家族について、いろいろな角度から考えていきましょう。

> **キーワード**
> 　核家族　専業主婦　託児所　共働き　育児休業制度
> 　家庭内の役割分担　介護休業制度　老老介護　晩婚化　未婚化

基本情報◆日本の家族

1. 日本人の家族構成——多様化する家族構成

特徴①　単独世帯の増加
特徴②　一人で生活する人の増加
特徴③　家族構成の多様化

　1970年代、夫婦と子どもからなる家族が家族構成の中で最も多い形でした。しかし、近年、日本の家族構成は大きく変化してきました。
　まず、三世代で同居する家庭が減り、核家族化が進んでいます。これは、高齢夫婦の増加、若いカップルが夫婦だけで自由に生活したい、嫁姑（よめしゅうとめ）問題で苦労したくないと考える夫婦が増えてきたことが原因として挙げられます。
　また、一人で生活する人が増えてきました。これは晩婚化、未婚化、さらに非婚化の傾向が強くなっていることが原因として考えられます。また、高齢化社会への移行に伴（ともな）い、子どもを自立させた後、夫か妻が先に亡くなり、一人で暮らす高齢者が増えたことも原因として挙げられます。
　他にも、結婚しないまま子どもを持つ人、離婚する人が増えたことで、シングルマザーやシングルファーザーが増えており、日本の家族構成は以前と比べて多様化してきたといえます。

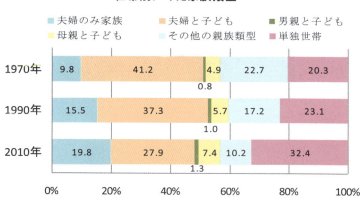

世帯別にみた家族類型

資料：総務省「国勢調査」

2. 女性の社会進出——未婚・晩婚化が加速

特徴①　結婚後も仕事を続ける女性が増加
特徴②　女性のための職場環境が改善

　近年、日本では女性の大学進学率が上昇し、自分の能力を仕事で生かしたいと考える女性が増えてきました。これにより、結婚、出産、子育ての時期が遅くなり、未婚化・晩婚化が進んでいます。また、結婚しても生きがいを感じるために仕事を望む女性や経済的理由で仕事をしなければならない女性も増えています。
　日本では20年前と比べて、20代後半から40歳までの女性で仕事をしている人が大幅に増加しています。男女雇用機会均等法も改正を重ね、しだいに女性の職場での立場が改善されてきました。現在では、企業の出産休暇や育児休暇の条件が整い、結

婚後の女性にとって働きやすい環境が整いつつあります。

右のグラフを見ても、女性の労働力率（15歳以上の人口に占める労働力人口）が20年前に比べて高くなっていることが分かるでしょう。

結婚後も仕事をする女性が増えたことで、夫婦の家庭内での役割分担も変化しています。しかし、妻たちは依然として家庭と仕事の両立に葛藤しています。

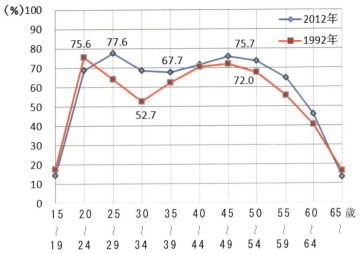

資料：総務省「労働力調査」（基本集計）

3. 高齢者の介護——高齢化社会への対応

特徴①　介護の外部サービスが充実
特徴②　介護者は主に同居家族
特徴③　老老介護の増加

高齢化社会が進み、家族の介護が必要になるにつれて、日本では老人ホームや介護施設などの外部サービスが整ってきました。しかし、現状では施設の不足、高額な費用などが原因で、家族が介護の中心的な担い手となっています。特に同居家族は全体の6割以上に達しています。同居家族の中で最も多いのは配偶者、次に子どもやその配偶者です。

また、主な介護者となっている同居家族は男性より女性が多く、その年齢は男女とも60歳以上が6割を超えています。つまり、高齢者が高齢者を介護するという老老介護が増えていると言えます。

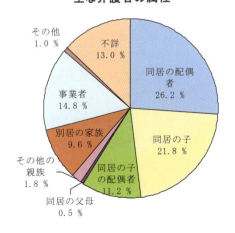

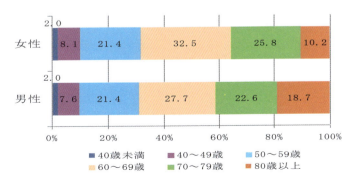

資料：厚生労働省「平成25年国民生活基礎調査」

Topic 1　家庭内での役割分担

　日本では女性の社会進出が進むにつれて、夫婦共働（ともばたら）きの家庭が増えてきました。これは出産、子育て、家庭内での役割分担に影響を与えています。ここでは家事・育児など日本の家庭内での生活状況について考えていきましょう。

1. 専業主婦層の減少と共働き世帯の増加

　専業主婦とは、結婚して仕事を辞め、主に家事（かじ）をしている女性のことです。日本の女性は結婚すると専業主婦になるというイメージが強いですが、専業主婦層は以前からあったものではなく、時代の流れによって生まれ、変化してきたものです。

　日本では第一次世界大戦後、勤労者層の増大によって専業主婦層が形成され始め、第二次大戦後の高度経済成長期に専業主婦の数は急増しました。しかし、女性の意識の変化、企業の女性活用の動き、男性労働者の雇用不安定などにより、近年では女性の社会進出が進み、夫婦共働きの家庭も増えてきました。1970年代後半以降、専業主婦の数は減少傾向にあります。

2. 保育園（ほいくえん）と託児所（たくじしょ）の利用増加

専業主婦と共働き世帯数の推移

資料：総務省「労働力調査」

　中国では、子どもの世話を自分の両親に任せる習慣がありますが、日本では基本的に自分の子どもは自分たちで育てたいと思う夫婦が多いです。また、核家族化が進み、両親と同居していないために子どもの世話を頼むことも困難になってきました。

　したがって、夫婦共働きになると、子どもを保育施設に預けたり、妻は子育てのできる仕事を選ぶ必要性が出てきます。妻は家計のこと、子どものこと、自分のことを考えて仕事をしなければなりません。近年は保育園や子どもを一時的に預けて世話を

してもらう託児所を利用する共働きの夫婦が増えています。女性の社会進出が進むにつれて、都市部では保育園や託児所の需要が年々高まり、託児所を完備している職場も増えてきました。ゴルフ場やスキー場、百貨店などにも1時間1000円程度で利用できる託児所が設けられているところがあります。

3. 夫婦共働きの家庭での家事・育児

　近年の日本では「夫は仕事、妻は家事」という考えを否定する傾向が強くなっています。日本政府も女性が働きやすいように育児休業制度を打ち出しており、保育園や託児所を利用する共働き夫婦も増えています。しかし、1歳未満の赤ちゃんを持つ父親の育児休業の取得率は、2010年時点で2％未満で、妻が仕事しながら、家事・育児を担うという家庭内の役割分担には変化がありません。共働き家庭の家事・育児にかける時間を見ると、妻が家事・育児のほとんどを担うという役割分担は1991年からの20年間で、ほとんど変化がありません。

　こうしたなかで、妻たちは以前にも増して、仕事と家事の両立に葛藤しています。正規社員として働く妻は職場で仕事をしつつ、家事・育児もしなければなりません。非正規社員であっても、最近では正規社員並みの労働を求められる職場が多いです。夫の仕事の低所得化、不安定化もあり、仕事と家事・育児を両立させなければならない妻は負担が重くなっているといえます。

共働き家族の家事分担（1週間）

	合計	仕事	家事	育児
男性 1991年	8時間27分		8分	3分
男性 2011年	8時間30分		6分	8分
女性 1991年	5時間14分		3時間38分	19分
女性 2011年	4時間34分		3時間27分	45分

資料：総務省「社会生活基本調査」

パートで働きながら家事・育児をこなす妻の一日

　尚子は短大卒業後、地元の婦人服専門店に入社して、10年間勤務しました。出産後に退職し、二人目の娘が2歳になった時、元の職場でパートを始めました。10時から16時まで週5日間働きます。夫は近隣の中堅企業で経理課長をしており、子育てにまるで参加しないし、家事もできません。二児を育てながら仕事をする尚子の生活はあわただしいです。

5:00　起床、洗濯、食事の準備。
7:00　子どもを起こし、朝食を食べさせ、着替えと登園の準備。自分と夫の朝食。
8:00　子どもたちを車で送る。
9:00　家を出る。会社到着後、準備をして朝礼。10時に売り場に立つ。
16:30　車で保育園のお迎えに急行。買い物。大急ぎで夕食の準備。子どもに食べさせ、後片付けや入浴を済ませ、翌日の保育園の準備、連絡ノートに目を通して対応。やがて帰宅してくる夫の夕食の世話。
24:00　就寝。

（本田一成『主婦パート―最大の非正規雇用』より）

Topic 2　高齢者の介護

高齢化により、日本では介護を必要とする人が増えてきました。今の日本では、高齢者の介護はどのような形で行われているのでしょうか。ここでは資料を見ながら具体的に考えてみましょう。

1. 要介護（要支援）認定者数の増加

介護を必要とする高齢者の増加を背景に、介護を社会全体で支え合うことを目的とした介護保険が2000年4月から始まりました。それ以降、要介護（要支援）認定者数は増え続けており、2003年度の287.7万人から2010年度には490.7万人に達しています。

2. 介護の場所

介護が必要になった場合、どこで介護を受けたいかというと、男女とも「自宅で介護してほしい」人がもっとも多いです。自宅以外では、「介護老人福祉施設」「病院などの医療機関」「介護老人保健施設」などの外部サービスの利用を希望しています。しかし、実際に親や配偶者などを介護したことがある人のなかで、主に外部サービス・施設等を利用した人の割合は、2010年の資料では約2割に過ぎません。

介護を受けたい場所（%）

	自宅で介護してほしい	子どもの家庭で介護してほしい	親族の家で介護してほしい	介護老人福祉施設に入所したい	介護老人保健施設を利用したい	病院などの医療機関に入院したい	民間有料老人ホーム等を利用したい	その他	わからない
男性	42.2	1.3	0.4	18.3	11.3	16.7	2.3	1.0	6.6
女性	30.2	3.6	0.8	19.1	11.2	23.1	3.0	0.5	8.6

資料：内閣府「高齢者の健康に関する意識調査」2012年

介護経験者の介護方法

年	自宅で自分たちの家族だけで介護	自宅で自分たちの家族以外に他の親族と協力し合って介護	主に自分以外の親族の家庭で介護し、自分はそこへ手伝いに行く	主に自宅で自分たちの家族が介護を行い、補助的に外部サービス・施設等を利用	主に外部サービス・施設等を利用
1995年	47.3	8.2	14.5	10.7	17.2
1997年	45.7	6.8	11.5	9.8	22.7
1999年	44.8	5.8	10.7	16.2	20.3
2001年	37.7	9.3	11.8	15.4	22.5
2003年	24.8	5.6	12.8	33.3	20.1
2010年	27.6	7.3	10.1	30.2	20.6

資料：第一生命経済研究所「2011年ライフデザイン白書」

3. 介護の担い手

現在の日本では同居家族が介護の主な担い手で、そのなかの大半は女性介護者です。しかし、近年は男性介護者の数も徐々に増加しています。

男性介護者は女性介護者に比べて介護を仕事と捉え、弱音を訴えることがあまりありません。しかし、介護の負担やつらさを周囲に相談しにくく、介護を自分ひとりで抱え込みすぎる傾向があり、孤立しやすいといわれています。「介護殺人」「介護心中」など、高齢者虐待の加害者の大半は息子または夫です。

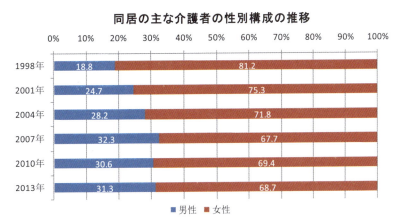

同居の主な介護者の性別構成の推移

資料：厚生労働省「平成25年国民生活基礎調査」

4. 介護者の離職・転職

総務省の就業構造基本調査によると、2007年から2012年までの5年間で介護・看護のために離職した人は48.7万人います。そのなかで女性は38.9万人で、全体の約8割を占めています。一方、介護をしている雇用者で介護休業制度などを利用したことのある人は約15％でごく少数です。

性別ごとにみた離職した15歳以上の人口（2007～2012年） （千人）

	合計	2007.10～08.9	2008.10～09.9	2009.10～10.9	2010.10～11.9	2011.10～12.9
男性	97.9	17.1	16.1	20.9	18.4	19.9
女性	389.0	71.5	65.7	77.7	65.9	81.2
合計	486.9	88.5	81.9	98.6	84.2	101.1

資料：総務省「平成24年就業構造基本調査」2013年

5. 老老介護

介護者と要介護者の組合せをみると、60歳以上同士、65歳以上同士、75歳以上同士の組合せが増えており、老人が老人を介護する「老老介護」が増加していることが分かります。認知症の高齢者を介護する高齢者自身が認知症を患い、適切な介護ができなくなる「認認介護」や介護に疲れて自殺する人も増えています。

高齢化や家族形態の変化に伴い、社会全体で現状にふさわしい介護体制を整えていくことが急務となっています。

年齢別にみた同居の主な介護者と要介護者の割合

資料：厚生労働省「平成25年国民生活基礎調査」

Topic 3　日本人の結婚と離婚

　誰もが幸せな家庭を築くことを目指して結婚しますが、残念ながらさまざまな理由で離婚してしまう家庭もあります。日本人の離婚率はどのように変化しているのか考えていきましょう。

1. 晩婚化

　日本では現在、晩婚化と未婚化が急速に進んでいます。1970年から2013年にかけて、夫の平均初婚年齢は約4歳、妻は約5歳も上昇しています。

　これは大学進学率の上昇、女性の社会進出などが原因として挙げられ、少子化にも影響を与えています。

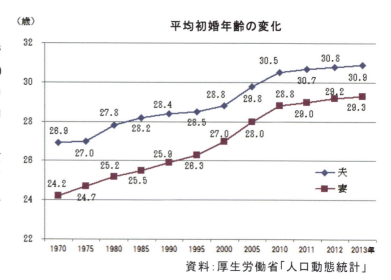

資料：厚生労働省「人口動態統計」

2. 未婚化

　日本人の未婚率は1970年代前半まで、男性がやや上昇傾向にあるものの、落ち着いた状態でした。しかし、1970年代後半からは晩婚化が進み、男女とも各年齢層で未婚率が急上昇しています。そのなかで注目すべきは生涯未婚率（50歳時の未婚率）の上昇です。生涯未婚率の上昇は日本における皆婚慣習の崩壊を表しているとも言えます。日本は男2割、女1割が結婚しない社会となってきています。

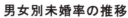

男女別未婚率の推移

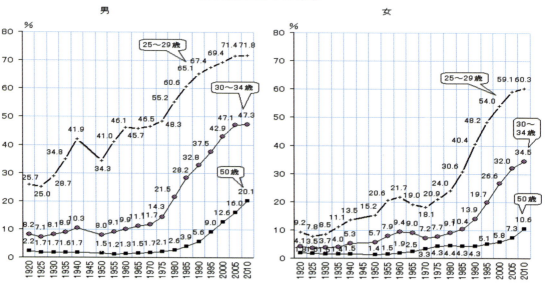

資料：総務省「国勢調査」、「日本の長期統計系列」

3. 離婚率の変化

日本人の離婚率は1960年代までは減少していたものの、その後少しずつ上昇し、2002年には戦後最高となりました。しかし、日本人の離婚率は世界的に見れば、特別高い水準ではありません。世界71カ国の離婚率をみると、日本は第36位です。韓国は離婚率が上昇しており、アジアの中で最高の離婚率となっています。中国は人口千人当たりの離婚件数が1.8件で日本、韓国と比べれば低いですが、1998年の0.95件と比較すると上昇傾向にあります。

婚姻率と離婚率の変化
資料：厚生労働省「人口動態統計」

離婚率の国際比較（人口千人当たり離婚件数）

国名	年次	順位	離婚率
ロシア	2011	1	4.5
アメリカ	2011	5	2.8
スウェーデン	2012	10	2.5
韓国	2011	17	2.3
イギリス	2011	25	2.1
日本	**2012**	**36**	**1.9**
中国	**2012**	**37**	**1.8**

資料：総務省「世界の統計2014」

4. 離婚の原因

日本人の離婚原因を見ると、男性と女性で大きく異なっていることが分かります。今も昔も男女ともに離婚原因の第1位は「性格が合わない」で、男性の約6割、女性の約4割が原因として挙げていますが、一概に性格の不一致といっても夫婦によってその内容は違うようです。

また、「暴力を振るう」「異性関係」「生活費を渡さない」「精神的に虐待する」などを原因として挙げる女性が多いですが、家庭内暴力は減少傾向にあり、一方で精神的虐待や生活費を渡さないなど、暴力を伴わない苦痛を原因として挙げる人が増えています。

＜熟年離婚＞

熟年離婚とは、長い結婚生活の末に離婚することで、一般的には結婚20年目以降の離婚を指します。近年、熟年離婚は増加を続けており、全離婚件数の約20％を占めています。理由はさまざまですが、夫の定年退職などを機に生まれた不満、長年の不満の蓄積、核家族化による離婚に対する抵抗感の低下などが挙げられます。

男女別離婚原因（2013年）※複数回答可

	夫	妻
総数（件）	18345	48479
性格が合わない	63.5%	44.4%
異性関係	15.5%	19.5%
暴力を振るう	8.1%	24.7%
酒を飲みすぎる	2.4%	6.6%
性的不調和	1.3%	8.1%
浪費する	12.3%	12.1%
病気	5.2%	3.4%
精神的に虐待する	17.4%	24.9%
家庭を捨てて省みない	6.9%	9.9%
家族親戚と折り合いが悪い	14.9%	7.8%
同居に応じない	9.5%	2.7%
生活費を渡さない	4.2%	27.5%
その他	20.1%	11.1%
不詳	2.4%	2.5%

資料：「司法統計」2013年

重要語句

◆核家族

核家族とは、夫婦または夫婦とその未婚の子どもによる家族のこと。日本では約60％が核家族である。現在、結婚した夫婦は両親と一緒に暮らすことが少なくなっており、両親の世話などの問題もある。

◆専業主婦

専業主婦とは、既婚者で仕事をしておらず、主に家事に従事している女性のこと。日本では第二次大戦後の高度経済成長期に専業主婦の数は急増した。1970年代の後半以降、専業主婦の数は減少している。

◆育児休業制度

育児・介護休業法に規定されており、労働者は子どもが1歳に達するまでの間、休業することができる制度である。2009年の法改正後、両親ともに育児休業を取得する場合、子どもが1歳2か月に達するまでの間に1年間休業することができる。

◆要介護（要支援）認定

介護が必要になった本人やその家族などが要介護（要支援）認定を申請し、審査の結果、要支援1・2、または要介護1～5に判定されると、介護サービスを利用できる。

◆介護休業制度

介護休業制度とは、育児・介護休業法に規定されており、労働者はその事業主に申し出ることにより、対象家族1人につき、常時介護を必要とする状態に至るごとに1回、通算93日まで介護休業することができる制度である。

◆老老介護

老老介護とは、高齢者の介護を高齢者が行うこと。主に65歳以上の高齢の夫婦、親子、兄弟などがそれぞれ介護者・被介護者となるケースを指す。超高齢社会を迎えた日本では、家族の小規模化もあり、老老介護を行う世帯が年々増加している。

◆熟年離婚

熟年離婚とは、長い結婚生活の末に離婚することで、一般的には結婚20年目以降の離婚を指す。近年、熟年離婚は増加を続けており、全離婚件数の約20％を占めている。

練習問題

基本問題

問題1 以下の文章の空欄に言葉を入れてください。
・結婚後、両親と別れて暮らす（　　　　　）の家族構成が増えてきています。
・日本では第二次大戦後の（　　　　　）期に専業主婦の数は急増しました。
・子どもを一時的に預けて世話をしてもらう場所を（　　　　　）と言います。
・現在の日本では同居家族が介護の主な担い手で、その大半は（　　　　　）です。
・長い結婚生活の末に離婚することを（　　　　　）と言います。

問題2 日本人女性の労働力率のグラフの特徴について説明してください。

問題3 日本の介護の特徴と問題点を箇条書きであげてください。

問題4 日本人の平均初婚年齢はどのように変化していますか。

問題5 日本人女性が離婚するのは主にどのような原因でしょうか。

応用問題

問題1 託児所に子どもを預ける上での問題点を考えてみましょう。

問題2 女性の社会進出のメリットとデメリットをそれぞれ挙げてください。

問題3 中国人夫婦の離婚原因を調べ、日本と比較してみましょう。

コラム① 家庭の「お弁当」の行方

　日本では、昔から母親が子どもや夫のために「お弁当」を作る習慣があります。これは中国ではほとんど目にすることがありません。しかし、今、この「お弁当」文化が危機を迎えています。

　日本食は中国食とは違い、油が少なくて、温かくなくても美味しく食べられる料理が多いため、時間が経ってから食べる「お弁当」には適していると言えます。母親は愛情をこめて作った玉子焼き、コロッケ、ウインナー、鶏の唐揚げ、ミートボール、おにぎりなどをお弁当に詰め、学校に行く子どもや職場に向かう夫に渡します。子どもは母親の愛情を感じながら育ち、夫は妻の愛情を感じながら仕事へのやる気を出すのです。

　お弁当を作るのは母親にとってとても大変なことです。学校が始まる時間はだいたい朝の8時半ですから、7時までには朝食の準備をし、お弁当を作らなければなりません。お弁当や食事を作るために買い物をしなければなりませんし、お弁当を作るのは大変手間のかかる仕事です。

　以前はそれでも、母親は早起きして、子どもや夫のためにお弁当を作っていました。しかし、仕事をするようになった母親は買い物をするだけでも大変ですし、早起きをしたり、仕事で疲れているのに前の晩に準備をしたりするため、睡眠不足になることもあります。

　最近は子どもにお金を持たせて、コンビニエンスストアなどでパンやおにぎりを買わせる家庭も増えてきているようです。しかし、母親がお弁当を作ってくれることは、食事をすませるという目的だけではなく、母親の愛情を感じる日本の伝統的な習慣です。

　家族への愛情が足りないと言われている日本において、「お弁当文化」は家族の絆を感じる意味で非常に重要なものだと言えます。時代の変化とともにこの文化がこのままなくなってしまうのか、それともつづいていくのか、注目していきたいところです。

第2章　日本の住居

一戸建て、マンション、どちらを選ぶ？

　日本の家といえば、和室の畳や障子などを頭に思い浮かべる人が多いと思いますが、生活様式の変化や建築技術の進歩にともなって住宅の構造も変わってきました。現代ではマイホーム購入は多くの日本人にとっての夢となっていますが、理想の家を手に入れるのは容易ではありません。この章では日本の住まいが気候や風土、時代の風潮に合わせてどのように変化してきたのか、また、現代の日本人がどのように住宅を買ったり借りたりするかについて紹介していきます。

キーワード
一戸建て　アパートとマンション　間取り　バリアフリー　玄関
シックハウス症候群　LDK　敷金・礼金

基本情報◆日本の住居

1. 日本の住居の特徴——和室から洋室へ
特徴① 玄関（げんかん）で靴（くつ）を脱いで「上（あ）がる」
特徴② 日本の伝統的な「和室」
特徴③ シャワーだけでなく、風呂（ふろ）に入るのが一般的

　日本の住居には家の入り口に「玄関」という空間があります。玄関で靴を脱いでから、少し高くなった床の上に上がります。だから日本語で家に入ることを「家に上がる」と表現するのです。また、家の中に入って話すほどの用事でないときは、靴をはいたまま玄関の段差に腰かけておしゃべりをすることもあります。

　畳を敷き詰めた伝統的な日本の部屋を「和室」といいます。昔は和室のみの住居がほとんどでしたが、生活習慣の変化にともなって、フローリングなどの「洋室」が増えてきました。最近では、洋室のみの家も多くなっています。

　また、日本のお風呂は、シャワーだけでなく、ゆっくり湯船（ゆぶね）につかって一日の疲れを癒（いや）す場所とされています。家族みんなが同じお風呂のお湯を使うため、湯船に入る前にきれいに体を洗います。

玄関

和室

お風呂

2. 住居の種類——多様化する住居形態
特徴① 庭付き一戸建（いっこだ）ては庶民の夢
特徴② 団地（だんち）・マンションなどの共同住宅が増加
特徴③ 学生や独身者は主にワンルームマンション

　庭付き一戸建てに住むことは日本のサラリーマンにとっての夢であり、返済期間の長いローンを組んでも、会社から遠い場所であっても、一戸建てにこだわる人が多いです。駐車スペースがあることも購入条件の一つとなっています。

団地とは、会社や地域が運営している賃貸の共同住宅で、結婚して子どもができるまでは団地に住み、家族が増えて狭くなってからマイホームを購入する人も多いです。マンションは条件によって違いますが、高級なものでは一戸建てより高価なものもあり、セキュリティやプライバシーの観点からマンションを選ぶ人も増えてきています。また、学生や独身者は8帖（約15㎡）ほどの部屋にトイレ・シャワー・台所がついたワンルームマンションやトイレ・風呂・台所が共有の部屋を借りる場合もあります。

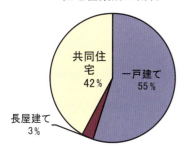

住宅種類別の割合
- 一戸建て 55%
- 共同住宅 42%
- 長屋建て 3%

資料：総務省統計局　2013年

一戸建て割合上位5県

秋田県	81.0%
山形県	79.8%
富山県	79.7%
福井県	78.5%
青森・和歌山	76.8%

共同住宅割合上位5県

東京都	70.0%
神奈川県	56.1%
沖縄県	55.9%
大阪府	55.2%
福岡県	51.1%

資料：総務省統計局　2013年

3．家を購入する——大きな買い物、どうやって選ぶ？

特徴①　持ち家率は 61.6%
特徴②　家を買う年齢は 30 歳代が一番多い
特徴③　ローン返済と長距離通勤

　2013年度の統計局の調査では、日本の持ち家住宅率は 61.6％という結果がでました。特に流動人口の多い関東大都市圏は他の地域と比べて低くなっています。

　はじめて家を購入する年齢は、結婚して子どもが生まれる 30 歳代の人が多いです。それまでは賃貸住宅に住んで貯金をします。家を買う準備ができたら、値段、ローン、面積、構造、通勤時間、子どもの教育、治安など様々な方面から考えて購入する家を選びます。一生に一度と言っていいほどの大きな買い物になりますので、後悔しないよう綿密にリサーチし、家を選んだり、建てたりします。

　しかし、日本ではバブル崩壊後の長引く不況によって見込んでいた収入が得られず、長期間のローン返済に苦労する人もいます。また、少しでも広い家を求めて郊外に住居を購入した結果、毎日満員電車で長時間通勤する人もいます。

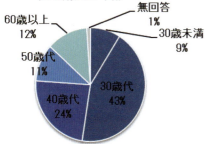

住宅購入の年齢
- 60歳以上 12%
- 50歳代 11%
- 40歳代 24%
- 30歳代 43%
- 30歳未満 9%
- 無回答 1%

資料：国土交通省住宅局 2013年

住宅の価格と自己資金比率（万円）

住宅種類	自己資金	借入金	購入価格合計	自己資金比率
注文住宅	1545	2069	3614	42.7%
分譲住宅	1135	2462	3597	31.6%
中古住宅	1044	1188	2192	45.8%

※注文住宅は土地価格＋建築価格の合計

資料：国土交通省住宅局　2013年

Topic 1　伝統的な家

　日本の伝統家屋は厳しい自然に耐えるためにいろいろな工夫がほどこされています。ここでは日本の伝統的な家の特徴について紹介していきます。

1. 環境に適した造り

◇釘を使わない建築

　昔の日本の家屋は釘を使わずに木を組み立てて、骨組みを作っていました。日本は地震が多いですが、地震の衝撃が木と木の組み合わせ部分で吸収され、倒壊しにくい造りになっていました。釘を使えば錆びが生じて痛みやすくなります。何百年も前のお寺が今でも多く残っているのは釘を使わない建築方法のおかげなのです。

◇「茅葺」の屋根

　屋根は乾燥させた植物の茎を厚く重ねて作ったもので「茅葺」と言い、何十年かに一度は取り替えが必要でした。修理作業を村人総出で行うことで、村人同士の交流、地域の団結、年長者から年少者への技術の伝承などができたという側面もあります。

◇湿度を保つ「畳」の効果

　「畳」は藁や井草などの植物でできていて部屋の湿度を一定に保つ役目をしていました。木や草、紙でできた日本の住宅は、湿度の高い環境にとても適していたのです。

◇環境・健康に良い地元の木材

　昔は建築の材料となる木材や茅などは住居地域の近くで伐採されたため、その地域の気候風土に適した家になっていました。現代のように安い外国の木材を湿度の高い日本で使うためには化学薬品などによる加工が必要なことも多いです。昔の家屋は環境・健康面でも安全な材料で造られていたのです。

2. 夏は涼しく、冬は寒い構造

　鎌倉時代の歌人・随筆家である吉田兼好は『徒然草』の中で「家の作りやうは、夏をむねとすべし。冬は、いかなる所にも住まる。暑き比わろき住居は、堪え難き事なり。」と言っています。これは、「家は夏に過ごしやすいように建てるのがよい。冬はどんなところにも住める。暑い時に悪い住宅に住むのは、耐えられないことである。」という意味です。

ひさしと縁側

◇「縁側」は交流の場

伝統的な家屋には、屋根が長く伸びた「ひさし」と、その下に「縁側」があります。ひさしは夏の直射日光が部屋の中に入るのを防ぎ、縁側が部屋の中と外の中間的な役割をしていました。縁側で家族や近所の人とお茶を飲んだりおしゃべりしたりすることができ、外にあるリビングのような空間を作っていました。

◇通気性を良くする「ふすま」

部屋を仕切る「ふすま」を開け放てば、家中の部屋が一つにつながり、涼しい風を通すことができました。しかし、冬は家の中まで日差しが届かず、部屋の密閉性も低いために隙間風が入ってとても寒いです。

3. ふすまで仕切られた間取り

◇「田の字型」の間取り

昔の家屋は「田の字型」といわれる「田」の形をした間取りの家が多くありました。部屋と部屋を仕切るのは、壁ではなく「ふすま」です。ふすまで仕切れば、4つの部屋ができ、大勢の客が来たときなどはふすまを取って1つの大きな部屋にできます。人数や用途によって、自由に部屋の大きさを調節することができたのです。

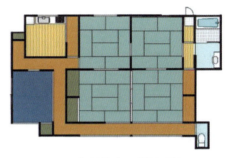

田の字型住宅の間取り例

◇テーブル、イス、ベッドの無い部屋

和室にはテーブルやイス、ベッドのような家具はなく、畳に座布団を敷いて座ったり、布団を敷いて寝ていました。したがって、部屋を使う人数もある程度自由に調節できましたし、1つの部屋で食事・仕事・睡眠など多目的に使用していました。

◇家族とのつながりを感じる間取り

部屋を仕切るふすまは紙でできていますから、家族の誰がどこにいて何をしているのかがわかりやすく、家族のつながりをいつも感じることができる間取りでした。子どもが自分の部屋を持つことも少なく、寝るときは家族全員で布団を並べて寝る家庭が多かったようです。

「縁の下の力持ち」

日本は湿気が高く、家を建てるときは風通しをよくするために地面から少し離して建てます。地面から床の間は「縁の下」と言われ、何本もの柱で支えていますが、この柱は外からはよく見えません。このことから、人の気づかないところで他人のために苦労や努力をしている人を「縁の下の力持ち」と言います。

Topic 2 現代的な家

ライフスタイルの変化や建築技術・科学技術の進歩にともなって、住宅も大きく変化しました。現代の住宅はどのように変化していったのか、昔の住宅と比較しながら見ていきましょう。

1．現代的な住宅の長所
（1）防災・防犯に強い住宅
　日本では防災に関する住宅の改善が目まぐるしい進化を遂げています。耐震強度の高い設計、不燃性断熱材の使用など、地震や火災の際に被害が最小限に抑えられるよう研究がされています。

　防犯面に関しても、かぎの閉め忘れを防ぐオートロック式のドアや留守の時でも人がいるように見せる自動で点灯・消灯するライトなど、様々な住宅関連商品が開発されています。

地震で倒壊した家としなかった家
（防災住宅研究所）

（2）バリアフリー
　高齢社会となった日本では、自宅介護が必要となる場合や、将来的には自分も高齢者になることなどを考えて、家をバリアフリーにする人が増えてきました。家の中の段差を少なくしてつまずきにくくし、車椅子でも移動できるようにしたり、階段や浴室には手すりをつけて転びにくくするなどの工夫がなされています。

（3）太陽光発電
　最近では太陽光を利用して自家発電をすることも可能になり、屋根の上にソーラーパネルをつけた住宅をよく見かけるようになりました。自家発電をして自分の家で使いきれなかった電気は電力会社に売ることもでき、環境にも経済的にもよいシステムが徐々に広まっています。

ソーラーパネルを設置した屋根

日本の表札
　日本の玄関先には「表札」があり、その家に住んでいる人の名前が書いてあります。姓だけが書いてある表札、家族全員の名前が書いてある表札など、さまざまです。これは、関東大震災で住居の建て直しや引越しが行われた際、家の住人が誰か分からなくなったことから始まり、しだいにこの習慣が全国的に広まったと考えられています。しかし、最近はマンションやアパートなどの集合住宅を中心に防犯やプライバシー保護のために、表札を掲げない家も増えてきました。

2. 現代的な住宅の問題点

(1) 失われつつある季節感
　防災・防犯、個人のプライバシー、便利さなどを追求した結果、日本の住宅は部屋の密閉性が高くなり、夏はエアコンなしでは過ごしにくくなりました。エアコンがあれば、夏に熱い鍋、冬にアイスクリームを食べることもでき、快適に暮らすことができますが、便利さと引き換えに昔のような風情はなくなりました。縁側で風鈴の音を聞きながらスイカを食べて涼を得る、というような季節感は都会を中心に失われつつあります。

(2) 弱まる家族のつながり
　ふすまを通して家族の動向が感じられる従来の住宅は減り、現在は子どもでも自分の部屋を持つようになりました。家族がそれぞれの部屋を持ち、部屋の中ではプライバシーが守られています。その反面、家族とのコミュニケーションが減り、家族のつながりが弱くなったと指摘する声もあります。

　住宅は家族とのつながりに大きな影響を与えます。子どもに自分の部屋を与えるのか、家族のコミュニケーションが取りやすい間取りかどうか、両親と同居する二世帯住宅にするかなど、さまざまなことに気を配りながら住宅を決めなければなりません。

(3) 近所づきあいも希薄に
　コミュニケーション不足は家庭内だけのことではありません。防犯のためにドアには常にカギをかけ、隣の人とは用があってもインターホン越しに話すなど、住まいのセキュリティが高まるにつれて近所づきあいが希薄になってきました。隣の部屋に住んでいる人を知らないことも現代社会ではよくあります。
　お年寄りの孤独死や、家庭内暴力があったとしても、厚い壁や厳重なセキュリティのドアに阻まれて発見が遅れることがあります。住民同士のコミュニケーション不足はその地域の治安を悪化させる原因にもなるため、地域によっては知らない人でも道で会ったら声をかける「あいさつ運動」を行っています。

(4) シックハウス症候群
　念願のマイホームを購入して引っ越したとたん、めまいや頭痛、呼吸器疾患など、体の不調を訴える人がいます。これは「シックハウス症候群」と呼ばれ、塗料や壁紙・家具などの接着剤に含まれる化学物質や木材を虫から守るための防腐剤などから発生する「揮発性有機化合物」などが原因だと言われています。
　昔の住宅は風通しがよく化学物質もなかったため、このような問題はありませんでした。アレルギー症状がひどい場合は、化学物質とは無縁の生活をするために、山奥の家に引っ越す人もいます。

Topic 3　共同住宅

かつての日本の住居は一戸建てがほとんどでしたが、近年はマンションやアパートなどの共同住宅が増えてきました。ここでは日本の共同住宅の特徴について紹介します。

1. 共同住宅の種類

　昔の集合住宅は1棟の細長い建物を壁で仕切り、各家ごとに戸（ドア）をつけた「長屋」と呼ばれるものでした。現在でも、「長屋」タイプの住宅は数多く残っています。
　また、戦後の高度経済成長期には、「団地」が多く建設されました。都市計画で工業地域と住宅地域を区画し、各種インフラや物流の効率化を図るために建てられたものや企業が社宅として建てたものがあります。
　現在では長屋タイプの住宅や2階建てのアパート、高層高級マンションなどさまざまなタイプの集合住宅があります。集合住宅の間取りは一般的に部屋の数＋リビング、ダイニング、キッチンの有無を示す LDK で表されることが多いです。（例：2LDK、1DK など）

2. 目的別共同住宅

　日本の共同住宅では、鳴き声や臭いで近隣に迷惑をかけてしまうため、ペットを禁止しているところが多いです。しかし近年のペットブームで、ペットを飼うことが可能な共同住宅も増えてきました。
　また、家族に負担をかけず、独立して生活したいと望む高齢者が安心して生活できる高齢者向きマンション、居住者は女性限定という女性専用マンションなど、さまざまな要求に応えた目的別共同住宅が増えています。

ペット共生型マンションの特徴
　共有スペースにペットの足洗い場やトリミングスペースがある。壁紙や塗料は消臭効果のあるものや汚れにくい材質を使用。散歩代行スタッフが駐在。

高齢者向けマンションの特徴
　24時間医療サービス。介護スタッフによる定時の巡回サービス。食事サービス。日用品宅配サービス。コミュニティ施設の充実。

女性専用マンションの特徴
　バスルームやキッチンが広く、クローゼットが大きい。掃除スタッフも女性のみ。二重ロックの窓や自動点灯の防犯ライトなどセキュリティが徹底。

3. 学生マンション

　日本の大学には学生寮が非常に少なく、実家から通学できない距離の大学に入学した学生は大学に通える場所の賃貸物件を探さなければなりません。風呂無しの安いアパートもあれば、完全オートロック式で設備の整った高いマンションもあるため、学生は自分の好みや条件に合わせて部屋を選びます。

　部屋の大きさは、洋室も和室も「帖」で書いてあることが多いです。「帖」は畳を数える時の単位で、「洋室8帖」というのは「床はフローリングで広さは畳8帖分」という意味です。畳1帖の大きさには地域差がありますが、だいたい 1.4〜1.8 ㎡くらいですから、8帖は 11〜15 ㎡くらいの大きさです。

ワンルームマンション間取り例　　学生マンションの中の様子

4. 家賃と敷金と礼金

　家賃は地域や条件によって異なりますが、バス・トイレ付きのワンルームマンションなら東京では1ヵ月6万円〜8万円くらいかかります。しかし、地方に行くと同じ条件の部屋が2〜3万円くらいで借りられるところもあります。

　また、部屋を借りる場合は最初に敷金・礼金を払わなければならない物件もあります。敷金とは、部屋を借りるときに支払うデポジット（押金）のことで、部屋を出るときに修理などで必要な費用を差し引いた金額が返金されます。礼金とは、文字通り「お礼」として家主に支払うものなので返金されません。ですから、敷金1ヵ月分、礼金1ヵ月分の部屋を借りる場合は、契約の際に最初の月の家賃を含めて家賃3ヵ月分の費用を支払うことになります。

「マンション」と「アパート」

　共同住宅には「マンション」と「アパート」があります。一般的には、木造もしくは鉄骨建築の2階建ての集合住宅を「アパート」、3階建て以上で鉄筋コンクリート建築やエレベーターがついている集合住宅を「マンション」とする場合が多いです。しかし、法律上は明確な区別はなく、なんとなくマンションのほうがアパートより大きくて高級だというイメージを持つ人が多いです。

　そして、これらの集合住宅の名前には、集合住宅を意味する「荘」「コーポ」「メゾン」「ハイツ」といった言葉がつけられ、地名やオーナーの姓をとって「コーポ中村」「北山ハイツ」などとする場合も多いです。

重要語句

◆一戸建て

建物の四方が隣家と接しておらず、独立した住居を一戸建てと言う。駐車スペースのある家や庭付きの家を望む人が多い。また、子どもやペットの声、掃除や洗濯の音などで近隣の迷惑になりにくいという理由で一戸建てを選ぶ家庭も多い。

◆注文住宅・分譲住宅

注文住宅とは、土地を購入し、希望する間取りで設計し、新たに建てた住宅のことである。分譲住宅とは、業者が一括して建てた複数の住宅から購入した1つの住宅のことである。分譲の場合、業者が設計を行っている。

◆バリアフリー

高齢者や体の不自由な人が自力で行動できるように、また介護する人の負担を減らすように、家の段差をなくしたり、ドアを引き戸にしたりして、障害をなくすこと。住居や公共施設において、体の不自由な人だけではなく、全ての人に使いやすい環境づくりが進められている。

◆あいさつ運動

たとえ知らない人でも道で会った人には大きな声であいさつをしよう、という運動。近隣への無関心が犯罪の起きやすい町を作っているという考えで始められたもので、実際に地域内交流が活性化し、犯罪率が大幅に下がった地域もある。

◆シックハウス症候群

住居内の空気汚染によって起こる健康被害の総称。建材アレルギー。症状は人によって異なり、原因も建材や家具だけでなく、化粧品や防虫剤、食品、体質などが複雑に絡み合っていることが多い。

◆LDK

主に共同住宅の間取りを表す言い方。それぞれ、L＝リビング、D＝ダイニング、K＝キッチンを表す。2LDKなら、部屋が2つと、リビング、ダイニング、キッチンがあるという意味。1DKなら、部屋は1つで、リビングはないという意味。

◆帖・坪

1帖＝およそ1.4～1.8 ㎡、1坪＝およそ3.3 ㎡。日本では土地や住宅の面積を表すときは「坪」を使い、部屋の面積を表すときは「帖」を使うことが多い。「○○区に30坪の家を買った」「この部屋は8帖だ」というように使う。

練習問題

基本問題

問題1 以下の文章の空欄に言葉を入れてください。
・(　　　　)に住むために、通勤時間のかかる郊外に家を買う人もいます。
・日本では部屋の広さを表すときに(　　　　)という単位を使います。
・最近の日本の家では(　　　　)を利用した自家発電も行われています。
・住宅内の段差などをなくして、障害者や高齢者が住みやすくなるように家の造りを工夫することを(　　　　)と言います。
・部屋を借りる時、家賃の他に(　　　　)と(　　　　)を払うことが多いです。

問題2 「縁側」はどのような機能を果たしていますか。

問題3 住居内のプライバシーを重視した結果、家庭にもたらされた問題は何ですか。

問題4 シックハウス症候群の主な原因は何ですか。

問題5 共同住宅にはどのような種類がありますか。

応用問題

問題1 中国と日本の住居購入年齢を比較し、違いを述べてみましょう。

問題2 中国にも「ペット共生型」「女性専用」などの目的別マンションがあるか調べましょう。

問題3 あなたが家を買うとしたら、何を重視しますか。意見を述べてください。

コラム② 正座できない、したがらない若者たち

　フランス語では、「和風(わふう)」や「日本的」といった意味を示すとき、「タタミゼ（tatamiser）」という造語が使われるそうです。「畳」は外国人にとって、日本を代表するものとなっています。

　しかし、日本人のライフスタイルが欧米風に変化したことによって、畳に座ったり、布団を敷いて寝たりすることは少なくなり、イスやベッドを使うようになってきました。玄関で靴を脱ぐスタイルは今も変わりませんが、家の中に入ると床は畳ではなくフローリングになっている住宅が多くなっています。自分の家を持つ時に、客間(きゃくま)として、またはお年寄りのために和室を1つ作る人もいますが、中には完全に和室がない住宅もあります。

　そのため、現代の若い世代には日本式の座り方である「正座(せいざ)」ができない人が増えてきました。以前はきちんと正座ができない人は、家庭の教育がよくないと馬鹿にされたものですが、正座をする機会は昔に比べればかなり減ったので、できなくても問題ないと考える人が多くなってきました。それどころか、足が短くなったり、O脚(オーきゃく)になったりするという理由で正座をしたがらない若者や、子どもに正座をさせない親もいるようです。

　これも時代の流れですから仕方のないことかもしれませんが、日本のイメージを代表する「畳」が、今、日本人の生活から遠ざかっています。茶道(さどう)や華道(かどう)などの伝統文化の中では、「畳」と「正座」はなくてはならない要素であり、日本から「畳」が消えてしまうということはないと思いますが、日本人の普段の生活から畳や正座が消えてしまうのは寂しいものです。

　一方で、日本の「和室文化」や「畳文化」に興味を持つ外国人が増えてきました。いつの日か、日本人にとって「畳」がまるで異文化のような存在になる日が来るかもしれません。

和室で正座する子ども

第3章　日本の食生活

長寿国・日本では何を食べているの？

　長寿国として知られる日本では、古来から穀物と野菜を中心とした食生活を送ってきました。和食(わしょく)は栄養のバランスがよいだけではなく、「目で食べる」と言われるように見た目も美しく、世界中で食(しょく)されています。2013年には「和食」がユネスコ無形文化遺産として登録されました。その一方、近年では食生活が欧米化し、肉やパンなどを好む人も増えています。この章では、日本の食生活の変化や現状について紹介します。

> **キーワード**
> 　和食　一汁三菜　無形文化遺産　食料自給率　孤食・個食
> 　食育　学校給食　食品安全　食品表示　スローフード

基本情報◆日本の食生活

1. 和食の特徴——栄養バランスと見た目の美しさ

特徴① 素材の味を大切にする素朴な調理法が多い
特徴② 季節や年中行事との関わりが深い
特徴③ 盛り付けにも作法がある

　日本食は素材の味を生かす調理法が多く、生のままの料理や焼いただけの料理が多いです。そのため素材の新鮮さが重要になります。また、油を使った料理が少ないことや一汁三菜の献立構成などは長寿や肥満防止に役立つとされています。
　新鮮な旬の食材を使って、料理に季節感を出すことも日本食の特徴です。春には「菜の花のおひたし」、秋には「秋刀魚の塩焼き」などが食卓に上り、季節の移ろいを表現します。また、正月の「おせち料理」など、年中行事にあわせて特別に作られる料理もあります。
　盛り付けにも作法があり、手前左にご飯、右に汁物、奥に主菜・副菜、中央に副々菜という「一汁三菜」の献立が家庭料理の基本とされています。食器も料理や季節に合わせて質感や絵柄などを選び、味だけでなく見た目も楽しめるように気を遣います。

日本人の好きな食べ物ベスト10

1位	にぎり寿司
2位	カレーライス
3位	ラーメン
4位	鶏のから揚げ
5位	焼肉
6位	すき焼き
7位	刺身
8位	鰻重
9位	ハンバーグ
10位	ビーフステーキ

クチコミデータなんでも総選挙 2011

和食とファストフードのカロリー比較

刺身定食 刺身、ご飯、味噌汁、漬物	469kcal
ハンバーガーセット ハンバーガー、コーラ、フライドポテト	676Kcal

1日の必要摂取カロリー：約 2600kcal
＊18～29歳男性が座位中心の生活で軽い運動量があるとして計算

参考資料：厚生労働省 2010年

2. 食生活の変化——欧米化した食生活

特徴① 米からパン、魚から肉へ
特徴② 食料自給率が低下
特徴③ 生活習慣病が増加

　日本ではもともと米を中心とした日本式食生活でしたが、若者を中心として肉や乳

製品を多く摂る欧米式食生活が好まれるようになりました。パンや菓子を多く食べるようになり、糖分の過剰摂取も問題となっています。

　また、欧米式の食生活になったことから、多くの食品を外国から輸入しています。その影響で米の消費量は減少し、結果的に生産量も減少しています。食品の安全性や伝統的な食文化を守るため、自給率の向上のため、様々な対策がなされています。

　健康面では、日本式食生活は塩分が多いため以前は脳卒中になる人が多かったです。しかし、食生活の変化にともない、ガンになる人も増えてきました。また、肥満や糖尿病などの生活習慣病も増加しています。

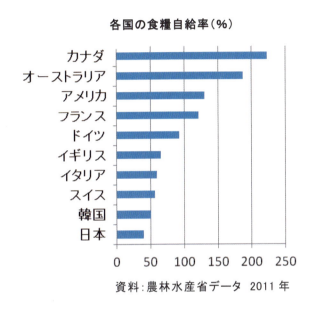

資料：農林水産省データ　2011年

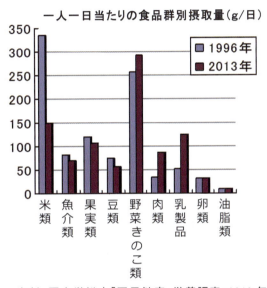

資料：厚生労働省「国民健康・栄養調査」2013年

3. 見直される日本型食生活――昔の食卓を取り戻そう

特徴①　家族そろっての食事が減少
特徴②　レトルト食品や外食が増加
特徴③　食事は教育のよいチャンス

　忙しい生活を送る現代人にとって、家族がそろって食事をすることは難しくなってきました。外国料理や低価格のファストフードが日本に入ってきて人気となり、気軽に食べられるチェーン店も増えてきました。スーパーやコンビニエンスストアに行けば、低価格で買えるレトルト食品が簡単に手に入り、一昔前の「おふくろの味」「一家団欒」が日本の食卓から消えつつあります。

　食事の時間は家族がコミュニケーションを取り、子どもを教育していく上でも大切な時間です。学校での出来事、将来の夢、悩み事など親が子どもを理解できる時間は他にあまりありません。昔ながらの日本食は硬いものが多く、ゆっくり噛むことで食事の時間が長くなり、家族とのコミュニケーションを取りやすくしていました。最近は日本型食生活が見直されています。

Topic 1　和食と日本人

「和食」「日本料理」と聞くと、寿司や天ぷらを思い出す人も多いと思います。しかし日本人は毎日寿司や天ぷらを食べているわけではありません。ここでは一般的な日本の家庭料理と無形文化遺産に登録された「和食」について紹介します。

1. 伝統的な日本の「一汁三菜」

白米を中心に、肉や魚の主菜、野菜や豆類を使った副菜、副々菜、そして汁物、という「一汁三菜」の形は日本の古くからの食事の形で、平安時代にはできあがっていたと言われています。昔は一人分の食事を一つの「膳（料理を載せる台）」に載せて食べていました。白米、汁物、おかず3種くらいを膳に載せることができたので、「一汁三菜」の形ができたと言われています。

お客をもてなすときには品数を増やして二汁五菜になることもありますが、その場合は全てを一度に載せられないので、一膳目を食べ終わってから、二膳目を運んだようです。

今でも日本食はこのように一人分がいくつかの料理のセットになっていることが多いですが、これは昔お膳で食べていた名残なのです。

一汁三菜　献立例と摂取カロリー

主食	ごはん
主菜	焼き魚
副菜1	野菜や豆の煮物
副菜2	野菜のおひたし
汁物	味噌汁
カロリー：約 700kcal	

2. 日本食を食べれば長寿になる？

日本は長寿国として知られていますが、伝統的な食生活が長寿の要因の一つとされています。主食である米は糖質に変わるため、脂質に頼らなくてもエネルギーを多く得ることができます。根菜や豆類の煮物はよく噛まなければならないので脳を刺激します。

しかし、伝統的な食生活には乳製品を食べる習慣がなく、塩・醬油・味噌を使った味付けが多かったことから、カルシウム不足、塩分過剰になりやすいという問題もあります。日本人が長寿なのは、食事だけが理由ではなく、生活習慣、気候風土、医療の進歩など様々な要因が組み合わさって実現できたと言えるでしょう。

現代日本人の「米離れ」

2011年の総務省「家計調査」によると、各家庭の食品支出額で初めてパンが米を上回りました。栄養的には米のほうがいいと理解している人でも、米中心の和食を作るより、パンを食べたほうが簡単だという理由で、パン食を好む人が増えています。パン食が好まれることで、朝食に味噌汁ではなくコーヒーを飲む人も増えてきました。

3.「和食」がユネスコ無形文化遺産に登録

　2013年、「和食」がユネスコの無形文化遺産に登録されました。「寿司」や「天ぷら」といった個別の料理ではなく、和食全体にまつわる日本の「食に関する習慣」が登録された定義です。世界に認められた日本の食文化を紹介しましょう。

◆**世界無形文化遺産への申請理由**◆　（農林水産省HP参照）

①多様で新鮮な食材とその持ち味の尊重
　海に囲まれ、山が多く、明確な四季を持つ日本。食材の豊富さと素材の味を引き立たせることで、自然の恵みを実感できる。また、素材の味を壊さない調理技術や調理用具が発達している。

②栄養バランスに優れた健康的な食生活
　主食とおかずのバランスがよく、動物性油脂が少ないことから、肥満や糖尿病などの生活習慣病の予防に役立っており、長寿の要因の1つである。

③自然の美しさや季節の移ろいの表現
　料理に花や葉を飾ったり、旬の食材を使ったりして、自然の美しさや季節感を表現している。食器や部屋の飾りつけなども季節に合ったものを選び、料理そのものだけでなく、食事の行為全体を通じて季節感を大切にしている。

④正月などの年中行事との密接な関わり
　正月のおせち料理をはじめとして、年中行事と深く関わった食事を通じて、家族や地域社会との絆を強め、地域に伝わる伝統文化の伝承にも寄与している。

　以上の4点は無形文化遺産に申請した際に提出した和食の特徴です。「和食の食文化は自然を尊重する日本人の心を表現したものであり、伝統的な社会慣習として世代を越えて受け継がれている」と評価された和食は無形文化遺産に登録されました。
　国際化が進み、便利さやスピードが重視される現代社会において、食の大切さは忘れてしまいがちです。「和食」が無形文化遺産に登録されたことで、自然の恵みへの感謝、家族や地域社会との結びつき、文化の伝承といった「古きよき日本」の食文化が改めて見直されることが期待されています。

その他の日本の無形文化遺産

　2014年現在、日本では22件の無形文化遺産が登録されています。能楽・歌舞伎・雅楽などの伝統芸能、秋田県の「秋保の田植踊」や京都府の「祇園祭の山鉾行事」などの地域の伝統行事、島根県の「石州半紙」や新潟県の「越後上布」といった伝統工芸などです。

Topic 2　食生活の変化と「食育」

世界中の食べ物が簡単に手に入る現代では、食生活の変化にともない、さまざまな問題が提起されるようになりました。ここでは健康面以外の問題について考えてみましょう。

1. 日本の食料自給率問題

日本の食料自給率は以前から問題になっており、1965年度に73%だった自給率は2012年度には39%になりました。多くの食品を輸入に依存している状態です。

米や野菜など自給可能な食材を中心とした食事は少なくなり、畜産物の消費が増加するにつれて、狭い日本の土地では賄いきれない分を外国の産地に頼ることになったのです。また、一見日本産に見える卵や肉類も飼料は輸入物であることが多いです。

自給率が下がると、自然変異や貿易問題で外国からの輸入がストップしたときに食料不足になってしまいます。また、安価な輸入製品に頼ってしまうと国内の産業が停滞してしまいますし、長距離の輸送に必要な防腐剤を使用することで健康にも影響がでる可能性があります。経済、環境、健康、それに地域の活性化にとっても、自給率を高めることは大切なことなのです。

政府は外国から食物を輸入する際、関税を高くして第一次産業（農業、漁業など）の保護と自給率保持につとめていますが、TPP（環太平洋経済連携協定）などの問題もあり、今後も貿易にともなう関税率は日本の産業、経済に大きな影響を与えるものと思われます。

日本の品目別自給率 （2010年)	
穀類	27%
いも類	75%
豆類	8%
野菜類	81%
肉類	56%
卵類	96%
牛乳・乳製品	67%
魚介類	54%
資料：農林水産省	

2.「孤食」と「個食」

食生活の変化は料理が欧米化しただけではありません。生活スタイルが大きく変化した現代社会では、家族不在の食卓で作り置きした料理を子どもが一人で温めて食べる「孤食」と呼ばれる現象や、家族が同じテーブルについても一人ひとりが違うものを食べる「個食」などの問題が取り上げられるようになりました。

家族そろって食卓を囲み、同じものを食べながら談笑することは、家族の一体感を感じさせ、精神的安定をもたらします。また、日本では食前に「いただきます」、食後には「ごちそうさまでした」と挨拶をして、自然の恵み、農家の人々、料理を作ってくれた人などに感謝します。このような食事マナーを身につけるのも家族と一緒に食事をするときです。しかし、孤食や個食が増えればこの伝統文化を身につけることも、次世代に継承していくことも困難になってしまいます。

3. 学校給食を通した「食育」

「食育」とは、様々な経験を通じて「食」に関する知識と「食」を選択する力を身につけ、健全な食生活を実践することができる人間を育てることです。

日本の「食育」の代表的な例は小中学校で実施されている学校給食でしょう。

(1) 給食の始まり

明治22年（1889年）、山形県のある私立小学校でお弁当を持ってこられない貧しい子どもたちがいました。かわいそうだと思った設立者のお坊さんは昼食時におにぎりや焼き魚、漬物などを出してあげました。これがしだいに習慣化して日本中に広がり、100年以上を経た今でも給食は学校生活で欠かせないものとなっています。

(2) 給食の変化

給食は時代とともに変化しています。毎日違うメニューで、品数も増え、栄養バランスにも気を遣うようになりました。学校側は子どもたちが楽しく健康に育つためにメニューを工夫しています。最近では郷土料理も給食に出され、給食を通して地域の伝統的な食文化を知ることができるようになりました。1954年には「学校給食法」が制定され、義務教育機関での学校給食の普及充実を図ることが定められました。

明治22年（1889年）

昭和25年（1950年）

平成12年（2000年）

(3) 給食を通した「食育」

給食は空腹を満たすためだけのものではありません。日本の給食は「食育」という観念が強く、児童生徒は給食を通じて多くのことを学んでいます。

給食の時間になると、給食当番になった児童生徒は調理場に給食をとりに行き、教室まで運んで盛り付けをします。食事は挨拶のあとで全員が一斉に食べ始め、食事の後は全員が食器を片付け、給食当番が調理場に食器を運びます。共同作業を身につけ、給食をもらう時、食器を下げる時は調理人にお礼を言って感謝することを学びます。

給食を食べる時は、食前食後の挨拶、箸の使い方、食器の持ち方など食事マナー全般を学び、嫌いな食べ物を克服できるように頑張ります。皆が同じ料理を食べながら話すことで社交性や協働の精神を育て、学校生活を豊かにします。また、給食のメニューを通じて食物の栄養素や生産過程、調理過程などを学びます。

Topic 3　食品の安全性

日本の食生活は便利になり、食品も多様化してきました。安定した食品の供給には、農薬や食品添加物の使用も避けることができません。ここでは食品の安全性について考えたいと思います。

1. 日本の食品問題

内閣府の食品安全委員会の調査によると、日本人が日ごろ不安を感じている食品問題は多岐にわたり、特に食中毒・放射性物質などについての不安が大きいことがわかりました。不安を感じる原因として、「学者や機関によって安全性に対する見解が異なり、科学的根拠に疑問を感じる」「行政による規制が不十分」といった回答が多くなっています。

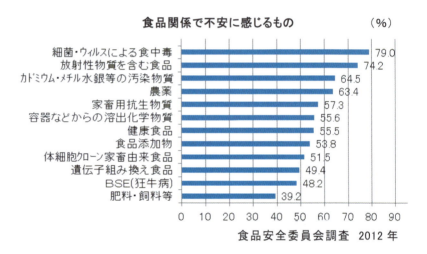

食品関係で不安に感じるもの （％）
- 細菌・ウィルスによる食中毒　79.0
- 放射性物質を含む食品　74.2
- カドミウム・メチル水銀等の汚染物質　64.5
- 農薬　63.4
- 家畜用抗生物質　57.3
- 容器などからの溶出化学物質　55.6
- 健康食品　55.5
- 食品添加物　53.8
- 体細胞クローン家畜由来食品　51.5
- 遺伝子組み換え食品　49.4
- BSE（狂牛病）　48.2
- 肥料・飼料等　39.2

食品安全委員会調査　2012年

2. 食品表示の見方

日本人消費者が店頭で食品を手にした時、よく確認をするのが食品に貼ってある「食品表示」です。保存方法や消費期限、アレルギー物質など様々な情報が書かれています。近年はカロリーなどの成分表示も詳しく書かれているものが多いです。

農産物（野菜・果物など）や畜産物（肉・卵・乳製品など）には、原産地、消費期限、保存に適した温度なども表示されています。弁当類の消費期限が日付だけでなく時間まで書かれていたり、レストランのメニューにアレルギー物質や食材の産地などが表示されていることもあります。

これらの表示はJAS法（農林物資の規格化及び品質表示の適正化に関する法律）、食品衛生法、計量法、健康増進法などにより細かく規制され、違反すると厳しい行政処分や罰則を受けることになります。

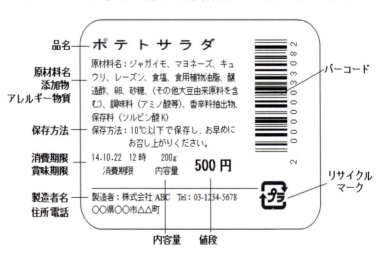

3. 消費期限と賞味期限

　食品表示でよく見かける「消費期限」と「賞味期限」は、食品によって使い分けられています。「消費期限」は、お弁当や生菓子など長く保存できない食品に表示してあり、「賞味期限」は、スナック菓子や缶詰など冷蔵や常温で長く保存できる食品に表示してあります。

　「賞味期限」は開封していない状態で保存して「美味しく食べられる期間」となっていますので、「賞味期限」を過ぎても、風味は劣るかもしれませんが、食べられないというわけではありません。

4. 政府の食品安全における取組み

　BSE（狂牛病）の発生、無許可添加物の使用、原産地や賞味期限の偽造表示などが相次いだことから、政府は2003年に「食品安全基本法」を制定しました。そして、農林水産省と厚生労働省が対処していた食品に関する問題をより迅速に解決するために、各分野の専門家を集めて「食品安全委員会」が創設されました。

　食品安全委員会は科学的知見に基づいて食品のリスク評価を行ったり、HP上で情報を公開したりして、食品安全の確保に努めています。

5.「国産品」は安全で「輸入品」は危険？

　日本では、食べ物も含めて多くのものが国産品は安全であり、輸入品は危険だと考える傾向があります。値段は国産品が高く、輸入品は安いのが一般的です。外国基準の農薬残留量や、あまりの低価格に不安を感じるという消費者も多いようです。

　また近年、BSE（狂牛病）や毒ギョーザ問題など輸入食品の問題が報道されることが多く、高くても日本国内で生産・加工された食品を食べたいと考える人が増えてきました。スーパーの野菜コーナーでその野菜を作った農家の人が写真入りで紹介されていたり、食品に表示されている「個体識別番号」「製造番号」などから、生産履歴を確認できる情報サービス（トレーサビリティ）が行われたりしています。

　このように、できるだけ国産品を、そして生産者・流通過程がわかるものを求める傾向が見られます。

毎年流行する食中毒

　食品にどれだけ注意を払っていても、食中毒は発生します。近年、夏にはO-157という病原性大腸菌による食中毒が、冬にはノロウイルスによる食中毒が、それぞれ発生しやすくなっています。O-157は、病状が重症化し死に至ることもあります。ノロウイルスは、感染力が強く、集団感染が問題になりやすいです。日本では食品の管理はもちろん、調理や食事の際には器具や手をよく洗い、予防につとめるようにしています。

重要語句

◆日本食・和食

「日本食」は日本で食べられているもの全体を指し、外国のものが日本風にアレンジされて定着したカレーなども含む。「和食」は伝統的な懐石料理や郷土料理など古くから存在する料理のことで、それに関わる食器や食事マナーなど文化的な意味も含む。

◆ユネスコ無形文化遺産

ユネスコの事業の一つ。「世界遺産」が建築物などの有形の文化財の保護と継承を目的としているのに対し、「無形文化遺産」は民族文化、伝統芸能、伝統工芸など無形のもの（無形文化財）を称え、保護することを目的としている。

◆孤食と個食

孤食とは、家族不在の食卓で作り置きした料理を子どもが一人で食べること、個食とは、家族一人ひとりが違うものを食べることを指す。家庭内のコミュニケーション不足を招き、食事マナーの指導が困難になるなどの問題が指摘されている。

◆食育

食育とは生きる上で基本となるもので、様々な経験を通じて「食」に関する知識と「食」を選択する力を身につけ、健全な食生活を実践することができる人間を育てることである。

◆食物アレルギー

アレルギー原因食物を食べると、皮膚に発疹が見られたり、嘔吐・下痢などの症状が出たりする。ひどい場合には生命に関わる深刻な病状に陥る。アレルギー原因食物には大豆、そば、卵、乳製品、魚介類、甲殻類、果物など様々なものがある。

◆食品添加物

食品添加物とは食品の製造過程において加工・保存の目的で食品に添加、混和、浸潤されるもので、種類や量が規制されている。2013年現在、「指定添加物」（438種）、「既存添加物」（365種）、「天然香料」（約100種）、「一般飲食物添加物」（約600種）の4種類がリスク評価を経て食品添加物に指定されている。

◆リスク評価

危険性の発生率や影響の大きさを科学的・数学的に分析し、評価すること。食品安全委員会では、化学物質や微生物などの有害な要因が健康に及ぼす悪影響の発生確率と程度を科学的に数値化し、客観的かつ中立公正に評価することとしている。

練習問題

基本問題

問題1 以下の文章の空欄に言葉を入れてください。
・日本の伝統的な食事は（　　　　　）の形を基本としています。
・2013年、「和食」がユネスコ（　　　　　）に登録されました。
・忙しい現代社会では、一人で食べる（　　　　）や同じテーブルで別々のものを食べる（　　　　）が増えています。
・海外から食物を輸入することが増え、（　　　　　）の低下が問題視されています。
・日本の食品には美味しく食べられる期間を示す（　　　　　）が表示されています。

問題2 和食の優れている点は何ですか。

問題3 食品の多様化にともない、どのような問題が生まれましたか。

問題4 学校給食における食育にはどのようなものがありますか。

問題5 食品表示には、どのような情報が書かれていますか。

応用問題

問題1 中国と日本の食文化を比較し、類似点と相違点をそれぞれ挙げてみましょう。

問題2 中国の食料自給率はどのくらいか調べてみましょう。

問題3 日本の食品表示について、気づいたことを話してみましょう。

コラム③ 今、スローフードが見直される

　みなさんは「スローフード」という言葉を聞いたことがありますか？「ファストフード」なら聞いたことがある人も多いでしょう。「スローフード」は「ファストフード」の心身に及ぼす悪影響や食文化が乱れてきたことへの警鐘として提唱された言葉です。

　1980年半ば、イタリア・ローマのスペイン広場にマクドナルドが開店し、イタリアの食文化が乱されるという危機感から「スローフード」を推進する活動が始まりました。1989年には国際スローフード協会も設立され、現在、世界150ヵ国に1300以上の支部があり、10万人以上の会員がいます。日本にも支部があり、「スローフード・ジャパン」として活動を行っています。

　「スローフード」は「美味しい、きれい、正しい」を基本としています。これは地元で採れた新鮮で美味しいものを食べ、環境を破壊せず、生産労働者は公正で適正な報酬を受けるべきだ、という考え方です。

　ゆっくり食べることは健康面だけの問題ではありません。料理を味わって美味しくいただく、友人と話をしながら楽しく食べる、その国の食文化を感じ、後世に伝えていくなど、さまざまな意味合いがあり、ゆっくりと食事をすることで、精神的なゆとりも生まれてきます。

　忙しい日々の生活の中で、便利であること、効率的であることばかりが重要視されています。少し立ち止まって、今、目の前にある食事が、どのように生産され、届けられ、調理されたのか考えてみてはどうでしょうか。生産者から消費者までのつながりを意識することで、食品の問題だけではなく、環境問題や労働問題など、様々な分野へ視野を広げるきっかけになるかもしれません。

筑後スローフードフェスタ2009

第4章　日本の物価

日本では100円で化粧品や下着が買えるって本当？

　日本の物価は高い！　みなさんはそのようなイメージを持っているかもしれません。確かに日本の物価は中国と比べて高いです。しかし、全てのものが高いわけではありませんし、安く物を買う方法も存在します。留学や旅行で日本を訪れる人もいるでしょう。給料、家賃、食品、生活必需品、生活費など、ここでは日本のさまざまな物価の特徴を知り、日本の税制についても学んでいきましょう。

キーワード

　日本の通貨　　日本銀行　　日本人の初任給　　日本の地価　　消費税
　たばこ税　　100円均一ショップ　　秋葉原　　無人市

基本情報◆日本の物価

1. 日本の通貨

　日本の通貨単位は「円」で、「日本円」とも言います。通貨記号は「￥」、通貨コードは「JPY」です。現在流通している日本の通貨は硬貨が6種類、紙幣が4種類あります。硬貨は政府の造幣局、紙幣は日本の中央銀行である日本銀行が製造しています。
　中央に穴の空いている五円硬貨と五十円硬貨は世界的にも珍しい硬貨です。二千円紙幣は2000年に初めて発行されましたが2004年以降製造されておらず、流通量は非常に少ないです。

<硬貨>
一円硬貨　　若木
五円硬貨　　稲穂、歯車、水
十円硬貨　　平等院鳳凰堂
五十円硬貨　菊
百円硬貨　　桜
五百円硬貨　桐

<紙幣>
千円紙幣　　野口英世：細菌学者、黄熱病の研究
二千円紙幣　守礼門：沖縄県那覇市にある門
五千円紙幣　樋口一葉：文学者、『たけくらべ』
一万円紙幣　福澤諭吉：思想家・教育家、『学問のすゝめ』

2. 日本の物価の変化と特徴

　日本の物価の変化を消費者物価指数（消費者が購入する商品の価格変化）から見ていくと、終戦した1945年から1949年までの約3年半の間に日本の消費者物価指数は約100倍に上昇しました。1950年以降は高度経済成長期に入ってゆるやかなインフレーションが進み、1970年代の2回のオイルショックによって一時的に急激なインフレーションが発生しました。その後

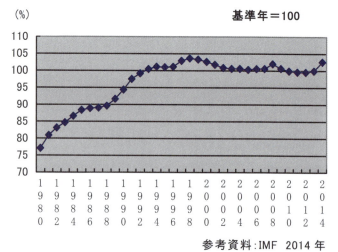

消費者物価指数（年平均）の推移（1980〜2014年）
基準年＝100

参考資料：IMF　2014年

は再び緩やかなインフレーションが続きましたが、1999年からはデフレーション傾向が強まって消費者物価指数は低下傾向にあり、20年以上にわたる経済停滞が続きました。

日本の物価の特徴としては、地域ごとの物価の差があまり大きくありません。日本の国土面積はさほど広くなく、交通網（こうつうもう）が整備されているため輸送がしやすいからです。2013年の都道府県庁所在市の家賃を除いた平均消費者物価指数を見ると、平均値を100とした場合、最も高いのは横浜市（よこはま）の106.0、最も低いのは宮崎市の97.1となっています。しかし、土地の値段（地価（ちか））については大都市と地方でかなり大きな差があります。

3. 国民一人当たりの名目（めいもく）GDP

国民一人当たりの名目GDPとは、国民一人当たりの生産性の高さを市場の価格で表したものです。IMFのデータによると、2012年の日本の国民一人当たりの名目GDPは46530USDで世界13位でしたが、2013年に安倍政権が行った金融政策による円安の影響で、2013年の名目GDPは38491USDになり、世界24位になりました。

この数値には価格変動が影響しているので日本の経済成長をそのまま表しているとは言えません。しかし、円安の影響で、日本への留学や旅行は以前と比べて安くできるようになっています。

国民一人当たりの名目GDP（2013年）

	国	GDP（USD）
1位	ルクセンブルク	110423
2位	ノルウェー	100318
3位	カタール	100260
4位	スイス	81323
5位	オーストラリア	64863
9位	アメリカ	53101
24位	**日本**	**38491**
33位	韓国	24328
84位	**中国**	**6747**

参考資料：IMF 2014年

4. 日本人の初任給（しょにんきゅう）

日本の物価や景気を考える上で、よく基準にされるのが初任給です。日本では年功序列、終身雇用制の会社が多く、給料は勤続年数によって上がっていく場合が多いですが、就職した若者は最初は与えられた初任給のなかで生活を維持していかなければなりません。現在、大学卒の初任給は約20万円で、男性の方が女性より少し高くなっています。

戦後の物価上昇とともに日本人の初任給も急激に上がってきましたが、1990年頃からはバブル崩壊による経済不況に入り、一定のレベルで増減を繰り返しています。

学歴別にみた初任給（2013年）

男女計	大学院卒	228.1千円
	大学卒	198.0千円
	高専・短大卒	172.2千円
	高校卒	156.0千円
男性	大学院卒	227.7千円
	大学卒	200.2千円
	高専・短大卒	174.2千円
	高校卒	158.9千円
女性	大学院卒	230.0千円
	大学卒	195.1千円
	高専・短大卒	171.2千円
	高校卒	151.3千円

資料：厚生労働省 2013年

Topic 1　日本の物価

日本の物価はどのくらいか、みなさんは知っていますか？ここでは日本の地価、物価について具体的な費用を紹介していきます。中国の物価と比較しながら考えてみてください。

1．日本の地価

日本の物価で大都市と地方の差が大きいのは土地の値段です。東京都の平均家賃は7万円を超えていますが、地方では3万円台の都道府県もあります。東京の銀座は今でも日本で最も地価が高いと言われています。

土地の値段が高いのは東京を中心とした首都圏と大阪周辺です。しかし、バブル経済崩壊により、首都圏の土地の値段は一時期と比べるとかなり下がってきました。

賃貸住宅の家賃ランキング（2008年）

	都道府県	家賃
1位	東京都	7万6648円
2位	神奈川県	6万8009円
3位	埼玉県	5万9197円
4位	千葉県	5万7883円
5位	大阪府	5万3822円
47位	和歌山県	3万6582円
平均		5万3565円

資料：総務省統計局　2008年

2．食品の物価

食品の値段は国産か輸入品かによって違いますし、季節によっても変化します。日本は国土が狭く、輸入品に頼っているものが多いですから、為替レートや他国の物価、関税の税率によって値段が変化していきます。日本の物価を中国と比較してみると、ほとんどのものは日本の方が高いです。その中でも、酒税のかかるビールなどの酒類、大部分を輸入に頼っている豚肉などは他国と比べても日本の値段は高いといえます。また、外国人が日本に行って驚くことは、果物の値段が高いということです。スイカやメロンは1個が2000円以上で売られていることも珍しくありません。

各国の物価水準・食品（日本の物価との比較）　※円換算レートは2015年3月時点

国家	通貨	卵（1個）	牛乳（1L）	豚肉（1kg）	米（1kg）	ビール（350cc）
日本（2015.2）	現地：円	24円	218円	2260円	396円	189円
中国・北京（2014.10)	現地：CNY	0.6CNY	13.4CNY	31.0CNY	3.0CNY	2.5CNY
	円換算	11円	234円	541円	52円	44円
韓国（2014.10）	現地：KRW	290KRW	2550KRW	19500KRW	3480KRW	1290KRW
	円換算	27円	240円	1834円	327円	121円
アメリカ・ワシントン（2015.2）	現地：USD	0.2USD	1.0USD	9.7USD	4.0USD	1.1USD
	円換算	24円	119円	1154円	476円	131円
ベルギー（2015.2）	現地：EUR	0.3EUR	1.4EUR	7.6EUR	3.4EUR	1.0EUR
	円換算	35円	184円	1008円	451円	132円

資料：公益財団法人国際金融情報センター　2015年

3. 生活で必要なものの物価

　生活する上で必要なものの物価はその内容によって違います。タクシー料金や美容院、マッサージなどのサービスに対する料金は中国と比べてかなり高いといえるでしょう。一方、最近は携帯電話の普及で使用者が激減しましたが、公衆電話での電話料金はとても安いです。

　電化製品については、その製品の性能や発売時期、店舗によって値段が変化しますから、全く同じ商品でも値段が違うことがよくあります。また、ガソリンは完全に輸入に頼っているため、為替レートの影響で値段の変動が激しいです。

各国の物価水準・生活（日本の物価との比較） ※円換算レートは2015年3月時点

国	通貨	タクシー（初乗り）	電話(公衆電話1分)	乗用車	ガソリン（1L）	液晶カラーテレビ
日本（2015.2）	現地：円	730円	10円	312万円	132円	48810円
中国・北京（2014.10）	現地：CNY	13.0CNY	0.5CNY	54000CNY	7.5CNY	1400CNY
	円換算	227円	9円	94万円	131円	24450円
韓国（2014.10）	現地：KRW	3000KRW	——KRW	——KRW	1489KRW	——KRW
	円換算	282円	——円	——円	140円	——円
アメリカ・ワシントン（2015.2）	現地：USD	3.0USD	0.5USD	16950USD	0.6USD	220USD
	円換算	357円	60円	202万円	71円	26184円
ベルギー（2015.2）	現地：EUR	2.4EUR	0.4EUR	20000EUR	1.3EUR	567EUR
	円換算	321円	53円	267万円	170円	75715円

資料：公益財団法人国際金融情報センター　2015年

4. 日本人の生活費

　日本では1ヵ月でどれくらいの生活費が必要なのでしょうか。総務省のデータによると、2人以上が働いている世帯の1ヵ月の消費支出の平均は31万3874円です。支出の内訳をみると、「食料」が22.1％で最も高く、「その他（諸雑費、交際費、仕送りなど）」が21.3％、「交通・通信費」が16.0％と続いています。住居費は賃貸か持家かで大きく変わってきます。

　ちなみに30歳未満で2人以上が働いている世帯の場合、消費支出の平均は24万円程度、30歳未満で単身で生活している人の場合は17万円程度となります。消費支出が最も多い年齢層は50代ですが、これは保険医療費や子どもの学費・仕送りの負担が大きいことが理由として考えられます。

2人以上の勤労者世帯の1ヶ月の消費支出構成比（2012年）

世帯人員	消費支出	食料	住居	光熱・水道	家具・家事用品	被服及び履物	保健医療	交通・通信	教育	教養娯楽	その他
3.42人	313,874円	22.1%	6.5%	7.2%	3.3%	4.3%	3.7%	16.0%	5.7%	9.7%	21.3%

資料：総務省「家計調査」2013年

Topic 2　消費税と関税

　消費税、たばこ税、酒税などの税金は商品を買ったりサービスを受けたりする際に消費者が負担する税金です。税率によって品物の値段は変わるため、日本の物価にも大きな影響を与えています。ここでは、税金について考えていきましょう。

1. 消費税

　2014年4月1日、日本では消費税が5％から8％に引き上げられました。消費税とは商品やサービスに対して消費者が負担する税金のことです。消費者は本来の価格に8％上乗せした金額を支払わなければなりません。日本では現在、内税（税込みの価格表示）になっている場合が多いです。

消費税の変遷
1989年4月1日　3％(消費税導入)
1997年4月1日　5％に増税
2014年4月1日　8％に増税

　日本が消費税を導入したのは1989年で、最初の税率は3％でした。現在は二度の増税を経て8％になりましたが、それでも他国と比べると税率は低いほうです。欧米諸国では1960年代後半から1970年代前半に消費税を導入した国が多く、東アジアでは韓国が1977年、中国が1994年に消費税を導入しました。また、アメリカには消費税がなく、州、郡、市、学区ごとに小売売上税が課せられています。

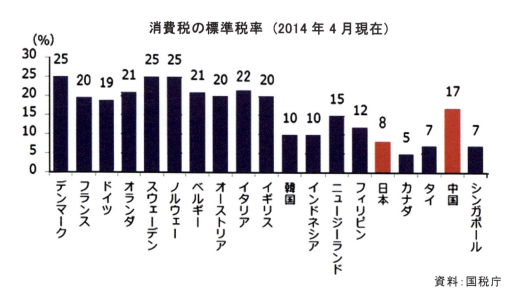

消費税の標準税率（2014年4月現在）

資料：国税庁

2. たばこ税・たばこ特別税

　日本で税負担率の高い商品といえば、代表的なのがタバコです。日本ではタバコを購入する際に消費税の他に「たばこ税・たばこ特別税」がかかります。たばこ税は過去10年間で3回税率が上がり、それにともなってタバコの値段も上がってきました。

現在、430円のタバコを購入すると、価格の64.4%、つまり277円の税金がかかっているという計算になります。

しかし、欧米などの先進諸国ではタバコの税率が70%を超えている国が多く、中には日本の2倍以上の値段の国もありますから、日本のタバコはそれと比べれば比較的低額であり、税率も低いと言えます。近年では価格の上昇、仕事場や飲食店の禁煙化・分煙化によって喫煙者も減少傾向にあります。尚、日本で喫煙が認められている年齢は20歳以上です。

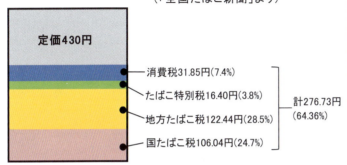

紙巻たばこ1箱（20本入り/430円）のたばこ税負担内訳
（「全国たばこ新聞」より）

近年のマイルドセブン（メビウス）の価格変更

価格変更	値段	税負担率
1986年5月	220円	59.7%
1997年4月	230円	59.1%
1998年12月	250円	61.3%
2003年7月	270円	63.2%
2006年7月	300円	63.1%
2010年10月	410円	64.5%
2014年4月	430円	64.4%

※2013年2月に名称を「メビウス」に変更

3. 個別消費税と関税

日本ではタバコの他にも消費税以外に個別の税金のかかる商品があります。酒税のかかるビールやウイスキーなどの酒類、ガソリン税（揮発油税、地方揮発油税）や石油石炭税が課せられるガソリンなどです。酒税は特にビールの税率が高く、税金が価格の約45%を占めています。これは先進国の中でも非常に高い税率です。

また、輸入品に課せられる関税はその種類によって税率が違い、無税のものから高税率のものまであります。日本ではお菓子やチーズ、農産物や果物などの食品に課せられる税率が比較的高いです。日本で果物の値段が高いのもこのためです。高い税率を課すことで国内の農家を保護する目的があり、輸入すれば安い農産物に高い税金を支払うことになります。

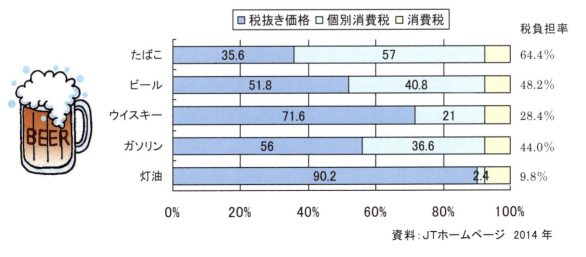

各商品の税負担率の内訳

資料：JTホームページ 2014年

Topic 3　格安ショップ

　日本は物価が高いと思っている人も多いと思いますが、日本には多くの格安ショップがあり、それらを上手に利用すると、さほどお金をかけずに生活することも可能です。ここでは日本の格安ショップをいくつか紹介していきます。

1. 100円均一ショップ

　中国に2元均一ショップがあるように、日本には全ての商品が100円（税込108円）の100円均一ショップがあり、そこではさまざまな日用品が100円で売られています。文房具、レトルト食品、調理器具、中には化粧品、下着、ネクタイ、サンダル、鉢植えなど、普通なら100円では買うことができないものも数多く店内に並んでいます。全国展開している大手100円均一ショップには「ダイソー」「キャン・ドゥ」などがあります。

　なぜ100円という低価格で販売できているかというと、ほとんどの商品は中国や東南アジアなど人件費や材料が安い地域で作られ、大量生産によるコスト削減が可能になるからです。

2. 中古書店

　日本の書籍は中国と比べてかなり高く、小説などの単行本は1冊1200～1500円くらいです。しかし、これらの書籍も中古本の書店に行けばかなり安く購入できます。

　中でも特に有名な中古本の書店は「BOOK OFF」です。日本最大の中古本販売チェーン店で、創業から20年でおよそ1000店舗まで成長しました。書籍、雑誌、漫画などで安いものは100円で売られています。「BOOK OFF」では本だけでなく、CD、DVD、ゲームなどの中古品も安く売られており、買い取りサービスも行っているのでいらない本やCDを売ることもできます。

3. 価格比較サイト

　インターネットの普及により、手軽に安く商品を購入することが可能な世の中になってきました。日本にも中国と同様、さまざまな価格比較サイトが存在し、家にいながら簡単に安い製品を購入することができます。

　代表的な価格比較サイトは「価格.com」「比較.com」などです。最近では、店舗に行って商品の性能などを確認し、その店舗では購入せずに家に帰ってからインターネットで購入する人も増えているようです。インターネット販売は人件費や店舗にかかる費用を節約することができるため価格を抑えることができます。

4. 日本最大の電気街・秋葉原(あきはばら)

　秋葉原は東京にある日本最大の電気街で、電子機器、電子部品、家電などを売る店舗が立ち並んでいます。店舗ごとの競争が非常に激しく、日本では珍しい値引き交渉できる電気店もあるため、自分のほしい商品を安い値段で購入することができます。近年は多くの外国人旅行者が高性能の電子機器を購入するために秋葉原を訪れ、東京の人気観光地となりました。

　また、秋葉原は「オタクの街」としても有名です。アニメ、ゲーム、フィギュア、メイドカフェといったお店も数多く出店しており、今日本で最も人気のある女性アイドルグループ「AKB４８(フォーティーエイト)」もこの街のライブハウスから生まれました。

5. 無人市(むじんいち)

　「無人市」とは主に地方の農村地にある無人の販売所のことで、小さな小屋で主に野菜などが売られています。ほしい野菜があれば、必要な金額を箱の中に入れて品物を購入します。農家で採れたばかりの野菜が売られており、美味しい野菜を安い値段で手に入れることができます。

　店員がいないのでお金を払ったかどうか分かりませんし、お金の入った箱も無人の小屋に置かれたままです。それでも無人市が存在しているのですから、日本人の道徳心と日本の治安の良さを象徴していると言えます。

スーパーの時間割引

　日本のスーパーでは夕方から夜にかけて、食品に割引シールが貼られることがよくあります。これは主に賞味期限の迫った商品の売れ残りを防ぐことが目的です。日本企業は安全面と味の劣化(れっか)に対して非常に注意を払っていますから、賞味期限は他国と比べて短いです。ですから、時間を選んでスーパーに行けば、割引された安い食品を購入することができます。割引シールが貼られる時間は店によって違いますが、だいたい閉店の１〜３時間前くらいが多いです。刺身(さしみ)、お惣菜(そうざい)、弁当などは翌日に持ち越せないため、閉店前には「半額」シールが貼られることもよくあります。

重要語句

◆日本の通貨
　日本の通貨単位は「円」で、「日本円」とも言う。通貨記号は「￥」、通貨コードは「JPY」。現在流通している日本の通貨は硬貨が6種類、紙幣が4種類ある。硬貨は政府の造幣局、紙幣は日本の中央銀行である日本銀行で製造されている。

◆日本の物価
　日本は国土がさほど広くなく、交通網が整備されているため、地域ごとの物価の差がほとんどない。しかし、土地の値段（地価）は大都市と地方で差が大きく、東京都の平均家賃は7万円を超えており、地方では3万円台の都道府県もある。

◆消費税
　2014年4月1日、日本では消費税が5％から8％に引き上げられた。消費税とは商品やサービスに対して消費者が負担する税金である。日本が消費税を導入したのは1989年で、最初の税率は3％だった。

◆たばこ税・たばこ特別税
　日本ではタバコに消費税と「たばこ税・たばこ特別税」が課せられている。現在、430円のタバコは価格の64.4％にあたる277円が税金ということになる。しかし、欧米などの先進諸国と比べれば比較的低額であり、税率も低いといえる。

◆100円均一ショップ
　日本には全ての商品が100円（税込108円）の100円均一ショップがあり、そこでは文房具、レトルト食品、調理器具、化粧品、下着、サンダル、鉢植えなどさまざまな日用品が100円で売られている。

◆秋葉原
　秋葉原は東京にある日本最大の電気街で、電子機器、電子部品、家電などを売る店舗が立ち並んでいる。店舗ごとの競争が非常に激しく、自分のほしい商品を安い値段で購入することができる。近年は東京の人気観光地の一つとなった。また、秋葉原は「オタクの街」としても有名である。

◆無人市
　「無人市」とは主に地方の農村地にある無人の販売所のことで、小さな小屋で主に野菜などが売られている。ほしい野菜があれば、必要な金額を箱の中に入れて購入する。農家で採れたばかりの美味しい野菜を安い値段で手に入れることができる。

練習問題

基本問題

問題1 以下の文章の空欄に言葉を入れてください。
・日本の紙幣を製造しているのは（　　　　）です。
・現在、日本の大学卒の初任給は（　　　　）万円くらいです。
・日本の物価は地域差が少ないですが、（　　　　）は地域差が大きいです。
・日本では2014年4月から消費税が（　　　　）％に上がりました。
・東京の（　　　　）は日本最大の電気街です。

問題2 日本の硬貨と紙幣にはどのようなものがありますか。

問題3 日本で関税の税率が高いものは何ですか。

問題4 なぜ100円均一ショップは低価格で売ることができるのですか。

問題5 秋葉原の特徴をできるだけ多く挙げてください。

応用問題

問題1 現在、100元は日本円でいくらになるか調べてみましょう。

問題2 中国のタバコの税率はどれくらいか調べてみましょう。

問題3 中国で売られている日本製品が日本ではいくらで売られているか調べてみましょう。

コラム④ 値下げには値下げで対抗、終わりなき「牛丼戦争」

　日本で牛丼といえば、安くて手軽に食べられる料理として定着しています。「吉野家」「松屋」「すき家」などの牛丼チェーン店も全国に店舗を広げており、注文してから数分で料理が出てくるため、急いでいる時などは非常に便利です。現在、国内の店舗数が最も多いのは「すき家」で日本各地に約2000店舗のチェーン店を展開しています。また、「吉野家」は海外事業を積極的に推し進めており、中国やアメリカを中心に600店舗以上出店しています。中でも北京は店舗数が多く、200店舗以上あります。

　各チェーン店は顧客獲得のためのサービスを争うように充実させています。味噌汁を無料でサービスしたり、割引券を配ったり、汁や玉ねぎを無料で多く入れるサービスなども行っています。

　中でも価格競争は熾烈を極めています。2000年に「松屋」が390円の牛丼並盛を290円に値下げすると、他のチェーン店も対抗するように100円以上の大幅値下げを行い、「牛丼戦争」と呼ばれました。2003年末にはアメリカでBSE（狂牛病）感染牛が発見され、安価なアメリカ産牛肉が輸入禁止になり、牛丼屋チェーンに深刻な影響を及ぼしました。しかし、オーストラリア産の牛を確保するなどして危機を乗り切り、一旦値上がりした牛丼の値段も再び値下げして、現在でも各チェーン店が互いに牽制しながら価格競争を繰り広げています。

　低価格を維持するため、各チェーン店はコストをぎりぎりに抑える企業努力をしています。普通、日本では1回の外食で500円以上かかりますから、消費者にとっては嬉しい状況であるといえます。

　店舗数がこれだけ増え、なおかつこのような激しい価格競争が行われているのですから、日本人がどれだけ牛丼が好きか分かるでしょう。

吉野家の牛丼

第5章 日本人のマナー

なぜ日本人はマナーが良いと言われるの？

　「日本人はマナーが良い」とよく言われます。道にゴミを捨てない、電車内で電話をしない、順番を守ってきちんと列を作る、これらは日本人のマナーとして定着しています。東日本大震災の時にも被災者のマナーが世界中で絶賛されました。また、日本には他国とは違ういろいろなマナーも存在します。食事マナー、交通マナー、電車内のマナーなど、日本人のマナーについて一緒に考えていきましょう。

> **キーワード**
> 　乗車マナー　喫煙マナー　タバコのポイ捨て　人に迷惑をかけない
> 　しつけ　接客マナー　接客マニュアル　食事マナー　割り勘

基本情報◆日本人のマナー

多くの国と同じように、日本には日本独自のマナーが存在します。ここでは日本の乗車マナー、公園でのマナー、喫煙マナーなど中国と異なるマナーを中心にいくつか紹介していきます。

1、電車やバスの乗車マナー

◆携帯電話で通話をしない

公共の乗り物に乗る時、携帯電話は電源を切るかマナーモードにし、通話してはいけません。また、優先席付近では携帯の電源を切ります。これは心臓病などの患者がいれば悪影響を及ぼす可能性があるからです。

◆大声で話さない

電車やバスの中で話をすることはかまいませんが、他の人に迷惑がかかるような大声で話すことはマナー違反になります。

◆きちんと並んで乗車する

電車やバスを待つ時はきちんと列を作って並び、電車では必ず降りる人が車外に出たあとで乗車するようにします。

◆荷物は膝の上か網棚の上に置く

多くの人が座れるように、荷物は席に置かず、膝の上か座席の上の網棚に載せるようにします。

2、公園でのマナー

◆ゴミは必ず持ち帰る

ゴミ箱が無い場合は自分で出したゴミは持ち帰るのがマナーです。日本では公園だけでなく町中にゴミ箱が少ないため、ゴミを持ち帰る習慣がついています。

◆ペットの管理をしっかりする

ペットはリードをつけて離さないようにし、他の人に迷惑がかからないようにします。ペットの糞などは飼い主が持ち帰らなければいけません。

◆公共のものを大切に使う

次に利用する人のことを考えて遊具や備品は大切に使い、後片付けをして帰るようにします。

◆近隣に迷惑になる行動をしない

公園は楽しく遊ぶ場所ですが、近隣に迷惑がかかるような騒音を出したり、夜中に騒いだりしてはいけません。

3、喫煙マナー

◆喫煙は喫煙スペースで行う
日本では仕事場でも飲食店でも、喫煙スペースが設けられているところが多いです。喫煙スペース以外で喫煙してはいけません。

◆歩きタバコはしない
地域によっては、路上での喫煙は罰金を科せられる場合があります。喫煙所以外での喫煙、歩きながら喫煙するのはマナー違反です。

◆タバコのポイ捨てはしない
タバコのポイ捨ては非常にマナーが悪いです。吸殻は必ず灰皿に捨てるようにします。また、携帯灰皿を持ち歩くよう呼びかけられています。

4、歩行者のマナー

◆歩行者は右側を歩き、横に広がらない
日本では歩行者は右側、自転車と自動車は左側を通行します。歩道を複数で歩く時は横に広がらず、歩道の右側を歩くのがマナーです。

◆人混みでは歩行者とぶつからないように肩を引く
日本では、通勤通学などで人が多い時でも、歩行者同士が接触することはほとんどありません。お互いが少し肩を引き、スムーズにすれ違えるようにします。

◆車が来ない時でも赤信号では渡らない
日本では横断歩道を渡る時、車が来なくても赤信号では渡りません。必ず青信号で横断します。これは日本人が子どものころから徹底して教育されていることです。

5、その他のマナー

◆図書館でのマナー
本は大事に扱い、折り目をつけたり、書き込みをしたりしてはいけません。館内での飲食、雑談も禁止されています。荷物を置いて席を確保する、本棚の前でしゃがみこんで本を読むのもマナー違反です。

◆温泉でのマナー
温泉では体を洗ってから入浴し、手ぬぐいやタオルをお湯に入れてはいけません。浴室で走り回ったり、浴槽で泳いだりすると他の人の迷惑になります。浴室から出る際は、体を軽く拭いてから脱衣所に戻るようにします。

Topic 1　人に迷惑をかけない

　日本人のマナーの根底には「人に迷惑をかけない」という意識が働いている場合が多いです。日本人のどのようなマナーにそれが表れているか考えていきましょう。

1. 日本人の「しつけ」

　日本人のマナー形成には、小さい頃の親や教師の「しつけ」が大きく影響しています。日本人は子どもにどのようなしつけを行っているのでしょうか。
　右の図を見てください。これは「大人が子どもに見せてはいけないと思う態度・行動ランキング」です。「子どもに見せてはいけないと思う」ことは、「大人が普段から子どもに注意している」ことと言い換えることができます。
　「ゴミのポイ捨て」「公共のものを大切にする」が上位にきているのは日本のマナーの特徴でしょう。これは日本人が普段から「人に迷惑をかけない」ことを重視している表れでもあります。

大人が子どもに見せてはいけないと思う態度・行動ランキング

1位	ゴミのポイ捨て
2位	お礼や感謝の言葉を述べない
3位	公共のものを大切にしない
4位	約束を守らない
5位	失敗したとき、人のせいにする
6位	注意されると逆ギレ
7位	店員・他人に横柄な態度で接する
8位	知っている人に会っても挨拶をしない
9位	陰で他人の悪口を言う
10位	嫌いな人を無視したり、意地悪をしたりする

資料：goo ランキング　2008年

2. 日本人の「人に迷惑をかけない」精神

　日本人は「人に迷惑をかける」ことを非常に嫌がります。ですから、自分よりも周囲の人を気にして行動することが多く、それは日本のマナーにも繋がっています。例えば、「時間を守る」「列を作って並ぶ」「飲食店では大声で話さない」などです。日本を訪れた外国人や日本人と仕事をする外国人はこのような日本人のマナーに対し、好印象を受ける人が多いようです。
　一方で、日本人は「人に迷惑をかけない」ことを重視するあまり、迷惑をかける人に対して嫌悪感を抱く傾向があります。「隣の部屋がうるさい」「時間を守らない」「勝手に人の物を使う」といった他人の行動に対し、日本人は他国の人と比べて神経質だといえるでしょう。
　また、人の迷惑になってはいけないと思い、すぐに遠慮してしまう傾向があるため、場合によっては相手によそよそしく感じさせてしまうこともあります。

3.「人に迷惑をかけない」マナーとはどのようなものか

　日本人の「人に迷惑をかけない」マナーとはいったいどのようなマナーなのでしょうか。ここでは、状況別にいくつか紹介します。日本ではどうしてこれが「迷惑をかけない」ことに繋がるのか考えてみてください。

仕事
- 時間を守る
- 時間に遅れる時は早めに連絡する
- 休暇をとる時は職場の状況を考え、早めに申し出る
- 個人情報は厳守する

公共の場
- ゴミのポイ捨てをしない
- 公共のものは大事に使う
- 他の人が待っている時は、一人で長時間利用しない。
- 歩行中、人とぶつからない

観光地、旅行先
- 大声で話さない
- 順番を守り、列を作って並ぶ
- 窓口で後ろに待っている人がいるときは急ぐ
- 集合時間に遅れない

他人の家
- 勝手に家の中を歩かない
- 私物をじろじろ見ない
- 自分の知り合いを勝手に家に連れてこない
- 靴は玄関にそろえて脱ぐ

公園を利用する時の約束

　日本では公園を利用する時の約束事があります。これは公園によって違いますが、みんなが安全に楽しく公園を利用するために決められたことです。

＜阿佐谷北児童遊園の場合＞

- みんなで仲良く遊びましょう。
- 遊び場の施設を大切にしましょう。
- みんなできれいにしましょう。
- 鞠投げはよしましょう。
- バットを使うのはよしましょう。
- ケガをしないように気をつけましょう。
- 木の枝を折らないようにしましょう。
- 犬を連れてくるのはよしましょう。

Topic 2　店員の接客マナー

　日本に来た外国人の多くがまず最初に驚くことは、日本の店員のマナーの良さです。仕事中に店員同士で雑談をすることはなく、お客に対して非常に丁寧な対応をしています。ここでは、日本の店員の接客マナーについて見ていきましょう。

1. 接客を重視する

　買い物をしたり飲食をする時、まず大事なことは金額や品質、料理の味などですが、それ以外に店員のサービスもお客を呼ぶ重要な要素の一つです。

　特に東京などの大都市では競争が激しいですから、いかにお客に喜んでもらえるかを考え、クーポン券や粗品のプレゼントなど、さまざまな工夫を凝らしてお客に満足してもらえるサービスを提供しています。その中でも、店員の接客サービスはお金をかけずに行えますから、各店舗とも力を入れています。

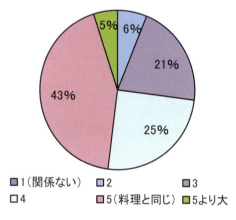

飲食店を利用する際、料理の大切さを5とした時、接客サービスの大切さはどのくらいですか？

資料：C-NEWS編集部　2009年

2. 店員に対する徹底したマナー指導

　日本では正社員だけでなく、アルバイトに対しても徹底した接客マナーを指導している場合が多いです。アルバイトにも高水準の接客マナーが求められますが、店舗に必要な人材として、新入社員より高い給料が支払われる場合もあります。

　チェーン店などでは接客マニュアルのある店舗も多く、それぞれの店舗によって接客の方法も違います。正しい敬語の使い方を指導したり、商品についての知識を学ばせたり、開店前に店員が集まって挨拶の練習をしたりする店舗も多いです。

3. 日本の接客マナーの特徴

（1）笑顔で挨拶

　接客マナーで最も基礎的なことは、お客に対して笑顔で接することです。入店時には「いらっしゃいませ」、退店時には「ありがとうございました」と大きな声で挨拶をします。さわやかに、感情を込めて、できるだけお客に気持ちよく利用してもらえるように心掛けます。お客が品物を買わない場合でも、店を出る際には「ありがとうございました。またお越しください」とお礼を言うことが多いです。

（2）お客の立場に立って考える

　日本の接客ではお客の立場に立って考えることが重視されています。店員は可能な限りお客の要望に応えるように努め、企業は利用者アンケートなどを行ってお客の要望を調査したりしています。お客からどんなクレームがあったとしても感情的にならず、まず「申し訳ありません」と謝り、お客の立場に立って話を聞きます。

（3）自由な品物選び

　しつこい接客や強引な接客はお客に嫌がられます。自由に気持ちよく品物を選んでもらうため、最近はお客から声をかけられるまで店員から話しかけない店舗が増えてきました。飲食店で注文を取る時も、店員はメニューを渡して一旦席を離れ、お客の注文が決まった段階でもう一度注文を取りに行きます。店員はお客が店内を見渡しただけですぐに駆けつけられるよう、常に店内に注意を払うよう教育されています。

4．接客マナーの問題点

　日本の接客サービスは外国人からの評価も高いですが、チェーン展開している店舗では、良いサービスを提供するための接客マニュアルが作られ、店員はそれに従って接客している場合もあります。そのため、「接客が機械的で心がこもっていない」「過剰サービスで恐縮してしまう」などの問題点が指摘されています。日常的な会話による心の触れ合いはだんだん少なくなっているようです。

会計（レジ）での接客マナーの例

「いらっしゃいませ。商品をお預かりいたします」
「以上２点で2640円のお買い上げでございます。ありがとうございます」
　※お辞儀をする。お客がお金を出している間に品物を袋へ入れる。
　※お客がお金を出したら、そちらを優先して数える。

「１万円をお預かりいたします」「まずお先に7000円をお返しいたします」
　※お客に手渡しで紙幣を渡し、硬貨のお釣りを用意する。

「残り、360円のお返しになります。お確かめ下さい」
　※手のひらに硬貨をのせ、見せながら数えてお客に確認してもらう。
　※レシートと一緒にお釣りの硬貨を手渡しする。

　※お客がお釣りを財布に入れたら品物を両手でお客に渡す。
「お待たせ致しました」
「ありがとうございます。また、お越しくださいませ」
　※お辞儀をする

Topic 3　日本人の食事マナー

日本と中国は同じアジアの国家で「箸」を使って食事をします。しかし、食事マナーにおいて、両国にはさまざまな相違点があります。ここでは、日本の食事に関わるマナーについて、いくつか紹介していきます。

1. 食事マナー

◆食前食後の挨拶

日本では食べる前に「いただきます」、食べ終わったあとに「ごちそうさまでした」と言います。これは食べ物を与えてくれた神様、食材を作ってくれた農家の人、料理を作ってくれた人など、料理に関わる全てのことに感謝する意味が含まれています。

◆食器を持って食べる

日本ではご飯の入った食器を手で持って食べます。食器を持たずに顔を食器に近付けて食べたり、肘をテーブルにつけて食べるのはマナーが悪いとされています。

◆食べかすはテーブルに置かない

日本人は食事の際にテーブルを汚すことを嫌がるため、肉や魚の骨など、食事の際に出た食べかすは直接テーブルの上に置かず、空いた皿や膳の上に置きます。

◆麺類は音を立てて食べてもよい

多くの国では音を立てて麺類を食べるのは失礼になりますが、日本ではラーメンや蕎麦などの麺類は音をたてて食べるのが美味しい食べ方だとされています。

◆乾杯の仕方

日本の乾杯は中国のように一気に飲み干すことはあまりありません。そして、食事を始める時に1度だけ行う場合が多いです。乾杯によって食事会が始まるので、飲み会では乾杯するまでは飲食しないのが一般的です。

◆箸の置き方

箸文化はもともと中国から日本に伝わったものです。しかし、中国では箸を縦に並べますが、日本では箸の先を左にして横に並べます。

◆食事中に大声で話さない

日本では食事中に大声で話すことはマナーが悪いとされています。特にレストランなどの飲食店では他のお客の迷惑になるので、同じテーブルにいる人に聞こえる程度の声量で話します。

2. 食事マナーと家庭でのしつけ

食事マナーを身につけさせるのは親の責任であり、これも家庭での「しつけ」が大きな影響を与えています。日本では食事マナーについて、家庭でどのような「しつけ」が行われているのでしょうか。

右のグラフを見て、中日の違いに注目しながら日本の食事マナーについて考えてみましょう。

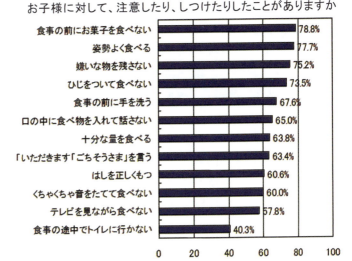

資料:「食事としつけに関するアンケート」Benesse食育研究所 2009年

3. 食事の支払いは「割り勘」

日本人は飲食店で食事をしたあと、支払いを「割り勘」にすることが多いです。「割り勘」とは、支払い金額を人数で割って、それぞれが同じ額を負担する支払い方法のことです。中国では「AA制」と呼ばれています。

これは、同じような立場の人同士で飲食する時、特定の人に負担を掛けず、気兼ねなく楽しむためのものです。もちろん、会社の上司などと飲食する時は立場が上の上司が全額を支払うことが多いですが、恋人同士でも男が全額払うとは限りません。相手を気遣いながら、状況によって払う人や金額が変わっていきます。

また、上司に払ってもらう場合でも、一応財布を出す、しっかり感謝するなどの気遣いが必要です。「払ってもらうのが当たり前」という態度は相手に失礼になります。

4. 飲食店では必要以上のものを注文しない

日本には食事を残すことを嫌がる文化があります。これは食べ物を粗末にしてはいけないという考え方から生まれたものです。したがって、中国と比べると一品一品の量が少なく、食べきれる量になっています。料理が全てなくなっても相手に失礼にはなりません。

レストランなどで料理を注文する時は、その場にいる人でだいたい食べきれる量を注文し、料理が足りない時は追加注文します。必ずしも全部食べきる必要はありません。食べきれない料理を他の人に食べてもらっても失礼にはなりません。

重要語句

◆乗車マナー

公共の乗り物に乗る時、携帯電話は電源を切るかマナーモードにし、通話をしてはいけない。また、大声で話すこともマナー違反になる。電車やバスを待つ時は、きちんと列を作って並び、電車では降りる人が車外に出たあとで乗車する。

◆公園でのマナー

ゴミは必ず持ち帰るようにする。ペットはリードをつけて離さないようにし、ペットの糞は飼い主が持ち帰る。遊具や備品は大切に使い、後片付けをして帰る。近隣に迷惑がかかるような騒音を出したり、夜中に騒いだりしてはいけない。

◆喫煙マナー

日本では仕事場でも飲食店でも、禁煙になっていることが多く、喫煙スペース以外で喫煙してはいけない。地域によっては、路上での喫煙は罰金を科せられる場合がある。喫煙所以外での喫煙、歩きながらの喫煙、タバコのポイ捨てはマナー違反となる。

◆店員の接客マナー

店員の接客マナーはお客を呼ぶための重要な要素で、それぞれの店舗では店員に徹底した接客マナーを指導する場合が多い。店員は常に笑顔でお客と接し、お客の立場に立って考えるようにする。しかし、接客マナーがマニュアル化し、「機械的で心がこもっていない」などの問題点も指摘されている。

◆食事マナー

日本では食前に「いただきます」、食後に「ごちそうさまでした」と言う。茶碗は手で持って食べ、肘をテーブルにつけてはいけない。肉や魚の骨などの食べかすは空いた皿や膳の上に置く。ラーメンや蕎麦などの麺類は音をたてて食べても良い。乾杯は一気に飲み干さなくてもよく、食事の最初に１度だけ行うことが多い。

◆割り勘

割り勘とは、支払い金額を人数で割って、同じ額を負担する支払い方法のこと。会社の上司などと飲食する時は立場が上の上司が全額支払うことが多いが、恋人同士でも男が全額払うとは限らない。状況によって払う人や金額が変わっていく。

練習問題

基本問題

問題1 以下の文章の空欄に言葉を入れてください。
・日本では電車やバスで（　　　　　　）を使用することはマナー違反になります。
・日本の温泉では（　　　　　　）から入浴するようにします。
・日本の飲食店では（　　　　　　）まで、店員は席から一旦離れます。
・日本人は食前に（　　　　　　）、食後に（　　　　　　）と言います。
・日本では飲食店の支払いは（　　　　　　）にすることが多いです。

問題2 公園にペットを連れてくる時、注意しなければいけないことは何ですか。

問題3 日本人のマナーの特徴として、特に重視されていることはどんなことですか。

問題4 日本の店員の接客マナーで問題になっていることは何ですか。

問題5 日本と中国の乾杯の仕方の違いを説明してください。

応用問題

問題1 日本では誕生日の時の支払いはどうするか調べてみましょう。

問題2 「UNIQULO（ユニクロ）」の接客マナーについて、自分で調べてみましょう。

問題3 中国人のマナーで改善したほうが良いと思うことは何ですか。

コラム⑤ 世界中に注目された震災時の日本人のマナー

　2011年3月11日、太平洋三陸沖(さんりくおき)を震源とするマグニチュード9.0の大型地震によって大津波(おおつなみ)が発生し、日本の東北地方と関東地方の太平洋沿岸部は壊滅的な被害を受けました。死者・行方不明者は約2万人にのぼり、津波によって多くの家屋が流され、多くの人が住む場所と家族を失いました。

　この東日本大震災の被災の様子は世界中で報道されましたが、その中で絶賛されたのが日本人被災者のマナーでした。

　米紙は被災者の秩序立った様子に称賛を送り、「なぜ日本では略奪が起きないのか」「非の打ち所のないマナーは、まったく損なわれていない」という見出しの記事で、足をケガして救急搬送された年配の女性が、痛みがあるにもかかわらず、迷惑をわびた上で他の被災者を案じる様子などを紹介しました。

　中国紙・広州日報では、大震災に遭っても秩序正しい日本人の姿を「まるで無声映画」と紹介し、以下のような在日中国人の目撃談を紹介しました。

　「東京。電車が不通(ふつう)となり、徒歩で帰宅する数百万人の人々。みな黙々と列をなし、ひたすら前を目指す。怒鳴り声など聞こえない。自分は車だったが、誰もクラクションを鳴らしていなかった」

　「数百人が広場に避難した。タバコを吸う人はいない。係員が走り回って毛布(もうふ)、お湯、ビスケットなどを配る。全ての男性が女性を助けていた。3時間後、その場は解散となったが、地面にはゴミ1つ落ちていなかった」

（「Record China」より）

　各国メディアが驚いていたことは、日本人はむやみに自分の悲しみを表に出さず、家族や友人を失っても大声で泣きわめかないこと、助けてもらったら「ありがとう」の代わりに「すみません」という人が多いことです。

　これは日本人の「迷惑をかけて申し訳ない」という気持ちの表れです。大震災のような生死に関わる状況下でも、日本人は秩序を崩さず、規律を守ることが大事だと考えているのでしょう。

第6章 日本の交通事情

日本の電車には女性専用車両があるって本当？

　日本の交通といえば、みなさんは最初に何を思い浮かべるでしょうか。世界初の新幹線でしょうか、複雑な東京の地下鉄網でしょうか、それとも通勤通学の満員電車でしょうか。日本には日本ならではの交通事情も存在します。道路では歩行者優先で、車は左側を走ります。電車には荷物を置くための棚があり、女性専用車両もあります。ここでは日本の交通機関や交通規則などについて考えていきましょう。

キーワード
　交通マナー　道路交通法　歩行者優先　JR　私鉄
　地下鉄　新幹線　女性専用車両　音響装置付き信号機

基本情報◆日本の交通事情

1. 交通手段——交通網の整備と交通手段の多様化

特徴①　自家用車の普及
特徴②　公共交通機関の発達
特徴③　長距離移動が容易に

　戦後、日本の交通網はしだいに整備され、科学技術と施工技術の進歩とともに交通手段も多様化してきました。車の普及により国民の多くが自家用車を交通手段として利用するようになり、電車、地下鉄、バス、タクシーなどの交通機関も発達してきました。また、高速道路の建設と高速鉄道の開業、航空路の整備によって、長距離移動も容易になりました。

　特に大都市では電車やバスなどの公共交通機関が発達しており、多くの人が通勤通学などに利用しています。一方、地方都市では自動車が主な交通手段となっており、本数の少ない鉄道の利用者は限られています。

大都市・中枢都市・地方都市の交通手段（％）

	鉄道	バス	自動車	バイク	自転車	徒歩・その他
東京23区（大都市）	36.7	3.8	14.2	1.7	16.3	27.3
札幌市（中枢都市）	17.6	3.9	42.0	0.3	11.4	24.8
松江市（地方都市）	1.3	3.5	67.5	1.8	12.5	13.3

参考：国土交通省「都市交通調査」2010年

2. 交通マナー

　日本人は規則を守るとよく言われますが、交通に関しても交通規則をよく守り、他国と比べて交通マナーは良いようです。車が来ない時に赤信号で横断する歩行者も非常に少ないです。

　日本の交通規則では「歩行者優先」となっており、車の運転手は歩行者の安全に十分注意しながら運転しています。危険時以外にクラクションを鳴らすことは嫌がられ、渋滞の時にもクラクションの音を聞くことはほとんどありません。また車間への割り込み運転も敬遠される行為です。

歩行者のマナー	車の運転手のマナー
・車が来ない時も赤信号では横断しない ・横断歩道以外の場所で横断しない ・横に広がって歩かない ・歩道の無い道路では右側通行	・クラクションをむやみに鳴らさない ・右折左折の際は方向指示器を出す ・交差点の右折左折時には減速する ・窓からゴミを捨てない

3. 交通網の整備

　日本の交通整備に関する事柄は行政機関の国土交通省が管轄しており、道路、鉄道、空港、港湾などの交通は長期的な計画のもとにインフラ整備が続けられてきました。
　1964年の東京オリンピックを契機として高速道路が整備され、新幹線も1964年の初開通以来、路線は日本全土に伸びています。また、その頃から自動車の台数が増加していき、バブル景気の頃には道路の開発ラッシュで整備がさらに進みました。
　道路・鉄道のインフラ整備率を国際比較してみると、日本の道路密度は2位のベルギーを大きく引き離して世界第1位、鉄道密度はチェコに次ぐ世界第2位となっており、日本のインフラ整備は世界の中でも高い水準であることが分かります。しかし、これは日本の可住地面積当たりの人口密度が高いことも影響しています。

道路・鉄道のインフラ整備率国際比較

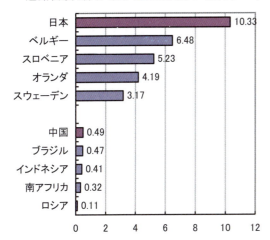
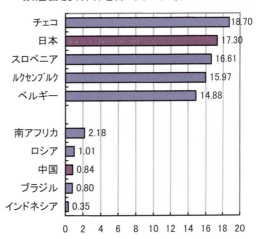

※道路密度は2007年、鉄道密度は2008年　　資料：ODEC（2011年）Economic Policy Reforms 2011

4. 交通の問題点

　日本の交通網は整備が進み、さまざまな交通事故対策が行われていますが、東京都内では都内近郊から通勤通学する人が多く、朝夕の交通渋滞、通勤時の満員電車などが問題となっています。また、駐車場不足などの影響から駐車違反の車が多く、都市部の駐車場料金は非常に高いです。
　また、都市と地方の交通機関の格差も問題になっています。地方ではバスや電車の便が一日数本しかない地域も多く、多くの人が自家用車で移動します。そのため、高齢者や車を持たない人の移動が困難な状況になっています。
　今後は高齢化が更に進み、高齢者の運転手や歩行者が増加していきます。交通事故件数は近年減少傾向にありますが、高齢化社会に適応する交通安全対策が必要となっています。

過疎地の列車時刻表

Topic 1　日本の道路交通

日本には世界的に有名な自動車会社が多く、国民の多くは自家用車で移動しています。ここでは自動車を中心とした日本の道路交通について、他国とも比較しながら考えていきましょう。

1. 自動車の普及

日本はトヨタ、日産、ホンダなど世界的にも有名な自動車会社が数多くある自動車製造大国で、国民の生活にも自動車は普及しています。特に田舎での交通手段は自動車を利用する人がほとんどで、仕事をしている人は一人一台車を所有していることが多いです。自動車の運転免許は18歳から取得できます。

自動車の普及にともない、日本の高速道路も1963年の初開通以来、日本全国に広がり、遠方への自動車移動も便利になってきました。高速道路の料金所で自動的に料金を支払える ETC車載器を導入した車も増えています。

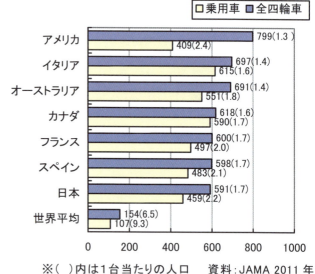

主要国の四輪車普及率：人口千人当たりの台数

	乗用車	全四輪車
アメリカ	409(2.4)	799(1.3)
イタリア	615(1.6)	697(1.4)
オーストラリア	551(1.8)	691(1.4)
カナダ	590(1.7)	618(1.6)
フランス	497(2.0)	600(1.7)
スペイン	483(2.1)	598(1.7)
日本	459(2.2)	591(1.7)
世界平均	107(9.3)	154(6.5)

※（　）内は1台当たりの人口　資料：JAMA 2011年

2. 日本の交通規則

日本の交通規則は道路交通法によって定められています。日本の交通規則で特徴的なのは、基本的に「歩行者優先」の規則になっていることです。横断歩道や交差点で右折左折する時は青信号でも車はすぐに止まれるスピードに減速し、歩行者がいる時は一時停止しなければなりません。歩行者にとっては安全ですが、運転手にとっては面倒なことも多いです。

日本では車は左側通行です。国内車の運転席は右側ですが、左側が運転席の外国車でも同じ免許で運転することができます。世界的に見ると車は右側通行の国が多く、日本と同じように左側通行の国はイギリス、オーストラリア、インドなどです。尚、歩行者は歩道がある場合は歩道を歩き、無い場合は車道の右側を歩きます。

また、アメリカや中国では赤信号の時も車は右折することができますが、日本では特別な場所を除いて、車は右折も左折もできません。これは車の通行を遅らせ、交通渋滞を招く恐れもありますが、歩行者はより安全に道路を横断することができます。

日本と中国の道路交通規則の比較

	日本	中国
車の運転席	右側	左側
車の走行路	左側通行	右側通行
赤信号での右折左折	禁止	右折可
シートベルト着用義務	前部座席、後部座席	前部座席
国際運転免許証での運転	可	不可

3. 交通事故

　日本の交通事故死者数は1970年に1万6765人となり、「交通戦争」と呼ばれました。その後、様々な対策によって死者数は急激に減少しましたが1970年代後半から再び増加傾向となりました。その後、事故対策や交通安全運動などの実施により、死者数は1993年以降減少し、死傷者数及び死傷事故件数も2005年以降減少しています。しかし、その数はまだ少ないとはいえません。

　警視庁は交通事故防止のために交通安全週間を実施したり、飲酒運転の罰則を厳しくしたりしています。また、日本では前部座席だけでなく後部座席のシートベルトの着用やチャイルドシートの使用が義務付けられています。

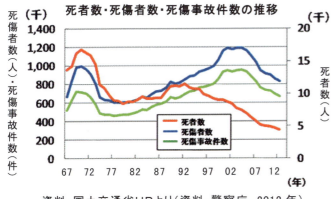

資料：国土交通省HPより（資料：警察庁　2012年）

交通事故死亡率国際比較（人／10万人）

1位	ブラジル*	24.9
2位	ロシア*	19.2
3位	メキシコ*	17.5
4位	チリ**	14.4
5位	南アフリカ**	14.1
6位	韓国	13.8
7位	アメリカ*	12.4
29位	日本	4.5

*2010年、**2009年　資料：OECD 2011年

日本の自転車事情

　日本では主婦の買い物や中高生の通学の際に自転車を利用することが多いです。しかし、日本の道路は道幅が狭く、中国のような自転車専用道路がほとんどありません。したがって自転車は車道や運転可能な歩道を走行しなければならず、これが交通事故につながるケースも多いです。

　また、自転車駐輪場の不足により、駅やバス停周辺に無断駐輪された自転車が歩行者の通行の妨げになったり、自転車盗難の原因になることもあります。日本では自転車の盗難防止のために、自転車購入時に防犯登録が義務付けられており、防犯登録をした自転車には番号のついたステッカーが貼られます。

Topic 2　公共交通機関

　日本は車社会ですが、鉄道やバスの利用者も都市部を中心に多いです。地下鉄や新幹線は他国と比べてかなり早くから発達していました。ここでは日本の公共交通機関について紹介します。

1. 鉄道

　日本の鉄道は主に「JR（Japan Railways）」と「私鉄」に分けられます。もともと日本には国が運営する国鉄（日本国有鉄道）と呼ばれる事業体が存在しましたが、1987年に分割民営化され、6つの旅客鉄道会社と1つの貨物会社から構成される「JR（JRグループ）」が事業を継承することになりました。JRの鉄道網は日本中に広がっており、日本人の多くが利用しています。

　また、JRを除く民営鉄道を「私鉄」といい、東京や大阪など都市部を中心に路線網を展開しています。私鉄には東武鉄道（東武）、東京急行電鉄（東急）、近畿日本鉄道（近鉄）などがあり、東京地下鉄（東京メトロ）もこれに含まれます。

　大都市では一つの鉄道駅にJRと私鉄の路線が何本も通っている駅があり、多くの人が利用しています。日本の鉄道の輸送人員は1年間で約235億人ですが、これは世界第1位です。2位のインドが約50億人ですからいかに日本人の多くが鉄道を利用しているかが分かります。

鉄道の年間輸送人員

日本（JR）	88億4100万人
日本（大手私鉄）	95億7900万人
インド	50億9300万人
ドイツ	16億8170万人
ロシア	12億7200万人
ブラジル	12億5546万人
中国	10億5606万人

資料：国土交通省　2012年

2. 地下鉄

　日本で初めて地下鉄が開通したのは東京で、1927年にアルゼンチンのブエノスアイレスの地下鉄をモデルとして作られました。これはアジアで初めての地下鉄です。それ以来、大都市では交通の便を良くするために地下鉄の建設が進み、現在では東京、大阪、名古屋、福岡、京都、神戸、埼玉、札幌、仙台、横浜、広島などの都市で地下鉄が開通しています。

　そのなかでも東京は非常に地下鉄が多い都市です。東京メトロ、都営地下鉄、東京臨海高速鉄道りんかい線の3つの地下鉄経営体があり、総計14路線、293駅が都内に広がっています。東京は駅間の距離が短く、中心部では少し歩けばすぐに地下鉄駅が見つかるため移動は大変便利です。しかし、通勤ラッシュ、帰宅ラッシュの時間帯は大変混み合っており、満員電車は都心で働く社会人にとっては悩みの種です。

3. バス

　日本のバスは公営バス、民営バス、地方自治体直営バスなどがあり、都市部では均一料金制、地方では距離別料金制が多く見られます。高速バスなどの長距離バスもありますが、中国などと比べると路線や便数が少ないです。夜行バスは座席がリクライニングシートになっていて背もたれを倒すことができますが、中国のようにベッド型になっているものはありません。

　車掌がいない運転手だけのワンマンバスでは、均一料金制の場合、車体前方扉から乗車し、その際に運賃を支払い、後方扉から降車することが多いです。距離別料金制の場合は車体後方から乗車して整理券を受け取り、降車時に整理券と料金を車体前方の運賃箱に支払って運転手横のドアから降車します。車体前方部には整理券番号に対応した運賃が表示されています。

4. 新幹線

　日本の新幹線は1964年に開業し、最高速度200キロの高速鉄道は世界初でした。その後、新幹線の路線は日本全国に伸び、北は青森から南は鹿児島まで移動できます。最高速度も300キロまで上がり、東京－新大阪間を2時間25分で移動できるようになりました。現在も北海道新幹線や北陸新幹線などが建設中です。新幹線の現在の運営会社はJRグループで、東京－新大阪間の新幹線の乗車料金は1万3620円です。

日本の新幹線の路線

	起点	終点	営業距離	開業年	運営
東北新幹線	東京駅	新青森駅	713キロ	1982－2010年	JR東日本
上越新幹線	大宮駅	新潟駅	303キロ	1982年	JR東日本
北陸新幹線	高崎駅	金沢駅	345キロ	1997－建設中	JR東日本
東海道新幹線	東京駅	新大阪駅	552キロ	1964年	JR東海
山陽新幹線	新大阪駅	博多駅	644キロ	1972－1975年	JR西日本
九州新幹線	博多駅	鹿児島中央駅	288キロ	2004－2011年	JR九州

※北陸新幹線は敦賀駅まで延長予定で現在建設中

世界一利用者が多い新宿駅

　新宿駅（東京）の一日平均の乗降人員は300万人を超え、これは世界一の利用者数です。新宿駅には現在、JR線（山手線、埼京線、中央本線、湘南新宿ライン）、小田急線、京王線、東京メトロ（丸ノ内線）、都営地下鉄（都営新宿線、都営大江戸線）が通っており、新宿で用事のある人や乗り換えをする多くの人が新宿駅を利用しています。乗り換え路線が多く、外に出る出口も多いので初めて新宿駅を利用する人は戸惑うかもしれません。ちなみに、世界2位は池袋駅（東京）、世界3位は渋谷駅（東京）で上位の駅は日本の駅で占められています。

Topic 3　日本の交通の特徴

　日本の交通は早くから発達し、国民が便利で安全な交通機関を利用できるようにいろいろな配慮が行われてきました。その中には他国とは違う特徴もいくつかあります。ここでは、その特徴についていくつか紹介していきます。

1. 子どもが交通規則を身につけるために——横断歩道の渡り方

　日本では子どもの頃から交通規則をしつけられ、それが日本人の交通規則を守る意識につながっています。特に子どもが横断歩道を渡る方法は親や教師から徹底して教えられます。

　「赤信号では車が来なくても絶対に渡ってはいけない」「道路を渡る時は右を見て、左を見て、もう一度右を見て、車が来ないか確認してから渡る」「横断歩道を渡る時は手を上げて渡る」日本人は子どもの頃にこのような指導を何度も受けます。

　日本人は規則を守る意識が強いですが、一方で「規則違反をしているところを他人に見られたらとても恥ずかしい」という意識も他国と比べて強いようです。

2. 満員電車を利用する女性のために——女性専用車両

　日本の都市部では、通勤時間になると多くの人で混雑し、満員電車となります。迷惑行為や痴漢行為などを防ぐため、2001年頃から車両の一部を「女性専用車両」とする電車が増えてきました。この車両は通勤時間限定で、車両は最前部または最後部の1車両のみの場合が多いです。しかし、「性差別だ」「他の車両の混雑を招く」といった女性専用車両に否定的な意見もあります。

3. 目が不自由な人のために——音響装置付き信号機

　日本にはちょっと工夫された信号機も設置されています。まず、視覚障害者のための「音響装置付き信号機」です。この信号機は視覚障害者が青信号と横断方向を認識し、安心して横断歩道を渡れるようにするもので、青信号になった時に音楽が流れ、信号が赤になる前に警告音が流れます。

　また、交通量の少ない道路にはボタンを押せば青信号に変わる「押ボタン式信号機」が設置されているところもあります。夜間のみ作動する「夜間押ボタン式信号機」を設置しているところも多いです。

5. 計画的な移動を可能にするために——時間が正確な公共交通機関

　日本の公共交通機関は時間が非常に正確です。特に鉄道は1分以上遅れることはほとんどなく、多くの場合、到着時刻ちょうどに列車が駅のホームに入ってきます。日本人はもともと時間に対する意識が強い国民性ですが、コンピューターによる運行状況の管理、運転士の技量などがそれを可能にしています。公共バスも渋滞などの影響で多少遅れることはありますが、到着時間は正式に決まっており、他国と比べると遅れることは少ないです。日本を訪れた外国人はあまりにも時間が正確なので驚くこともありますが、日本人はそれだけ時間に縛られた生活をしていると言えるかもしれません。

6. 切符を買う手間を省くために——ICカード乗車券

　切符を買う手間を省くため、日本ではIC乗車カードを利用する人が多いです。ICカードには「Suica（スイカ）」や「PASMO（パスモ）」などいろいろな種類があり、鉄道やバスなどの交通機関で運賃の支払いが可能です。利用できる交通機関やサービスはカードによって違います。チャージ式なのでお金を入金すれば何回でも利用でき、電子マネー機能付きのカードなら特定の自動販売機や商店での支払いも可能になるため非常に便利です。

7. 安く移動したい人のために——「青春18きっぷ」

　「青春18きっぷ」とはJRが発売している格安切符で、春と夏と冬に期間限定で利用することができます。1日乗り放題の切符が5枚組セットになっており、JRの「みどりの窓口」などで1万1850円で購入できます。利用できるのはJRの特別料金のかからない普通・快速列車の自由席です。

　この切符を使えば東京から福岡まで2370円で行くことが可能です。移動に時間はかかりますが、途中下車も可能なので長期の休みに車窓（しゃそう）からの景色を見ながらのんびりと旅をするにはよいかもしれません。この他にもJRをはじめとした各交通機関はさまざまな条件でお得な格安切符を発売しています。

電車移動は睡眠の場？

　日本に来た外国人がよく驚くことですが、日本では電車やバスの乗車中に眠っている人がよくいます。長距離通勤の人などは、電車内で意識的に眠る人も多いです。これは盗難などの恐れが少ないためで、日本の治安が良いことを表しています。日本では電車で携帯電話や財布を落としても、持ち主に戻ってくることがよくあります。日本人の電車内の行動としては、年輩者は新聞や雑誌、小説などを読む人が多く、若者は携帯電話の機能で楽しんだり、音楽を聴いたりする人が多いようです。

重要語句

◆道路交通法
日本の交通規則は道路交通法によって定められている。日本の交通規則では、基本的に「歩行者優先」であり、車は左側を通行する。また、日本では特別な場所を除いて車は赤信号時は右折も左折もできない。

◆JRと私鉄
日本の鉄道は主にJRと私鉄に分けられる。1987年の分割民営化によって国鉄の鉄道事業はJRに継承された。また、JRを除く民営鉄道を私鉄という。日本の鉄道の輸送人員は1年間で約235億人にものぼり、これは世界第1位である。

◆地下鉄
日本では1927年に東京で初めて地下鉄が開通し、現在では11の都道府県で地下鉄が開通している。なかでも東京は東京メトロ、都営地下鉄、東京臨海高速鉄道りんかい線の3つの地下鉄経営体があり、総計14路線、293駅が都内に広がっている。

◆新幹線
日本の新幹線は1964年に開業し、最高速度200キロの高速鉄道は世界初であった。その後、新幹線の路線は日本全国に伸びて最高速度も300キロまで上がり、東京－新大阪間を2時間25分で移動できるようになった。新幹線の運営会社はJRグループ。

◆女性専用車両
迷惑行為や痴漢行為などを防ぐため、2001年頃から車両の一部を「女性専用車両」とする電車が増えてきた。この車両は通勤時間限定で、車両の最前部または最後部の1車両のみを女性専用車両にしている場合が多い。

◆音響装置付き信号機
音響装置付き信号機とは視覚障害者のための信号機である。青信号になった時に音楽が流れ、信号が赤になる前に警告音が流れるため、視覚障害者は青信号と横断方向を認識し、安心して横断歩道を渡ることができる。

◆青春18きっぷ
「青春18きっぷ」とはJRが発売している格安切符で、春と夏と冬に期間限定で利用できる。1日乗り放題の切符が5枚組セットで売られており、1万1850円で購入できる。利用できるのはJRの特別料金のかからない普通・快速列車の自由席。

練習問題

基本問題

問題1 以下の文章の空欄に言葉を入れてください。
・日本の道路交通では（　　　　）優先です。
・日本の鉄道は主に（　　　　）と（　　　　　）に分けられます。
・新幹線は（　　　　）が開催された1964年に初めて開業しました。
・（　　　　）駅は世界で一番利用者が多い鉄道の駅です。
・日本では迷惑行為や痴漢行為の防止のため、（　　　　　）のある電車が増えています。

問題2 大都市と地方都市の交通手段の違いについて説明してください。

問題3 日本の警視庁は交通事故撲滅のためにどのような対策を行っていますか。

問題4 日本のバスの料金システムについて説明してください。

問題5 日本の公共交通機関が時間に正確な理由を挙げてください。

応用問題

問題1 東京にある有名な電車の環状線を何というでしょう。

問題2 日本の航空会社と国際空港について調べてみましょう。

問題3 インターネットの経路検索サイトを利用して東京から大阪までの行き方を調べてみましょう。

コラム⑥ 世界初の新幹線開通、未だに死亡事故はゼロ

　1964年10月1日、日本では東京オリンピックに合わせて世界初の新幹線が開業しました。最初の開通区間は東京―大阪間で所要時間は約4時間でした。日本の次に高速鉄道が開業したのはフランスのGTVで1981年でしたから、当時の日本の鉄道技術が非常に優れていたことが分かります。

　日本の鉄道技術の高さを証明するデータがもうひとつあります。それは、日本の新幹線は1964年に開業して以来、約50年間で乗車中の乗客の死亡事故が一件も起きていないことです。安全性の面でも日本の新幹線は優れているといえます。ここで、日本の新幹線の安全性を証明する出来事を一つ紹介しましょう。

　2011年3月11日、日本では東日本大震災が発生し、地震、津波によって多くの被害者が出ました。しかし、この状況においても、新幹線で脱線した車両は一本もありませんでした。早期地震検知警報が作動し、地震が起きる9秒前に非常ブレーキがかけられたからです。これには理由があります。2004年、新潟県中越地震で、走行中だった上越新幹線の8両が脱線しました。これは日本の新幹線の歴史で初めての脱線事故でした。幸いなことに死傷者は一人も出ませんでしたが、日本の当局はこの件を深く反省し、原因を徹底的に究明しました。この教訓があったからこそ、東日本大震災では脱線を免れることができたのでしょう。

　旧国鉄技師長の岡田宏さんは、日本の新幹線がこのような輝かしい歴史を残してきた理由に「安全の上に安全を重ねる心構え」「万全な設備」「設計から日常検査までの各段階のスタッフに対する訓練を年単位で行うこと」を挙げています。日本人が安全第一の気持ちで真剣に仕事に取り組んでいることが分かります。

　日本の交通は世界の常識にとらわれず、目先の利益にとらわれず、技術の向上、お客さんの安全、お客さんの快適さを求めて日々進化を遂げています。

（文・李帆傑）

第7章　日本の環境対策

日本の道にはゴミが落ちていないって本当？

　日本を訪れた外国人は、日本の道にはゴミが落ちていない、駅も公園もきれいだ、とよく話します。しかし、日本には現在も解決されていない公害問題や新たな環境問題もあり、必ずしも理想的な環境だとは言えないかもしれません。この章では、日本国内での環境問題の現状と対策、環境教育などについて紹介します。環境問題は日本国内だけの問題ではなく、地球規模で考えていかなければならない問題です。中国も今後の経済発展を考える上で非常に重要な課題となってきますので、一緒に考えていきましょう。

キーワード

　四大公害病　　循環型社会　　MOTTAINAI　　4R　　持続可能な社会
　ゴミの分別　　再生可能エネルギー　　地産地消

基本情報◆日本の環境対策

1. 過去の公害問題

　公害病とは、人間の産業活動によって排出される有害物質によって引き起こされる病気です。日本では高度経済成長期、つまり1950年代から60年代にかけて重化学工業が発達し、工場から排出される有害物質によって、水や空気が汚染されました。それは人々の健康を脅かし、深刻な被害を出す産業公害となって日本各地で頻発しました。なかでも問題となったのが「四大公害病」と呼ばれる公害です。

＜日本の四大公害病＞

病名・発生年・発生場所	主な症状	主な原因
イタイイタイ病 1910年ごろ 富山県神通川流域	骨軟化症（全身の骨がもろくなり、激痛をともなう）、腎機能障害。患者が「痛い痛い」と言って亡くなった。	金属工場からの排水に含まれるカドミウムが井戸水や地下水を通して水田を汚染、魚や米などを介して住民に摂取された。
水俣病 1953年ごろ 熊本県水俣市不知火海沿岸	神経系障害、手足のふるえ、言語障害、難聴	化学工場からの排水に含まれるメチル水銀化合物が海を汚染、魚介類を介して住民に摂取された。
四日市ぜんそく 1959年ごろ 三重県四日市市	呼吸器系疾患	石油化学コンビナートの生産活動により大量の亜硫酸ガス（二酸化硫黄）が大気中に排出された。
新潟水俣病 1965年 新潟県阿賀野川流域	神経系障害、手足のふるえ、言語障害、難聴	化学工場からの排水に含まれるメチル水銀化合物が川を汚染、魚介類を介して住民に摂取された。

　これらの公害病患者は長期にわたってその症状に苦しみました。日本各地で公害反対運動が起こり、公害病被害者は企業や国に対して度重なる訴訟を行いました。1965年に発生した新潟水俣病は、1967年に初訴訟を行って以来訴訟が続き、2011年に第4次訴訟でようやく和解しました。

　政府は1968年に大気汚染防止法、1970年に水質汚濁防止法を公布するなど、公害に関する法律を整備していき、1971年には「環境庁」が新たに設置されました。そして二酸化硫黄濃度、水質汚濁に関する環境基準達成率は1997年度に99.5%に達しました。

2. 現在の環境問題

　オイルショックをきっかけに経済成長の速度が鈍り、日本の公害は産業公害から都市・生活型公害へと変化していきました。都市・生活型公害は自動車の排ガスによる大気汚染、合成洗剤による河川汚染などがあり、バブル経済期の大量生産・大量消費・大量廃棄によって汚染が拡大していきました。

＜1970年代以降の主な環境問題＞

環境問題・健康被害・環境被害	主な原因
光化学スモッグ 目やのどの痛み、咳、めまい。重症になると呼吸困難、意識障害を引き起こす。	オゾンやアルデヒドなどの気体成分と硫酸塩などの固体成分が紫外線により化学反応を起こし、視界が悪くなる。夏、日差しが強く、風の弱い日に発生しやすい。
不法投棄 土壌汚染、水質汚染、地盤沈下などの原因となる。	工場や企業による産業廃棄物が無毒化処理されずに廃棄されたり、生活ゴミが焼却されずに山などに不法に投棄された。
環境ホルモン 生物本来の内分泌系をかく乱させるホルモン作用を持つ化学物質。野生動物の生殖異常、人間の不妊やガン、アレルギーなど。	食品添加物や殺虫剤、産業廃棄物などに含まれるさまざまな化学物質。

3. 現在の環境問題に関する政策・対策

　公害問題の克服を目指して定められた規制中心の対策では、さまざまな環境問題を解決するのは困難になり、「環境基本法」（1993年）をもとに、大気汚染防止法、水質汚濁防止法などの個別法が多数改正・統合・制定されました。学校や家庭でもゴミ分別や省エネなどの環境保護に関する教育が行われています。これらの対策や教育は日本だけではなく、人類全体が生態系の均衡を守り、環境への負荷が少ない持続的発展が可能な社会にしていくという基本的理念に基づいています。

4. 環境とエネルギー問題

　環境とエネルギーの問題は切り離せない問題です。石油や天然ガスといった化石燃料はいつか枯渇します。そのため、化石燃料に代わるエネルギーとして原子力が注目されていましたが、福島第一原発事故による放射性物質の漏えい、核廃棄物処理問題などが起こり、そのリスクの大きさが問題となっています。

　日本では現在、環境にやさしいエネルギー開発や資源のリサイクルを促進しています。国や自治体、企業などは太陽光や風力を利用した自然エネルギーへの転換を図り、ゴミのリサイクルも早い時期から推し進めてきました。これは資源の消費を抑える「循環型社会」と呼ばれています。また、家庭や個人でもゴミを減らしたり、家電や自家用車に省エネのものを選ぶといった運動も徐々に生活の中に浸透していきました。

Topic 1　日本人の環境保護意識

　日本のゴミの分別は面倒くさいとよく言われます。なぜ日本人はそのような面倒な作業をするのでしょうか。ここでは、日本人の環境保護に対する意識や教育などについて紹介します。

1.「MOTTAINAI（もったいない）」と「4R」

　「もったいない」とは、物を無駄にして惜しいと思う気持ちを表す日本語です。日本人は物が少なかった時代は何でも「もったいない」と言って、再使用・再利用していました。その意識は、現在世界で推進されている廃棄物減量のキャッチフレーズ「4R」に通じています。

　環境分野で初めてノーベル平和賞を受賞したケニア人女性のワンガリー・マータイさんは、来日した際に、「4R」に通じ、しかも自然や資源への尊敬の念が込められている「もったいない」という言葉に感銘を受けました。そして環境保護の世界共通語として「MOTTAINAI」を広めることを提唱しました。

<「4R」が表しているもの>

Refuse（断る）	Reduce（減らす）	Reuse（再使用）	Recycle（再利用）
不要なものは買わない、断る。	ゴミを減らす。	くりかえし使う。	資源としてリサイクルする。
例）エコバッグを持参して、レジ袋をもらわないなど。	例）シャンプーや化粧品は詰め替え用を買うなど。	例）壊れたものを修理して使う、ペットボトルを水筒がわりに使うなど。	例）ゴミの分別をし、プラスチックや紙を再度資源として利用する。

2. ゴミの分別

　日本に行った外国人旅行者がまず驚くのは、ゴミ箱の種類の多さではないでしょうか。

　リサイクルのために空き瓶・空き缶、ペットボトル、雑誌・新聞など、それぞれ捨てるゴミ箱が違い、横一列に並んでいます。初めて日本を訪れた人は、どこに何を入れるのか困るかもしれませんが、ゴミ箱の口の形や絵を見ればだいたいわかります。

　各家庭でも、自分の住んでいる地域のルールに従って、指定のゴミ収集場所に捨てなければなりません。回収されるゴミの種類は曜日によって決まっており、指定されたゴミ袋に入れて指定された場所・時間にゴミを捨てなければなりません。地域ごとにゴミ捨てカレンダーや分別の仕方が詳しく書かれた冊子があり、無料で配布されています。また、インターネット上でも区役所や市役所などのホームページでゴミ回収のルールが公開されています。

(上)指定ゴミ袋(有料)　京都市HPより
(左)ゴミの分別方法を説明したハンドブック

3. エコポイントとエコ・アクション・ポイント

　日本政府は環境に配慮した行動や商品の購入を普及させるために「エコポイント」や「エコ・アクション・ポイント」などのポイント還元システムを実施してきました。
　「エコポイント制」とは環境に優しいエコポイントの付いたグリーン家電を購入すると与えられるポイントで、商品券や環境に配慮した商品に交換できます。温暖化防止や経済の活性化、地上デジタルテレビ放送対応機器の普及などが目的で、環境省、経済産業省、総務省が主導して行われたもので、2009年から2011年にかけて期間限定で実施されました。
　「エコ・アクション・ポイント」とはマイバッグや公共機関の利用、電気の節約など環境に配慮した行動に対して与えられるポイントで、点数に応じて商品やサービスの提供が受けられる仕組みです。環境省が2008年に導入し、現在でも続いています。

4. 環境教育

　環境省が公開した小学校の環境教育についての指導ガイドでは、持続可能な社会に向けた人づくりが目標とされています。その内容は大きく4つの分野に分けられており、学校側は様々な教科の中に取り入れて教育しています。
　日本の学校では児童・生徒が自分で教室を掃除し、ゴミを分別して捨てます。また、社会科見学で水道局やゴミ処理場などを見学し、資源の大切さを学び、環境保護への意識を高める課外活動も行われています。教科として勉強するだけではなく、日々の学校生活の中で、実践していくことも重視されています。

環境教育のねらい:持続可能な社会に向けた人づくり

分野	内容
共に生きる(共生社会)	国際理解(異文化理解)、社会参画、健康
自然・生命(自然調和型社会)	生命、自然への愛着、生態系・生物多様性、水・大気・土
ゴミ・資源(資源循環型社会)	3R、公害・化学物質
エネルギー・地球温暖化(低炭素社会)	地球温暖化の起こる仕組みと影響、資源・エネルギー、産業、消費生活・衣食住

資料:環境省総合環境政策局環境教育推進室

Topic 2　森林保護と環境保護活動

　森林破壊、地球温暖化は世界的な環境問題ですが、日本でもこれらの環境保護対策を行っています。日本ではどのような取り組みが行われているのか見ていきましょう。

1. 日本の森林は減少しているのか

　日本の山にはもともと、ナラ、ブナなどで形成された原生林がありました。しかし、戦後の復興のため1940年代後半から1960年代にかけて木材の需要が急増しました。原生林は破壊され、代わりに成長が速く経済効果の高いスギ・ヒノキなどを植樹して人工林を作りました。現在、日本の森林の約4割はスギやヒノキなどの人工林です。

　人工林は手入れが必要で、放置された人工林は土砂災害を起こしやすくなります。しかし、現在の日本の森林は手入れが追いつかずに放置されているものが増え、林業関係者やボランティア団体が、人工林の手入れに力を入れています。

2. 木材を輸入する日本

　日本は国土の3分の2が森林で木材資源が豊富です。戦後から植林されてきた木々はすでに成長し、木材利用が可能な樹齢に達しています。しかし、山村の過疎・高齢化で森林を管理する人がいない、海外の木材のほうが安いなどの理由で木材自給率は低くなっています。現在日本で使われている木材は日本産が26.6%で残りは外国産です（農林水産省2012年）。

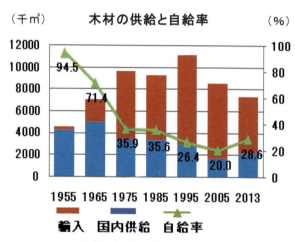

　政府は2009年、「10年後の木材自給率50％」を目標とする「森林・林業再生プラン（農林水産省）」を掲げました。今後、地域が活性化し、国産木材の供給力が強化されることが期待されています。

スギを植えすぎた代償「スギ花粉」

　毎年、暖かくなる2月から4月にかけて、日本では天気予報に「花粉飛散情報」が追加されます。現在、日本ではスギの花粉によるアレルギー症状「花粉症」で苦しんでいる人が増加しています。その原因の1つは、戦後のスギ植樹です。増えすぎたスギ林を原生林に近い状態に戻すため、クヌギなどの日本古来の木を植えるボランティア活動なども行われています。

3. 生態系保護

　南北に長い島国の日本には数多くの固有種が生息しています。現在把握されているだけでも9万種以上が生息し、世界的にも「生物の宝庫」と言われています。

　しかし近年、農薬散布や森林破壊によって、昆虫や動植物が減少し、絶滅の危機に瀕している固有種も多くなりました。また、ペットや家畜として輸入・飼育されたり、外国からの貨物に付着してきた外来種が日本各地で野生化し、問題になっています。外来種は一般的に固有種よりも繁殖力が高く、日本古来の生態系が大きな影響を受けるからです。

　現在は特定の外来種の輸入・飼育を禁止する法律ができました。また、琵琶湖のブラックバスや京都府亀岡市のアライグマなどのように生態系を崩したり、農作物や人家へ被害を加える外来種は自治体やボランティア団体などが駆除しているところもあります。

地方自治体で行われている環境保護活動

　自分たちの住む町をきれいにしよう、いつまでも自然豊かな町でいられるように自然環境を保護しよう、という思いで日本各地の地方自治体では環境保護活動が行われています。活動内容はさまざまですが、ここではいくつかの活動を紹介します。

①クリーン作戦

　自分たちの町を綺麗にし、川や海の景観や水質を守るため、ボランティアでゴミ拾いを行う活動です。個人、団体、学校、企業などが自由参加します。町を綺麗にするだけではなく、自分たちの住む町に愛着を持ち、ゴミのポイ捨てをなくす意図もあります。町の美化をテーマとした標語やポスターを一般市民から公募する自治体もあります。

②鮭の稚魚の放流

　鮭は川で生まれて海で育ち、生まれた川に戻って産卵する回遊魚です。鮭の稚魚の放流は各地で行われています。資源を保護し、子どもたちに「サケが戻ってこられるきれいな川にしよう」という環境保護精神や動植物愛護心を養ってほしいという願いも込められています。尚、日本では資源保護の観点から河川での鮭の捕獲は禁止されています。

③森林ボランティア活動

　森林ボランティア活動は森林整備や山村の人々とのふれあいを通じて、参加者が森林や林業、山村に関わる問題を認識する機会となっています。近年は参加者も増え、植林や下刈り、間伐などの森林整備だけでなく、地域の森林調査や野外観察会などを通じた森林環境教育も行われています。

Topic 3　日本のエコ技術最前線

資源の乏しい日本では、これまで技術開発によって性能や品質を向上させ、経済を発展させてきました。ここでは、日本が世界に誇る最先端のエコ・テクノロジーをいくつか紹介しましょう。

1. ハイブリッド車

環境にやさしい自動車として、ハイブリッド車の人気が高くなってきました。ハイブリッド車は1896年にドイツのフェルナンド・ポルシェが発表したエンジンと電気モーターの二つの動力源を持つ車のことです。動力源が二つあるため燃費が良く、環境に良いと言われています。日本のトヨタ社は長年にわたる研究・開発を経て、1997年にハイブリッド車「プリウス」の量産に成功、世界中に広まりました。その後もホンダ、日産など他の自動車会社もハイブリッド車を発売し、現在、ハイブリッド車の世界シェアは90％以上が日本の自動車会社で占めています（2012年マークラインズ株式会社調べ）。

2. 海水・泥水を飲料水に

日本は水に恵まれた国だと思われがちですが、国民一人当たりで計算すると世界平均の半分以下の水しかありません。夏の水不足や災害に見舞われた時などは、豊富な海水や汚水を真水にして利用する「逆浸透膜」の技術が注目されています。この技術は日東電気、旭化成などの日本メーカーが世界シェアの70％を占めています（2008年経済産業省・水資源政策研究会まとめ）。

また、下水処理の過程で生じる下水汚泥の処理技術をリードする月島機械は、中国を中心に海外展開を積極的に行っています。日本ベーシックが開発した自転車搭載型緊急用浄水装置「シクロクリーン」は自転車で川や池など水のあるところまで行き、ホースを水に入れてペダルをこげば、1分間に5リットルの飲料水を作り出すことができます。東日本大震災の際にはこの「シクロクリーン」が大活躍しました。

「シクロクリーン」 日本ベーシックHPより

3. ゴミ処理・リサイクル

毎日大量に出るゴミを資源に変えて再利用できれば、環境を守り、資源を節約することができます。日本企業はさまざまな技術開発を行い、廃品再利用システムの実用化に成功しています。回収されたペットボトルから繊維を作り、衣服やカーペットなどの製品を作ったり、下水汚泥を消化処理してメタンガスを発生させ、直接都市ガスとして導入したり、炭化処理されたものを炭化燃料として火力発電所の燃料にするシ

ステムも開発されました。
　電動ゴミ収集車「eパッカー」は走行によって電力を発電し、その電力を動力にするという技術が使われています。ゴミを収集しながら、エネルギーを自分で生産しているので、軽油使用量やCO_2排出を削減することができます。実験では、75％のCO_2削減に成功しています。

「eパッカー車」環境省HPより

4. 再生可能エネルギー

　石油・石炭などの化石燃料はいつか枯渇するエネルギー資源ですが、太陽エネルギー、風力、地熱などのエネルギーは一度利用しても自然現象の中で再生され、枯渇しません。この再生可能エネルギー分野の特許申請件数が最も多いのが日本で、世界全体の55％を占めています（2011年環境省調べ）。

風力発電

　現在、日本では再生可能エネルギーの開発は進んでいるものの、実用化は途上段階にあり、2010年時点で全発電量に占める再生可能エネルギーの割合はわずか2.5％でした。2012年9月のエネルギー・環境会議において、日本は再生可能エネルギーの発電電力量を2030年に3000億kWh（2010年度の3倍）にするという目標が示されました。

5. 振動発電

　人が生活する中で発生する音や振動をエネルギーに変えるという夢のような技術があります。「発電床」は人が歩いたり、物を移動させたりする際に生じる圧力エネルギーを利用して発電する床型発電機です。東京駅の自動改札機付近に設置して発電量の実験を行ったり、オフィスビルで災害時の停電の際に避難経路を光で案内するものが実用化されており、今後の実用化に大きな期待が高まっています。

東京駅で実施された発電床実験

エネルギーも「地産地消」

　「地産地消」とは、その地域で生産された農産物・水産物をその地域で消費することで、加工や輸送にかかるエネルギーが節約でき、地域の伝統食文化の維持と継承にも効果があります。今やエネルギーも「地産地消」、遠い国で採れる石油にたよらず、自分で使うエネルギーは自分で生産しようという考えが広まっており、様々な研究・開発がなされています。

重要語句

◆四大公害病
　四大公害病とは、イタイイタイ病、水俣病、四日市ぜんそく、新潟水俣病の四つの公害病のことで、工場からの排水や排ガスが原因で起こった産業公害である。公害病患者は長期にわたってその症状に苦しみ、国や企業を相手に訴訟を繰り返した。

◆循環型社会
　製品などが使用後にゴミとなって廃棄されるのではなく、再び資源として再利用され循環していく社会のこと。天然資源の消費を抑制し、環境への負荷を軽減することができる。

◆4R
　4Rとは、Refuse（断る）、Reduce（減らす）、Reuse（再使用）、Recycle（再利用）の4つの英単語の頭文字を指し、ゴミを減らして、環境にやさしい社会をつくるためのキーワードである。

◆持続可能な社会
　近年の環境破壊が続けば、大気や水といった地球上の物質循環や生態系を破壊し、人類社会も破綻してしまう。それを回避し、健全で恵み豊かな環境が将来の世代にも継承することができる社会を「持続可能な社会」という。

◆森林・林業再生プラン
　森林・林業再生プランとは、木材の安定供給の強化を中心とした地域活性化を図り、森林・林業政策を全面的に見直したものである。2009年に農林水産省から公表され、2020年までに木材自給率を50％まで引き上げることを目標に掲げている。

◆再生可能エネルギー
　再生エネルギーとは太陽エネルギー、風力、地熱など一度利用しても自然現象の中で再生され枯渇しないエネルギーのこと。石油・石炭などのいつかは枯渇する限りあるエネルギーを化石エネルギー（化石燃料）という。

◆地産地消
　地産地消とは、地域で生産された農林水産物を地域で消費する取り組みのことである。農林水産業の活性化による地域活性化、消費者と生産者の交流が増えて新鮮で安心な農林水産物が買える、流通コストが削減できるなどの効果がある。

練習問題

基本問題

問題1 以下の文章の空欄に言葉を入れてください。
・日本の公害は（　　　　　）公害から（　　　　　）公害へと変化していきました。
・日本ではリサイクルを進めて資源の消費を抑える「（　　　　　）社会」の形成を目指しています。
・（　　　　　）は、物を無駄にして惜しいと思う気持ちを表す日本語です。
・日本の森林面積は国土の（　　　　　）を占めています。
・（　　　　　）はエンジンと電気モーターの二つの動力源を持つ環境にやさしい車です。

問題2 日本の「四大公害病」は何ですか。

問題3 環境にやさしい社会を作るための「4R」とは何ですか。

問題4 「エコ・アクション・ポイント」の対象となる行動は何ですか。

問題5 再生可能エネルギーにはどのようなものがありますか。

応用問題

問題1 日本ではどのようにゴミ分別を行っているか調べてみましょう。

問題2 中国の環境保護対策やエネルギー問題について調べてみましょう。

問題3 あなたは地球環境保護のためにどんなことに気をつけていますか。

コラム⑦ なぜ日本の街にはゴミが落ちていないの？

　日本に来た外国人が驚くのは、日本の街にはゴミがほとんど落ちていないことです。「日本人はマナーがよく、ゴミを捨てない」「日本では環境教育が進んでいる」などの理由がよく挙げられていますが、もう一つ、大きな理由があります。それはゴミ箱が少ないことです。

　普通は、ゴミ箱がなければ道にゴミを捨てる人が増えてしまうと考えがちですが、ゴミが全く落ちていないきれいな道には逆に捨てにくいものです。きれいな景観・環境で迎えれば、日本人だけでなく外国からの観光客も、ジュースの空き缶などをゴミ箱があるところまで持って歩き、景観・環境の保護に協力してくれるのです。

　では、なぜゴミ箱が少ないのでしょうか。まず、テロ防止対策として、ゴミ箱に爆弾や毒物が仕掛けられないようにするためです。そしてゴミ箱が多すぎるとゴミの収集や清掃に時間と労力がかかり、経費がかさむからです。また、特に景観を美しく保ちたい観光地では、猫やカラス、その他の野生動物がゴミを荒らしてしまうことも、ゴミ箱が設置できない大きな理由となっています。

　ゴミ箱がゴミでいっぱいになると、あふれたゴミで景観を損ないますし、悪臭もします。清掃担当の負担も増えます。それならいっそのことゴミ箱を置かない、という措置をとっているのです。ゴミ箱がなければ、なるべくゴミが出ないように心がけますから、ゴミ削減の効果もあります。

　ゴミは気をつけていても出てしまうものです。全ての人が家までゴミを持ち帰ることができればいいのですが、残念ながら、日本人の中にもついポイ捨てをしてしまう人はいます。それでも、いつかはポイ捨てをする人がゼロになるよう、日本では対策が続けられています。

ゴミ箱のない京都のお寺

第8章 日本の防災対策

地震が来たら、自動販売機は無料になる？

　自然の恵みが豊かである反面、自然の脅威にさらされることも多い日本。古代から人々は地震や台風といった災害に幾度となく見舞われてきました。現在は科学技術も発達し、ただ自然の脅威に怯えるだけではなく、さまざまな視点から災害と防災について研究され、対策がなされています。地震発生時には自動販売機の飲料を無償提供するという企業の取り組みもその一例です。この章では現代日本の災害と防災対策について考えてみましょう。

キーワード
　　マグニチュード　震度　東日本大震災　ライフライン　帰宅困難者
　　防災グッズ　避難訓練　災害ボランティア　災害対応型自動販売機

基本情報◆日本の防災対策

1. 地震大国日本

　日本は地震、台風、津波、火山、冷害など自然災害が非常に多い国です。2011年3月には東日本大震災が発生し、津波の影響で東日本一帯は壊滅的な被害を受けました。2014年8月には広島県で大雨による土砂災害が起こり、同年9月には御嶽山で火山の噴火が起こって多くの登山者が犠牲になっています。

　しかし、多くの自然災害のなかでも特に注意が必要なのは地震です。日本列島周辺は地底で複数のプレートがぶつかり合っており、日本は非常に地震の起こりやすい国なのです。2013年に最も地震が多かった福島県では、震度1以上が575回、震度3以上が67回、震度5以上が1回観測されました。

　日本はこれまでも何度かマグニチュード7（M7）以上の大地震が発生し、大きな被害を受けてきました。多くの研究者は、近い将来、日本でマグニチュード9クラスの南海トラフ大震災が発生すると予想しています。

日本で過去に起こった大地震と今後予想される大地震

震災・発生年月	災害規模	関連事項
関東大震災 1923年 9月1日	M7.9 死者・行方不明者 105385人 負傷者 10万人以上	1924年に法改正が行われ、日本で初めて耐震基準が規定された。また、1960年より9月1日を「防災の日」に制定した。
阪神淡路大震災 1995年 1月17日	M7.3 死者 6434人 行方不明者 3人 負傷者 43792人	政府や自治体の対応が遅れたことへの批判が多かった一方、学生を中心としたボランティア活動が活発に行われ、1月17日を「防災とボランティアの日」に制定した。
東日本大震災 2011年 3月11日	M9.0 死者 15883人 行方不明者 2643人 負傷者 6150人	日本観測史上最大の地震。巨大津波が発生して町を飲み込み、福島第一原発の放射能漏れ事故が発生した。
南海トラフ大震災（予想） 30年以内の発生確率 60〜70%	M9.0 茨城県から鹿児島県までの広い範囲の強い揺れと津波	東海・東南海・南海地震が3連動して起こると予想されている。

2.「防災」から「減災」へ

　地震や台風といった自然災害は未然に防ぐことはできません。そこで、災害が起こっても、被害を最小限に食い止める「減災」という言葉が使われるようになりました。

　今までの「防災」の概念では、災害発生後の人命救助やライフライン復旧などに重

点が置かれ、行政主体でした。それに対して「減災」の主体は住民で、個々が自分でできる防災準備をし、災害発生時にはまず「自助・共助」で自分を守り、周りの人を助けだしたり、初期消火にあたったりすることが重要です。

　もちろん政府や自治体・警察・消防などによる公助も充実させなければなりませんが、災害発生直後には「自助・共助」の意識が人命救助や減災の効果を大幅に高めます。

＜阪神・淡路大震災時の生き埋めや閉じ込められた際の救助＞
- 公助（救助隊に）1.7%
- その他 0.9%
- 共助（友人・隣人・通行人に）28.1%
- 自助（自分で、家族に）66.8%

参考資料：総務省消防庁 2011年

3. 災害時の問題と対策

(1) ライフラインの停止

　ライフラインとは、生命の維持に必要な水や電気などの供給ラインのことを言います。大規模な災害ではライフラインの全面復旧に3ヵ月も要することがあります。被災地の避難所へ救援物資が届くにはある程度の日数がかかりますから、各家庭で少なくとも3日分の飲料水・食糧を備蓄しておくよう呼びかけられています。

＜ライフラインの停止状況と復旧に要した日数＞

	水道	電気	ガス	電話
阪神淡路大震災	約127万戸 90日	約260万戸 6日	約84.5万戸 85日	約19.3万回線 14日
東日本大震災	約220万戸 45日	約891万戸 99日	約46万戸 32日	約190万回線 56日

資料：兵庫県庁2006年、総務省総合通信基盤局2011年

(2) 交通の乱れによる帰宅困難者

　東日本大震災では多くの交通機関が運行不可能となり、首都圏を中心に約10万人の帰宅困難者が出ました。内閣府中央防災会議の設置するガイドラインでは、帰宅困難者の徒歩での一斉帰宅が起こると道路が混雑し、災害救援活動に支障をきたすため、災害時には帰宅しないこと、また企業には3日分の食糧の備蓄を呼びかけています。

(3) 外国人被災者

　日本に来たばかりの海外留学生や旅行者が災害に遭遇すると、言葉が通じない状況で避難しなければならず、その恐怖や不安は計り知れません。しかし緊急時に日本語の情報を英語に翻訳する時間も人員も足りず、外国人全員が英語がわかるとも限らないため、「やさしい日本語」で情報を提供しようという試みがなされています。

　例：「断水、停電」→「みず と でんき が つかえません」
　　　「余震」→「あとから くる じしん」　　（資料：弘前大学人文学部社会言語学研究室HP）

Topic 1　日本人の防災意識

　災害対策はどれだけやっても万全ということはありません。できるだけ被害を抑えるための努力を続けていくことが大切です。ここでは、日本人の防災対策について見てみましょう。

1. 地震への恐怖と災害への備え

　2011年の東日本大震災のあとに行われた調査によると、国民全体の80%が「地震の不安を感じている」と答えています。

　特に大震災に見舞われた東北地方と、今後大地震が起こる確率が高いとされている東海地方で不安を感じている人が多いようです。

　日本全国、どこでも地震が起こる可能性があり、東日本大震災を機に防災について考え、準備をするようになった家庭も少なくありません。しかし、震災からの時間が経つにつれて防災意識が薄れてきたという調査結果もあります。防災意識を維持していくためには、意識的にメディアを通じて防災情報を確認し、家族や近隣・友人と情報交換する機会を持つことが重要です。

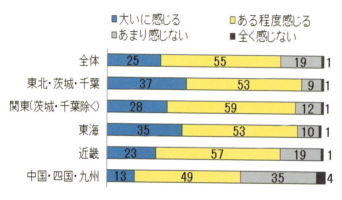

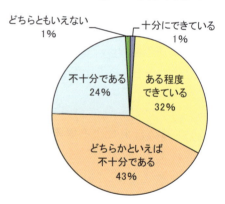

※上記のグラフの数値は小数点以下を四捨五入して算出

2. どのような防災準備が必要か

　それでは、日本の家庭では災害時に備えてどのような準備をしているのでしょうか。まずはラジオ、携帯手動充電器、懐中電灯、医療品などの防災用品をそろえます。特に医療品は、自分が普段使っているものがいつ手に入るかわかりません。持病がある人は自分の薬をストックしておく必要があります。そして食糧・飲料水などの備蓄です。ライフラインが復旧し救援物資が届くまでは、備蓄に頼るしかありません。家族の人数分×3日分が必要最低限の目安とされています。

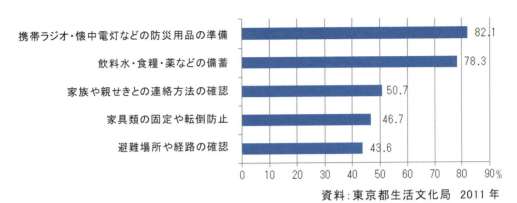

防災に関する備え TOP5

- 携帯ラジオ・懐中電灯などの防災用品の準備　82.1
- 飲料水・食糧・薬などの備蓄　78.3
- 家族や親せきとの連絡方法の確認　50.7
- 家具類の固定や転倒防止　46.7
- 避難場所や経路の確認　43.6

資料：東京都生活文化局　2011年

　東日本大震災は昼間に起きたため、家族と連絡が取れずに困ったという人が多かったようです。携帯電話が使えなくなることを考え、予め家族や知人と集合場所を決めておくことも必要です。また、地震に備えた家具類の固定は「したほうがいい」と思いながらも、賃貸住宅なので自分では決められない、具体的にどうすればいいのかわからない、といった理由でまだ実施していない家庭が多いようです。

3．携帯用の防災グッズ

　家庭で十分な備蓄をしていても災害はいつ起こるかわかりません。外出時に災害が起こっても大丈夫なように、政府は会社に運動靴を置いておいたり、非常時に役立つグッズをカバンに携帯することなどを呼びかけています。

防災グッズ例（政府広報オンラインより）

＜携帯していると役立つ防災グッズ＞

　ペットボトルの水、チョコレートなどの食べ物、マスク、ハンカチ、ミニライト、ホイッスル（笛）、健康保険証のコピー、氏名・住所・連絡先・血液型などのメモ。

「釜石の奇跡」

　東日本大震災では大津波の影響で東日本沿岸地域に甚大な被害が出ましたが、岩手県釜石市では児童生徒のほぼ全員にあたる約2920人が避難して無事でした。この地域の児童・生徒たちは震災の8年前から群馬大学の片田敏孝教授らの研究グループに指導を受け、避難訓練を続けてきました。

　津波が起こった際、児童・生徒は片田教授の教える3原則「①想定を信じるな、②最善をつくせ、③率先避難者たれ」の通りに自ら行動を起こし、小学生や幼稚園児、近隣のお年寄りたちの手を引き、避難場所の高台へと非難しました。そのわずか数十秒後、先ほどまで待機していた施設が津波にのみこまれたそうです。生徒たちの行動が、3000人近い命を守ったのです。

Topic 2　防災教育とボランティア

「備えあれば憂いなし」。日本ではこれまで、災害時に供えてさまざまな防災教育を行ってきました。ここでは防災教育と災害時のボランティア活動について紹介していきます。

1. 日本の防災教育

　日本の防災教育は、教科として決まっているのではなく、課外活動の一環として行われています。地震や台風といった災害から身を守ることが第一の目的ですが、それに関連する様々な方面からの教育が実施されています。

　たとえば、自然の恵みに感謝し畏怖の念も忘れない、といった環境教育。自然災害は発展途上国に大きな被害をよくもたらすため、国際協力・国際支援についての学習。また、災害時に地域の避難場所になることが多い学校の地理的条件の理解や地域住民との連携など、多岐にわたる教育が都道府県の教育委員会で実施されています。

防災教育の例
◇防災施設の見学・体験学習
◇災害の起こるメカニズムなど科学的な知識を学ぶ
◇避難訓練
◇ボランティア活動への参加　　など

2. 避難訓練とは、どんな訓練？

　日本では幼稚園から高校までの各種学校で、1年に1～2回の避難訓練が行われています。地震を想定した訓練、火災を想定した訓練などがあり、避難場所への迅速な移動や消火器の使用方法などを練習します。訓練は様々な季節や時間帯を想定して行われ、授業中、休み時間、登下校時、クラブ活動中など、どんな場面で災害に遭っても落ち着いて判断し行動できる能力を養います。

　授業中に地震が起こった場合の避難訓練は、まず上から落ちてくるものから体を守るために、すぐに机の下に隠れます。次に校内放送や教師の指示にしたがって廊下に整列し、校庭などに避難します。避難する時は混乱やケガ人が出ないように走らず、すみやかに移動し、教師はクラスの人数を確認して報告します。

3. 災害時の疑似体験

　みなさんはこれまでに大きな地震を経験したことがありますか。日本各地にある「防災センター」や「防災館」などでは、地震を無料で疑似体験することができる設備を備えているところもあり、児童生徒は学校の社会科見学などで施設を訪れます。

地震の他にも、強風体験や消火体験、火災の煙の中を避難する体験などができます。体験を通して災害の恐ろしさを知り、普段からの防災準備の重要性を学んでいくことで、災害時にも慌てずに行動でき、被害を最小限に食い止めることができます。

（写真：大阪市立阿倍野防災センターでの無料体験）

4. 災害ボランティアとは？

　日本では阪神淡路大震災の際に130万人以上のボランティアが集まり、災害ボランティアが注目されるようになりました。災害時には、ケガ人の治療や心理カウンセリング、半壊ビルの撤去など、専門的知識や技術を持つ人にしかできないことも多いですが、救援物資の分配作業、子どもの世話、ペットの保護、避難所の清掃など、学生ボランティアにもできることはたくさんあります。

5. ボランティアや救援物資による「第二の災害」

　本来は善意で行われるボランティア活動や救援物資の送付ですが、被災地の現状やニーズを知らずに行うと、現場を混乱させ、救援活動の妨げになることもあります。たとえば、ボランティアに来た学生が災害現場でケガをし、もともと少ない医薬品を使用しなければならなくなったり、救援物資として送られた食糧が分配前に腐ってしまった例もあります。善意をきちんと被災者へ届けるためには、まず被災地か自分の住んでいる自治体のボランティアセンターに連絡をし、指示をあおぐことが必要です。

「できますゼッケン」

　「デザイン都市・神戸推進会議」が阪神淡路大震災で被災した経験を生かし、災害ボランティア用のゼッケンを発案しました。ボランティアは被災地へ入るとき、ゼッケンに自分ができることを書き、衣服に貼ります。分野ごとに色が違うので一目(ひとめ)で得意分野がわかります。「ボランティアに来たけど何をしていいのかわからない」「英語が話せる人がなかなか見つからない」といった双方の問題解決が期待されます。このゼッケンは東日本大震災でも活用されました。

Issue＋plusdesign 実行委員会 HP より

Topic 3　政府や企業の取り組み

　防災や災害時の対応については政府や企業もさまざまな取り組みを行っています。ここでは自然災害の多い日本ならではの取り組みについて紹介していきます。

1. 災害時の政府と企業の取り組み

　政府や自治体は主に災害に関する法令の制定や救助隊・消防隊・警察などの災害緊急時における体制の整備などを行っています。また企業とも協力して、情報システムの開発やライフラインの整備を行ったり、テレビやインターネットなどのメディアを通じて国民に情報を公開し、減災啓発をしたりしています。

＜政府や自治体の取り組み例＞
- 防災センターの設置と運営
- 緊急地震速報などのシステムの開発
- 避難場所の指定
- 備蓄救援物資の点検・補充
- 災害発生時の災害対策本部の設置

＜企業の取り組み例＞
- 食品メーカー
　　備蓄に適した賞味期限の長い商品の開発
- 飲料メーカー／自動販売機メーカー
　　災害時に自動販売機内の飲料を無償化
- 衣料メーカー
　　災害時に衣服を無償提供

総務省消防庁HPより

2.「地震速報」と「緊急地震速報」

　日本では地震が発生すると、すぐにテレビの画面上方に「地震速報」が流れます。最近では発生から速報が流れるまでの時間が短くなり、早いときでは1分くらいで流れるようになりました。速報には、震源地、マグニチュード（地震の規模）、各地の震度（地上での揺れの大きさ）、津波の危険性の有無などが表示されます。

　テレビ・ラジオや携帯電話でも受信できる気象庁の「緊急地震速報」では、地震計の数値をもとに瞬時に計算された各地の揺れの到着時刻や震度の予測情報を知ることができます。速報受信から実際に揺れが到着するまでの十数秒を利用すれば、家庭や会社での消火や避難経路確保、工場での機械制御、運転時の減速・停車など、さまざまな対応をすることができ、被害を最小限に抑えることができます。

3. 地震に強い日本の建築物

　地震の多い日本では、建築物を建築・改修するとき、建築基準法などによって定められた耐震基準を満たさなければなりません。耐震基準とは、建築物や土木構造物を設計する際に、それらの構造物に最低限度の耐震能力を持たせる基準です。原子力発電所などの重要構造物や道路・橋などの土木構造物にはそれぞれ独自の基準が設けられています。

　日本では1995年に発生した阪神淡路大震災の被害状況を受け、政府は建築物の耐震性強化を推し進めるようになりました。1996年に施行された耐震改修促進法では、多くの人が利用する旧耐震基準で建てられた建物（特定建築物）は必要に応じて改修（耐震補強など）を行うことを努力義務として規定しました。また、2013年にはそのような建物に対して耐震診断を行い、その結果を報告・公表することが義務付けられました。

　そのため、日本の建築物は地震に強く、少々の揺れには耐えられます。東日本大震災の際、地震による建物の倒壊で亡くなった人が少なかったのはそのためです。

4. 携帯電話がつながらないときの「災害用伝言ダイヤル」

　災害時、家族や友人に自分の安全を知らせたくても、電話が混線してつながらない場合があります。そのような場合に備えて、日本では「災害用伝言ダイヤル」が設置されています。「171」をダイヤルすると、音声ガイドに従って30秒間の伝言を録音することができ、家族や友人は被災地の外にいても、「171」にダイヤルすれば、その録音を聞くことができます。

　この災害用伝言ダイヤルは、使用方法を理解するために、毎月1日と15日、「防災週間」、「防災とボランティア週間」に体験利用ができるようになっています。

あの人 171（いない）…
災害用伝言ダイヤル 171

◆伝言の録音
　171＋1＋自分の電話番号
◆伝言の再生
　171＋2＋自分の電話番号

「災害支援型自動販売機」

　「災害支援型自動販売機」とは、災害でライフラインが途絶えた際に、販売機内に残っている飲料が無償で提供される自動販売機です。普段はもちろん有料で、お金を入れて飲料を購入しますが、災害緊急時にはボタンを押すだけで飲料が出るようになっています。

　無償提供の切り替えは、設置場所の管理者が手動で行うものと、インターネットによる遠隔操作で切り替えるものがあります。この災害支援型自動販売機は主に災害時に避難場所になる可能性の高い公共性の高い場所に設置されています。メーカー側は緊急時にできるだけ多くの人に飲料を提供することを考えて、設置数を増やそうと努めています。

重要語句

◆マグニチュードと震度
「マグニチュード」とは、震源における地震の規模のことで、「M」と書かれることが多い。中国では「級」で表されている。「震度」とは各地の揺れの程度のことで、震源の規模、深さ、震源からの距離によって揺れの程度が変わる。

◆震度
震度とは揺れの程度を表し、日本では「気象庁震度階級」によって10階級（0、1、2、3、4、5弱、5強、6弱、6強、7）に分けたものが使われている。普通、震度3でほとんどの人が揺れを感じ、震度5弱になると家具が倒れる恐れもある。

◆東日本大震災
東日本大震災は2011年3月に起こった日本観測史上最大の大地震である。地震により発生した巨大津波が東日本沿岸地域の町を飲み込み、多くの死傷者を出した。また、津波によって福島第一原発で爆破事故が起こり、放射能漏れが問題となった。

◆津波
津波の原因は海底で起きた地震であることが多く、地震の大きさに必ずしも比例するものではない。小さい地震でも海中の様々な条件によって巨大な津波となることもあるため防災上の注意が必要である。

◆帰宅困難者
大きな災害で交通機関が止まり、外出先から自宅への帰宅が困難になった人々のこと。「帰宅難民」とも言われる。東日本大震災の際は会社や駅で一晩明かす人や夜を徹して徒歩で帰宅した人など、約10万人の帰宅困難者が出たと言われている。

◆防災グッズ
備蓄用の食料や飲料水、ラジオや懐中電灯と言った避難時に持ち出すもの、家具家電の転倒防止に使う器具などが含まれる。非常時に役立つよう、食料や医薬品などは定期的に保存期間を確認し、取り出しやすい場所に置くようにする。

◆避難訓練
日本では、幼稚園から高校までの各種学校で、1年に1～2回の避難訓練が行われている。地震を想定した訓練、火災を想定した訓練などがあり、避難場所への迅速な移動や消火器の使用方法などを練習する。

練習問題

基本問題

問題1 以下の文章の空欄に言葉を入れてください。
- 震源における地震の規模を（　　　　　）、揺れの程度を（　　　　　）で表します。
- 2011年3月11日、日本では（　　　　　　　　）が発生しました。
- 行政主体の「防災」から、住民主体の（　　　　　）へと考え方が変わってきました。
- 日本の学校では地震や火災に備えて定期的に（　　　　　）が行われています。
- 日本では災害で電話がつながらないときのために（　　　　　）が設置されています。

問題2 日本ではどのような自然災害がよく発生しますか。

問題3 日本の家庭ではどのような防災準備を行っていますか。

問題4 災害ボランティアに参加したいとき、まず何をすればよいでしょうか。

問題5 災害が起きた時のために企業が行っている取り組みの例を挙げてください。

応用問題

問題1 自分の身の周りを見渡して、地震が来た場合に危険なものを探してみましょう。

問題2 四川大地震と東日本大震災を比較してみましょう。

問題3 中国の防災状況について、自分が興味をもったことから調べてみましょう。

コラム⑧ 奇跡の一本松

　東日本大震災で巨大津波に見舞われた岩手県陸前高田市に「奇跡の一本松」と呼ばれる松の木が一本立っています。
　この地域は「高田松原」と呼ばれ、江戸時代から始まった植林によって植えられた7万本もの松は「防潮林」として、津波が多いこの地域で今までに何度も津波から町を守ってきました。
　2011年、東日本大震災で発生した巨大津波は東日本沿岸部を襲い、陸前高田市は被災地の中でも特に壊滅的な被害を受けました。高田松原の7万本の松も10メートルを超える津波になぎ倒されましたが、なぜかこの1本の松だけは倒れずに残っていました。
　人々はこの1本の松を「希望の松」「奇跡の一本松」と呼び、「復興のシンボル」となったこの松は被災者たちを勇気づけました。しかし、土壌が海水を大量に含んだために根は腐り、松の木は徐々に衰弱が進んでいきました。陸前高田市は募金で集まった1億5千万円を投入して木の内部に防腐処理を施し、金属製の心棒を通してこの松を保存することに決めました。
　復元工事が終わったこの一本松は、現在でも巨大津波を乗り越えた場所で、復興のシンボルとして力強くまっすぐにそびえ立っています。今ではその姿を一目見ようと、被災地の人だけでなく日本全国からも多くの人がこの地を訪れています。
　被災地ではこの他にも、震災で壊れた建物や津波で陸地に打ち上げられた船など、保存するべきか解体するべきかで議論されているものがあります。教訓として未来に残すべきか、心の傷が早く癒えるよう撤去したほうがいいのか、話し合いは慎重に進められています。

震災直後の「奇跡の一本松」

第9章 日本の都市

東京は世界最大の都市って本当？

　中国人にとって、「日本の都市」といえば、まず東京、大阪、京都などが頭に浮かぶでしょう。現代日本を理解する上で、日本の都市について知っておくことは非常に意味のあることです。本章では、日本の都市の特徴や形成の歴史、現状について紹介していきます。また、日本の都市の問題点は中国の都市の問題点とつながる部分もあります。中国の都市とも比較しながら、一緒に日本の都市について考えていきましょう。

キーワード
都市　政令指定都市　都市化　平成の大合併　三大都市圏
地方公共団体　郊外化　地方圏　過疎化・無人化

基本情報 ◆ 日本の都市

1. 都市とは何か

　われわれは日常生活の中で、「都市」という言葉を何気なく使っています。しかし、その定義は一体何なのでしょうか。特に都市と農村との区別が不明確な日本では、都市の明確な基準はありません。

　日本の都市は一般的に産業が発達していて仕事があり、生活の利便性や文化の享受を求めて一定程度の人口が集中している地域を指します。日本の大都市といえば、首都である東京が挙げられます。東京とその周辺地域は「首都圏」、東京または首都圏以外の都市は「地方都市」と呼ばれています。

2. 日本の都市

　日本の都市は主に東京を中心とした首都圏、大阪を中心とした近畿圏を中心に発達してきました。その他にも札幌、仙台、名古屋、福岡、広島など人口が 100 万人を超える都市が現在日本には 11 都市あります。これらの都市は戦後の高度成長に伴い、産業、行政、交通、文化、医療など多方面において発達してきました。

　尚、地方自治法で定められた人口を満たした市の中には政令によって以下のような特別指定を受けている市もあります。

政令指定都市：20 市
　　人口：50 万人以上
　　　札幌、横浜、名古屋、京都、大阪など

中核市：41 市
　　人口：30 万人以上
　　　函館、前橋、金沢、長野、豊田など

特例市：40 市
　　人口：20 万人以上
　　　所沢、上越、沼津、明石、松江など

日本の主な都市と人口（2014 年）

順	都市名	都道府県	人口
1	特別区部	東京都	8,949.447 人
2	横浜市	神奈川県	3,689.603 人
3	大阪市	大阪府	2,666.371 人
4	名古屋市	愛知県	2,263,907 人
5	札幌市	北海道	1,914,434 人
6	神戸市	兵庫県	1,544,873 人
7	京都市	京都府	1,474,473 人
8	福岡市	福岡県	1,463,826 人
9	川崎市	神奈川県	1,425,678 人
10	さいたま市	埼玉県	1,222,910 人
11	広島市	広島県	1,174,209 人
12	仙台市	宮城県	1,045,903 人

※特別区部は東京 23 区　　資料：国勢調査

3. 政令指定都市

　「政令指定都市」とは政令で指定する人口 50 万人以上の大都市のことで、現在日本には 20 都市存在します。これは地方自治法に基づいて制定された日本の都市制度の一つで、地方分権の推進を目的としています。ただし、人口が 50 万人以上の都市で

も、政令指定都市になっていない都市もあります。

　政令指定都市になると、行政組織上の特例として区制の施行ができ、行政区の設置により区役所を拠点とした市民サービスが提供できます。次に、事務配分上の特例として県からの事務委譲（いじょう）があり、保健・福祉、教育、都市計画・土木などの事務を市が主体的に実施することができます。また、財政上の特例として新たな財政需要の発生に対応して各種財源の委譲が行われ、市による主体的な財政運営が可能となります。

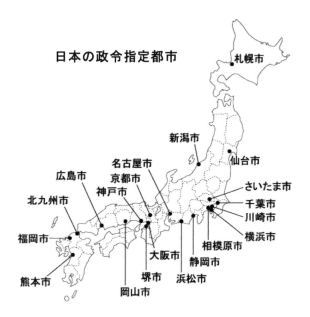

4．日本の都市化

　現在の日本は都市化が進んでいるといえます。都市化率とは都市部に住む人口の総人口に占める割合を指します。日本では、1920年に第1回国勢調査が実施され、その時の日本の都市化率はわずか18％でした。しかし20年後の1940年には38％まで上昇しました。

　戦中戦後の減少を経て、1955年には日本の都市化率は50％を超え、高度経済成長期終盤の1970年には72％に至り、アメリカやイギリスと同水準になりました。この急速な都市化率の上昇は主に東京、大阪、名古屋の三大都市圏への人口の集中によってもたらされました。特に人口規模でみると、東京を中心とした首都圏は世界でもっとも大きな都市といえます。

世界都市ランキング（2010年人口上位）

順位	都市的集積地域	国
1	**東京・横浜**	**日本**
2	デリー	インド
3	サンパウロ	ブラジル
4	モンバイ	インド
5	メキシコシティ	メキシコ
6	ニューヨーク	アメリカ
7	**上海**	**中国**
8	コルカタ	インド
9	ダッカ	バングラデイシュ
10	カラチ	パキスタン
13	**北京**	**中国**
16	**大阪・神戸**	**日本**
22	ソウル	韓国
23	**重慶**	**中国**

資料：「世界都市推計」

5．平成の大合併

　「平成の大合併」とは、1999年から2010年（平成11～22年）にかけて行われた市町村（ちょうそん）合併のことです。自治体を広域化することによって行政や財政の基盤を強化し、地方分権の推進を進めることなどが目的です。合併を経て、日本の市町村の数は1999年の3232から2010年3月時点には1727に減少しました。

　この政策によって、1970年以降沈静化していた日本の都市化率は2005年に86％まで上がりました。しかし、市町村の合併や新市の創設により、実際には都市地域とは言えない地域も生まれてきました。

Topic 1　近代都市の誕生

20世紀初め、日本の国土の多くは田園や山林によって覆われ、ほとんどの人々が村落的な社会で暮らしていました。それがどのようにして現在の都市になったのでしょうか。ここでは近代都市の誕生について考えていきましょう。

◆日本の近代都市形成の歴史

（1）明治・大正期（～1926年）

明治・大正期の近代化・産業化によって、日本各地には工業都市、鉱山都市、港湾都市などが生まれ、それまでの「都市的集落」は新しい都市として動き始めました。都市は人々が暮らす生活空間ですが、近代化を支える制度や組織とも密接に結びついており、ピラミッド型の階層関係を作り出してきました。

一方で、生まれながらに職業や地位が決まる身分制度の解体によって、人々は土地への隷属から解放され、人々の移動を可能にしました。通信手段やメディアも発達し、便利で安価な交通手段が確立したことで、人々の移動も促進されました。

たとえば、1891年に東京（上野）―青森間の鉄道が初めて開通し、26時間25分で移動が可能になりました。その後、改良が重ねられて、1913年には約17時間、1934年には約12時間で移動できるようになりました。

（2）昭和初期（～1945年）

昭和期に入り、1930年代になると、日本の都市は住民の約6割が他の地域から移り住んだ人々でした。都市とは地方出身者が作り上げた社会でした。

また、朝鮮半島をはじめとする日本の植民地から、多くの人々が日本へと移動し、大阪や東京などの大都市や工業都市、炭鉱地帯などに多数の朝鮮人集落が生まれました。こうした都市では、外国人差別や民族差別が深刻化し、問題は戦後へと引き継がれていきます。

主要都市の出生地別人口割合（1930年）　（％）

	自市生	同都道府県内他市町村生	他都道府県生	その他
全国	62.08	20.73	16.26	0.93
東京	41.24	4.57	52.97	1.22
横浜	45.52	9.26	43.24	1.99
名古屋	49.78	20.27	27.99	1.97
京都	48.96	9.50	39.27	2.27
大阪	40.82	4.76	51.00	3.42
神戸	38.09	18.33	40.61	2.97
川崎	34.69	8.99	54.68	1.64

資料：松本通晴『都市移住と結節』

（3）第二次世界大戦後（1945年～）

第二次世界大戦後、1950年代から70年代にかけて日本は経済の高度成長期を迎えました。この時期、地方出身の若者は集団就職や進学によって次々と東京などの大都市へ集まりました。大都市の大学に進学した若者は卒業後も大都市で就職するように

なり、東京都の人口は1950年の628万人から1970年には1141万人まで増加しました。また、この時期は東北などの農村地から東京などの都市部に出稼ぎにやってくる人も多かったです。

日本で50年ほど前に起こったこのような現象は現在の中国にも当てはまることが多いです。

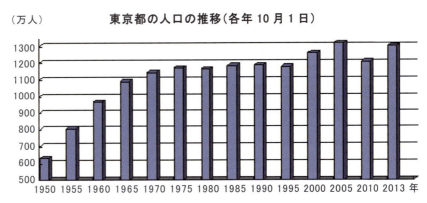

参考資料:「国勢調査」

(4) バブル経済とバブル崩壊（1986年〜）

日本では1986年頃から株式や土地などの資産価格が膨れ上がり、「バブル経済」と呼ばれる経済状態に入りました。バブル期には過剰な経済拡大が起こり、地価が高騰して都市の郊外化は更に強まりました。

しかし、1991年頃には資産価格が暴落し、資産需要は急減して資産デフレ状態に陥りました。これが「バブル崩壊」です。バブルの崩壊によって不良債権や株価低迷などが問題となり、長期にわたる経済不況を招きました。

バブル崩壊後、日本の都市は地価が大幅に下落し、これまで郊外に住んでいた人は都市部に住居を求めるようになります。また、経済不況によって都市開発に多額の公的資金が使用できないなどの問題も生まれてきました。

1950年以降、都市への憧れ、都市への希望を持った若者たちは、過疎化の進む故郷に後ろめたさを感じながらも都市へ集まり、遠く離れた故郷を精神的なよりどころとしていました。当時の日本のドラマ、映画、流行曲などにはこのような若者の姿を描いた作品が多いです。

俺ら東京さ行ぐだ（一部抜粋）　1984年発売

作詞・作曲・歌／吉幾三

テレビも無ェ　ラジオも無ェ　自動車もそれほど走って無ェ
ピアノも無ェ　バーも無ェ　巡査毎日ぐーるぐる
朝起ぎで　牛連れで　二時間ちょっとの散歩道
電話も無ェ　瓦斯も無ェ　バスは一日一度来る
俺らこんな村いやだ　俺らこんな村いやだ
東京へ出るだ　東京へ出だなら　銭コァ貯めて　東京で牛飼うだ

Topic 2　日本の主要都市

　日本では戦後、多くの大都市圏が形成されました。東京、横浜、京都、大阪、名古屋などは、いずれも日本の三大都市圏の中心都市です。ここでは三大都市圏を中心に日本の主要都市について紹介していきます。

1. 日本の三大都市圏

　都市圏とは一般に、中心となる都市とその影響を受ける周辺地域をまとめた地域のことで、広い範囲で社会的・経済的な繋がりを持っています。都市圏の境界はあいまいで、その範囲ははっきりと定義されていませんが、日本では一般的に首都圏、近畿圏、中京圏が三大都市圏と呼ばれています。

　三大都市圏はそれぞれの都市圏において日本の経済、社会、文化の中心として、日本の発展に大いに貢献してきました。

一般的な三大都市圏の区分

首都圏	近畿圏	中京圏（中部圏）
東京都、神奈川県、埼玉県、千葉県、群馬県、栃木県、茨城県、山梨県	大阪府、京都府、兵庫県、滋賀県、奈良県、和歌山県	愛知県、岐阜県、三重県（長野県、静岡県も含み中部圏と言う場合もある）
中心都市：東京区部	中心都市：大阪市	中心都市：名古屋市
＜人口100万人以上都市＞東京23区、川崎市、横浜市、さいたま市	＜人口100万人以上都市＞大阪市、京都市、神戸市	＜人口100万人以上都市＞名古屋市

2. 日本の地方公共団体

　日本には47の都道府県があり、これは1都（東京都）1道（北海道）2府（大阪府、京都府）43県で構成される広域的な地方公共団体です。都道府県はさらに「市町村」という単位の基礎的な地方公共団体に分けられます。その中で最も大きい単位が「市」です。市は都市名として使われる場合が多いですが、都市の概念は行政上の「市」とは異なります。

　日本の「市」の条件は人口が5万人以上（市町村合併の場合は3万人以上）で、都市としての一定の条件を満たすことが必要ですが、過疎化による人口減少で現在は人口が5万人に達していない市も多いです。また、地方公共団体にはそのほかに「特別区」（東京23区）があります。現在、日本には790の「市」、23の「特別区」、745の「町」、183の「村」があります。（2015年4月時点）

3. 日本の主要都市

(1) 東京

　東京は日本の首都です。政治、経済、交通、文化などの中心となっている都市で、世界最大の人口を持つ首都圏を形成しています。以前は江戸幕府の所在地であった「江戸」という名称でした。市町村の他に特別区が存在し、「東京23区」と呼ばれています。東京都の人口は1300万人を超え、日本の人口の10％以上を占めています。2020年には東京オリンピックが開催されます。

(2) 大阪

　大阪は西日本最大の都市で、近畿圏の中心となる都市です。江戸時代には経済、商業の中心地として「天下の台所」と呼ばれていました。関東とは違う都市文化を持ち、独特の食文化、芸能文化を発達させてきました。大阪弁は日本中で知られる方言であり、大阪の「お笑い文化」は非常に人気があります。

(3) 名古屋

　名古屋は中京圏の中心都市であり、関東と関西を結ぶ要(かなめ)の都市として製造業を中心に発達してきました。特にトヨタ自動車関連の企業が都市の発展に貢献しています。また、交通の便も良く、道路、鉄路、空路の要所となっています。現在は東京―名古屋間を結ぶリニア中央新幹線の建設も進められています。

(4) 横浜

　横浜は神奈川県の東部にある都市で、東京都心からも非常に近く、現在の日本の市町村の中で最も人口が多い約370万人が生活しています。横浜は古くから日本の代表的な国際港湾都市として栄え、戦後はアメリカ文化が入ってきました。中国人も早くから移住して日本最大の中華街を形成しました。

(5) 京都

　京都は日本の古都で、794年に平安京(へいあんきょう)に遷都(せんと)されて以来、1000年以上にわたって日本の首都でした。平安京は中国の長安(ちょうあん)をモデルとして作られ、現在でもその名残が残っています。金閣寺(きんかくじ)や清水寺(きよみずでら)など歴史的史跡や社寺が多く、世界的にも有名な観光都市です。西陣織(にしじんおり)や友禅染(ゆうぜんぞめ)などの伝統工芸、京料理と呼ばれる食文化も有名です。

(6) 札幌

　札幌は北海道の道庁所在地であり、政治・経済の中心都市です。1972年には札幌オリンピックが開催されました。現在、札幌市は全国で4番目に人口が多く、北海道全体で人口が減少している自治体が多い中、現在でも著しい人口増加が続いています。「さっぽろ雪まつり」など、自然を生かした観光業が盛んです。

Topic 3 都市の郊外化と地方圏

日本では 1970 年以降、首都圏を中心に郊外化が進み、人々の生活や都市づくりに大きな影響を与えてきました。ここでは、都市の郊外化について理解し、日本の都市問題についても一緒に考えていきましょう。

1. 都市の郊外化

(1) ベッドタウンの形成

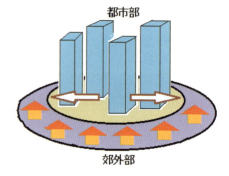

1970 年代以降、日本では郊外化が早いスピードで進みました。郊外とは、大都市周辺の住宅地域のことで、離れた都市の仕事場に通勤する住宅地として発達したことから、ベッドタウンと呼ばれています。

郊外化とは郊外への人口移動のことです。地価の高騰に伴い、1960～70 年代に首都圏へ流入してきた人々は、郊外へ住居を求めるようになりました。そのため 1960 年に 831 万人だった都心部の人口は 1970 年には 884 万人に増加しましたが、1980 年には 835 万人に減少しました。

一方、首都圏郊外の人口は 1960 年に 560 万人でしたが、1970 年に 1068 万人、1980 年に 1449 万人、1990 年には 1688 万人となり、急速に増加していきました。

(2) ニュータウンの誕生と新しい生活様式

1950 年代後半、日本では郊外化が始まり、当時はまだ農村であった大都市郊外には膨大な数の住宅団地が建設されました。それらの住宅群は人々が生活を送るニュータウンとしてその後も発展を続け、より一層の郊外化を招いていきました。

住居には水洗トイレ、ガス風呂、シリンダー錠、ステンレスキッチンなどが常備され、庶民にはまだ馴染みのなかった洋風の生活が実現できる空間として人々の憧れを集めました。これは戦後の日本人の生活スタイルを変化させた要因の一つであり、20 世紀後半を象徴する生活空間といえるでしょう。しかし、市街地の無秩序な拡大によって生まれた郊外住宅地には多くの問題が発生しました。工業化を急ぐあまり、学校、生活道路、公園といった生活基盤の整備は遅れ、住民運動なども起こりました。

(3) 郊外化の行方

1970 年代以降、首都圏への人口流入の動きが緩和し、首都圏内での郊外化は収まりを見せ始めました。都心部では 1990 年代から郊外への転出が減少し、郊外から都心部への転入が増加しました。バブル崩壊後は都心部の地価が下落し、東京 23 区でも近年は人口増加の動きが顕著になっています。1990 年代半ばになると都心部では分譲

マンションが大量に建設されました。かつて住宅を求めて郊外へと向かった人々は、都心からの近さなど、立地条件が良く魅力的な居住先を求めて、都心やその近郊に住み始めました。

2. 地方圏

(1) 地方圏から大都市への人口流出

1950年代以降、地方圏から大都市や工業都市へ膨大な人口が流出していきました。このため工業開発の進度によって経済的な格差が生まれるようになり、開発主義のもとで格差を無くすというのが戦後の日本の主要な目標となりました。

しかし、1990年代に入って経済成長が困難になるにつれて、地方圏の財源が削減されていきました。1960年代の工業基盤整備、70年代の高速道路、新幹線、空港の建設、80年代のテクノポリスやリゾート開発を目的とした開発政策は、当初の目的を果たせぬまま多大な負担を地元が背負うことになります。脱工業化や国際的な競争激化によって、基幹産業を失った地域は存続の危機に直面しています。

(2) 自営業者層の衰退

地方都市では、中心市街地で多くの店舗が廃業し、シャッターの閉まったままの商店街が各地に出現しました。

それに対し、郊外の幹線道路沿いにはチェーン店や大型ショッピングセンターが増加しています。生活の利便性は増しましたが、これまで町づくりの中心的な担い手であった自営業者層の衰退は、地域社会を形成する上で問題となっています。

シャッター商店街

(3) 農山村の過疎化・無人化

若者の都市流出、地域産業の衰退などによって、山村や離島、開拓地といったさらに条件の不利な土地では、過疎化、無人化が進んでいます。

このような地域で生活する人の多くは高齢者となり、地域行事、冠婚葬祭、生活道路の補修など社会的共同生活の維持が困難な状態になっています。

重要語句

◆都市
　日本の都市は一般的に産業が発達していて仕事があり、生活の利便性や文化の享受を求めて一定程度の人口が集中している地域を指す。東京とその周辺地域は「首都圏」、東京または首都圏以外の都市は「地方都市」と呼ばれている。

◆政令指定都市
　政令で指定する人口50万人以上の大都市のことで、現在日本には20都市存在する。これは地方自治法により制定された日本の都市制度の一つで、地方分権の推進が目的である。ただし人口50万人以上でも政令指定都市になっていない都市もある。

◆都市化率
　都市化率とは都市部に住む人口の総人口に占める割合を指す。1920年に日本の都市化率はわずか18%だったが、20年後の1940年には38%、1955年には50%を超え、高度経済成長期終盤の1970年には72%に至った。

◆平成の大合併
　1999年から2010年にかけて行われた市町村合併。自治体を広域化することによって行政や財政の基盤を強化し、地方分権の推進を進めることなどが目的とされた。合併を経て、日本の市町村数は1999年の3232から2010年3月には1727に減少した。

◆三大都市圏
　都市圏とは中心となる都市とその影響を受ける周辺地域をまとめた地域のことで、広い範囲で社会的・経済的な繋がりを持っている。日本では東京を中心とした首都圏、大阪を中心とした近畿圏、名古屋を中心とした中京圏が三大都市圏と呼ばれている。

◆地方公共団体
　日本には47の都道府県があり、これは1都（東京都）1道（北海道）2府（大阪府、京都府）43県で構成される広域的な地方公共団体である。都道府県はさらに「市町村」という単位の基礎的な地方公共団体に分けられる。

◆郊外化
　郊外とは大都市周辺の住宅地域のことで、離れた都市の仕事場に通勤する住宅地として発達したことから、ベッドタウンと呼ばれている。郊外化とは郊外への人口移動のことで、1970年代以降、日本では郊外化が急速に進んでいった。

練習問題

基本問題

問題1 以下の文章の空欄に言葉を入れてください。
・東京とその周辺地域は（　　　　　）と呼ばれています。
・政令で指定する人口50万人以上の大都市を（　　　　　　）と言います。
・日本の三大都市圏は（　　　　）（　　　　）（　　　　　）です。
・都市の仕事場へ通勤するための大都市周辺の住宅地域を（　　　　　）と言います。
・若者の都市流出、地域産業の衰退などによって、山村や離島では、（　　　）化、（　　　）化が進んでいます。

問題2 「平成の大合併」が行われた理由は何ですか。

問題3 第二次大戦後、人々が大都市に集まった理由は何ですか。

問題4 日本の地方公共団体にはどのようなものがありますか。

問題5 「シャッター商店街」とはどのような商店街ですか。

応用問題

問題1 日本の都市化と中国の都市化にはどのような相違点がありますか。

問題2 北京、上海、広州の都市の特徴について調べてみましょう。

問題3 中国の農村地域の問題点について話し合ってみましょう。

コラム⑨ 「ゆるキャラ」による地方都市活性化

　人口の都市集中、地域産業の衰退化などに伴い、地方都市では人口が減少し、高齢化社会が急速に進んでいます。都市と地方の格差は広がり、地方都市の中心市街地はシャッター商店街が増えて、かつての賑(にぎ)わいが失われつつあります。

　各地方自治体ではさまざまな方法で地方活性化の努力を続けています。地域の新たな魅力を探して紹介したり、地域のブランド力アップに向けて地域資源を生かした特産品を開発したり、観光業に力を入れたり、新しい観光レジャーを作り出したりと、市民参加型の町づくりが行われています。

　そんななか、現在注目を集めているのが地域の「ゆるキャラ」です。ゆるキャラとは「ゆるいマスコットキャラクター」の略で、「ご当地キャラ」とも言われています。地域のイベントやキャンペーン、地域おこしなどにマスコットキャラクターとして登場したり、名産物の紹介や地域全般の情報源にイメージキャラクターとして使用されたりします。

　ゆるキャラブームが起ったのは2007年頃からです。滋賀県彦根(ひこね)市の「国宝・彦根城築城400年祭」でイメージキャラクターとなった「ひこにゃん」が注目を集めて人気が出ると、熊本県の「くまモン」、奈良県の「せんとくん」など全国的な人気を誇るゆるキャラが次々と生まれ、各地でゆるキャラが誕生しました。

　ゆるキャラの中にはオリジナルグッズ、テーマソング、書籍を発売するキャラクターも出始めました。2010年からは「ゆるキャラグランプリ」が開催され、各地のゆるキャラに注目が集まっています。

　ゆるキャラの条件は郷土愛に満ち溢れた強いメッセージ性があることです。ゆるキャラがその土地の素晴らしさを多くの人に伝え、地域活性化につながることをそれぞれの地方自治体は願っています。

ゆるキャラサミット in 羽生(はにゅう)

第10章 日本の経済

アベノミクスって何？

　みなさんは日本経済についてどの程度知っているでしょうか。日本は第二次世界大戦で敗戦国となり、日本経済は壊滅的な状態となりました。しかし、そこから急速な経済成長を続け、敗戦からわずか20年あまりでGDP世界第2位になるまで経済を復興させました。日本の経済復興には主要産業の変化や日本ならではの経済構造が深く影響しています。この章では日本経済の特徴や歴史について詳しく見ていきましょう。

> **キーワード**
> 　GDP　経済成長率　労働人口　失業率　高度経済成長期
> 　バブル経済　アベノミクス　TPP　東京オリンピック

基本情報◆日本の経済

1. 日本経済とGDP——戦後の急速な経済成長

特徴① GDP 世界第3位
特徴② 日本は貿易大国
特徴③ バブル崩壊後の経済不況

日本は第二次世界大戦後、急速な経済成長を果たし、1968年にはGDP（国内総生産）がアメリカに次いで世界第2位となりました。現在、GDPは中国に抜かれて3位になりましたが、それでもなお高い水準を保っています。

産業は戦前の農業や軽工業からしだいに重化学工業に移行し、現在は第三次産業が中心となっています。また、日本は輸出額・輸入額とも世界上位の貿易大国で、自動車などの輸出業が盛んです。

世界の名目GDPランキング（2013年）

	国	名目GDP
1	アメリカ	16兆7997億USD
2	中国	9兆1814億USD
3	日本	4兆9015億USD
4	ドイツ	3兆6360億USD
5	フランス	2兆7374億USD

参考資料：IMF 2014年

しかし、バブル崩壊後は長期にわたって経済不況が続きました。今後の景気回復が求められていますが、少子高齢化による労働力不足やTPP（環太平洋経済連携協定）問題など、日本は今後も多くの問題点を解決していかなければなりません。

2. 日本の経済成長率——段階的に経済成長率が低下

特徴① 日本独自の経済構造確立
特徴② 景気回復への経済政策
特徴③ 東京オリンピックへの期待

戦後、日本経済は急速な経済成長を遂げました。GHQ（連合国軍総司令部）はさまざまな経済政策を敢行し、日本経済はそのなかで重工業中心、終身雇用制度、年功序列など日本独自の経済構造を確立させていきました。

実質GDP成長率を見ると、長期的な傾向としては「高度成長期」「安定成長期」「低成長期」と移行し、経済成長率は段階的に低下してきたことがわかります。高度経済成長期には年平均9.1％の経済成長を遂げ、1973年のオイルショックの後は、安定した経済成長を続けてきました。しかし、1991年にバブル経済が崩壊して低成長期に入ると、1995年から2010年までの年平均成長率はわずか0.68％でした。また、2008年にはリーマンショックによって世界金融危機が起こり、日本の経済成長率もマイナス成長となりました。

日本では現在、2012年末に発足した安倍政権が日本経済を立て直すための経済政策を打ち出し、景気は持ち直しつつあります。また、2013年9月に2020年オリンピックの開催地が東京に決定しました。1964年の東京オリンピックは日本経済を躍進させる原動力になりましたから、今回のオリンピック開催が日本経済の回復につながるよう期待されています。

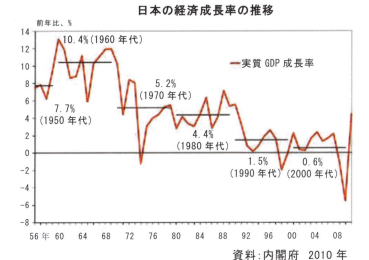

日本の経済成長率の推移

資料：内閣府 2010年

3. 労働人口と失業率——労働人口は減少傾向

特徴①　女性労働者の増加
特徴②　第三次産業の就業者が増加
特徴③　欧米と比べ低い失業率

日本の労働人口は戦後の人口増加とともに増えていき、1998年には6793万人に達しました。その後は出生率の長期的な低下によって労働人口は減少しましたが、2005年頃から女性労働者が増加していきました。

日本の労働力（2014年5月）	
就業者数	6397万人
雇用者数	5591万人
完全失業者数	242万人
完全失業率	3.5%

「労働力調査」総務省統計局

しかし、今後はさらに少子化の影響を受けるため、労働力不足は深刻になると予想されています。また産業別に見ると、1950年には第一次産業の労働者が約半数を占めていましたが、しだいに第二次産業の就業者が増加し、1975年以降は半数以上が第三次産業の就業者となりました。

また、戦後の日本社会では企業が終身雇用制をとっており、欧米の先進国と比べて低い失業率でした。しかし、バブル景気崩壊後の不況によってリストラ（整理解雇）が増えたり、就職氷河期と呼ばれる時代が訪れ、失業者は社会問題となりました。2008年以後はリーマンショックによる世界金融危機によって完全失業率は再び悪化しましたが、現在は景気が持ち直し、失業率は回復してきました。

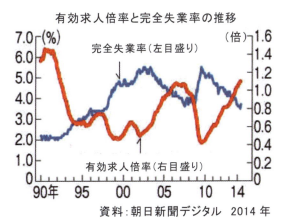

有効求人倍率と完全失業率の推移

資料：朝日新聞デジタル 2014年

Topic 1　日本経済の歴史

敗戦後、日本経済は壊滅的な状況でしたが、短期間で急速な経済成長を遂げ、経済大国の仲間入りを果たしました。ここでは日本経済の歴史について考えていきます。同時に、現在の経済政策についても注目してみましょう。

1. 戦後復興期

　第二次世界大戦によって日本経済は壊滅的な打撃を受けました。引揚者によって人口が急増し、被災によって生産設備は破壊され、物資は不足していました。GHQ（連合国軍総司令部）は財閥解体、労働三法、農地改革、独占禁止法などの政策を実施し、経済の民主化を図りました。また、政府は大規模な金融緩和を行ったため、ハイパーインフレーションが起こりました。

　人々は闇市場で生活を賄う厳しい状況が続いていましたが、1950年に始まった朝鮮戦争によってアメリカ軍からの物資の需要が高まって景気が上昇し（朝鮮特需）、日本経済は復興を遂げました。

2. 高度経済成長期

　日本では1955年から1973年にかけて高度経済成長期と呼ばれる経済成長が続き、この間の実質GDPの成長率は年平均9.1％でした。

　企業は朝鮮特需で得た外貨を元に設備投資を行って生産量が増大し、戦災で崩壊した都市のインフラ整備も進みました。国民の所得は急増して購買力が上がり、製造業を中心に日本経済は拡大していきました（神武景気、岩戸景気）。

　更に、1964年に開催された東京オリンピックによる特需の影響で日本経済は急速な成長を遂げました。1960年には10年間で所得を倍増させる「所得倍増計画」が当時の池田内閣によって発表されましたが、この目標は7年間という短期間で達成されました。産業は農業や軽工業から、鉄鋼・造船・科学などの重化学工業が中心となり、1968年にはGDPが西ドイツを抜き、世界第2位となりました。

3. 安定期（バブル経済期）

　1973年のオイルショックによって日本の高度経済成長期は終わり、1973年から1991年までは安定成長期と呼ばれる時代となりました。この間の実質GDPの成長率は年平均4.2％でした。

　1975年には税収不足によって赤字国債が発行されるようになり、ここから長年にわたる財政赤字が続いていきます。人口は首都圏を中心とした都市部に集まり、都市と地方の格差が生まれたため、政府は高速道路網を全国に広げ、大規模な公共投資によ

る地方のインフラ整備を積極的に行いました。また、1970年代以降は主要輸出品目が自動車や家電となり、欧米を中心に輸出産業を伸ばしましたが、一方で日米貿易摩擦も激化しました。1986年から1991年にかけては地価や株価の資産価値が大幅に上昇して「バブル経済期」と呼ばれ、経済拡大によって好景気をもたらしました。

4. 経済不況期

　1991年になると、バブル景気が崩壊して地価や株価が一気に下落し、経済不況期に入りました。この経済停滞は長期にわたり、実質GDPの成長率は年平均で1％未満となりました。この時期は「失われた20年」などと呼ばれています。

　これは度重なる首相の交代による政治体制の混乱、バブル期の不良債権処理などが原因で、中小企業だけでなく山一證券、日産生命といった大企業の倒産も相次ぎました。金融機関の合併・統合が進み、政府は多額の資金を費やして経済対策を実施したため財政赤字は膨れあがりました。

　企業は人件費削減のために「リストラ」と呼ばれる整理解雇を行い、終身雇用制は崩壊して、契約社員、派遣社員などの非正規雇用の労働者が増えていきました。また、製造業は円高の影響もあり、コスト削減のために中国を中心とした海外進出が相次ぎました。業種ではIT関連産業などの新興産業が台頭するようになりました。

5. 現代

　2008年、アメリカの投資銀行リーマン・ブラザーズの破綻によって世界的な金融危機が発生しました（リーマンショック）。日本では日経平均株価が大暴落し、為替相場は2007年の1USドル＝120円台から、2010年には80円台まで円高が進みました。世界的な経済の冷え込みは日本にも影響を及ぼし、2010年には42年続いていたGDP世界第2位が中国になり、日本は第3位となりました。

　また、2011年3月には東日本大震災が発生、福島第一原子力発電所で事故が起こり、日本経済に大打撃を与えました。為替相場は2011年に1ドル75円台まで円高が進みましたが、安倍内閣による「アベノミクス」と呼ばれる経済政策によって円安へと移行しました。

アベノミクス

　2012年12月に総理大臣に就任した安倍晋三はデフレ経済からの脱却と富の拡大を目指した経済政策を打ち出しました。この一連の政策は「アベノミクス」と呼ばれています。

＜アベノミクスの3つの基本方針＞

- 大胆な金融政策…金融緩和によって市場のお金の量を増やしデフレを脱却する
- 機動的な財政政策…公共事業拡大などによって需要を拡大する
- 民間投資を喚起する成長戦略…規制緩和などによってビジネスの成長を促す

Topic 2　日本の産業

日本の産業は戦前までは第一次産業中心でしたが、高度経済成長にともない、第二次産業、第三次産業が中心となっていきました。ここでは日本の主な産業に注目し、その特徴を見ていきましょう。

1. 第一次産業

(1)農業

農業は第二次世界大戦直後まで日本で最も盛んな産業でした。1950年頃には第一次産業の就業率が全就業率の約5割を占めていましたが、高度経済成長期に入ると農業を職業とする人が急激に減り、現在では全就業者の5％程度となってしまいました。後継者不足は深刻で、農業の主な担い手は高齢者となっています。近年は海外から輸入される農産物も増えていますが、米の自給率はほぼ100％です。

(2)水産業

日本は周囲を海に囲まれ、近海には魚の餌（えさ）となるプランクトンが発生しやすい恵まれた漁場があるため、昔から漁業が盛んでした。しかし漁獲水域の制限やオイルショックによる燃料の高騰などにより漁業就業者の数は年々減少しています。1980年には1000万トンを超えて世界一だった漁獲量も、現在は半分以下に減少しています。また、水産業の衰退によって1984年に100％だった魚介類の自給率は2006年には約50％に半減しました。現在は海外からの輸入にも頼るようになっています。

2. 第二次産業

(1)製造業

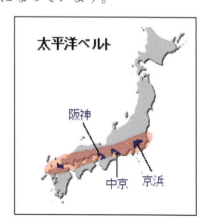

製造業は戦後の日本経済を支えてきた産業です。資源を海外から輸入し、加工製品を製造して海外へ輸出する、これは戦後の製造業が成功してきた手法です。

日本では「太平洋ベルト」と呼ばれる地域に三大工業地帯や工業地域が集まっており、日本の工業生産額の大部分を占めています。製造業の中でも世界的に有名なのが自動車産業と電子・電気産業です。自動車会社のトヨタ、日産、ホンダ、電子機器会社のパナソニック、ソニーなどは海外での事業を拡大しています。

日本三大工業地帯：京浜（けいひん）工業地帯、中京工業地帯、阪神（けいしん）工業地帯
その他の工業地域：北九州工業地域、京葉（けいよう）工業地域、瀬戸内工業地域、北陸工業地域、東海工業地域、鹿島臨海（かしまりんかい）工業地域、関東内陸工業地域など
※以前は北九州工業地帯を含めて四大工業地帯と呼んでいました。

(2)建設業

　建設業は戦後復興の中で、建設ブームや大規模なインフラ整備などの影響をうけて成長していきました。復興後も財政政策や地方への所得移転などが目的で道路建設やダム建設といった公共事業が盛んに行われ、特にバブル経済期には規模が拡大し、建設業が経済に占める割合は諸外国と比べても高くなりました。しかし、2000年代に入ると公共事業削減が続いたため全体的な規模は縮小し、民間建設が盛んな東京などの大都市に集中するようになりました。

3. 第三次産業
(1)卸売業

　日本には総合商社という日本特有の業務形態があり、三菱商事、三井物産、住友商事、伊藤忠商事など、世界トップクラスの売上を誇る企業が存在しています。このような大手総合商社は製造会社の子会社や関連会社を多く持ち、グループ経営を拡大しています。問屋は製造業と小売業の仲介として成長してきましたが、コスト削減のために問屋を通さない流通が一般化したため、中小卸問屋の廃業や統合も増えています。

(2)小売業

　小売店は百貨店、スーパー、家電量販店、コンビニエンスストアなどさまざまな業務形態がありますが、いずれも高度経済成長期やバブル期に全国進出し、その規模を拡大してきました。しかし、過剰投資や不景気による消費の低迷によって閉店や統合が進み、同業種内での価格競争が激化してきました。近年は少子高齢化にともなう新たな対策も求められ、東南アジアや中国などへの海外進出も盛んになってきました。

(3)情報産業

　日本の情報産業は世界的に見ても非常に進んでおり、安くて性能の良い情報通信のインフラ整備が行われています。特に日本のDSL技術やFTTHは世界的に見ても最先端であり、携帯電話や情報通信網のネットワークも広がっています。パソコンは1990年代後半から全国的に普及しており、技術的にも高い水準を持っています。近年は情報家電と呼ばれる付加価値の付いた電化製品の開発も盛んになってきました。また、SNSではfacebookやtwitterといった海外SNSが日本市場へ参入しており、SNS上でプレイするソーシャルゲームの市場も拡大しています。

(4)観光業

　日本は美しい自然と独特の文化を持ち、歴史的建築物も多いため観光資源に恵まれています。政府は外国人観光客増加を目的に2003年からビザの緩和を行い、観光地や都市部に外国語表示を増やすといった政策も進めています。近年は日本文化に対する需要も高まり、外国人観光客が増加しています。外国人観光客の中にはテーマパークの利用や電化製品の購入を目的としている旅行者も多く、近年は中国や韓国など、特に東アジア地区からの観光客が増加しています。

Topic 3　日本の貿易

日本は輸出額も輸入額も多い貿易大国で、貿易を通して経済成長を遂げてきました。ここでは日本の貿易相手国や輸出入品目などに注目しながら日本の貿易について考えていきましょう。

1. 貿易大国・日本

日本はアメリカ、中国、EUに次ぐ世界第4位の貿易立国です。2013年の貿易総額は約151兆円に達し、これは日本の国家予算を大きく上回っています。日本は資源が乏しいため、原油などの燃料資源や工場原料の大部分を海外から輸入し、加工・製品化させて輸出することで経済を成長させていきました。

戦後の日本産業は、軽工業・雑貨品の輸出が中心でしたが、1960年代には鉄鋼、船舶などの重化学工業が発展し、70～80年代になると電子・電気機器、輸送機器、精密機器などの輸出が主力となりました。80年代には海外との貿易摩擦が継続的に生まれ、90年代に入ると自動車やITなどの高度な技術力を用いたハイテク製品の競争が激化しました。貿易は国内外の影響を受けて変化していきますが、現在はグローバル時代を迎え、日本の産業・貿易構造は大きな転換期に直面しています。

2. 日本の輸出品

長期にわたり日本の輸出品で最も輸出額が大きいのは自動車です。他品目と比べて極端に輸出額が高く、輸出先はアメリカ36％、オーストラリア18％、中国15％と続きます。自動車の部品やエンジンの輸出が多い国はアメリカ、中国、タイなどですが、これは自動車を現地生産する企業が増えているからです。

鉄鋼は韓国や中国向けの輸出が多く、ビルや工場などの建設や自動車に使われています。半導体等電子部品、プラスチック、有機化合物はアジアへの輸出が多いですが、これも日系企業が現地で製品化し、再輸出や現地販売が行われているためです。

日本の輸出相手国と地域（2013年）

	国	輸出額	割合
1位	アメリカ	12兆9300億円	18.5%
2位	**中国**	**12兆6300億円**	**18.1%**
3位	韓国	5兆5200億円	7.9%

資料：財務省貿易統計　2014年

日本の輸出額上位10品目（2013年）

	品目	割合
1位	自動車	14.9%
2位	鋼鉄	5.4%
3位	半導体等電子部品	5.1%
4位	自動車の部分品	5.0%
5位	有機化合物	3.6%
6位	原動機（エンジン）	3.6%
7位	プラスチック	3.2%
8位	科学光学機器	3.2%
9位	電気回路等の機器	2.5%
10位	船舶	2.1%

資料：財務省貿易統計　2014年

3. 日本の輸入品

　日本の輸入主要品目の中で圧倒的に輸入額が高いのは原油で、サウジアラビア、アラブ首長国連邦などから輸入され、発電や自動車の燃料などに使われています。発電の燃料や都市ガスなどの原料となるLNGの輸入はカタール、マレーシアなどが多く、工業用製品の原料として重要な銅や鉛、アルミニウムなどは南アフリカ、中国、ロシア、韓国などから輸入しています。衣類は7割以上が中国から輸入されており、一流ブランド品の洋服や靴なども中国製が増えてきています。

　電気製品や電子部品などの製造業は生産コストを削減するため、材料費や人件費の安い中国や東南アジアに工場を持ち、現地で生産された製品を日本国内や海外で販売する企業も多くなっています。

　全体の輸出額を国別で見ると、中国が他国を大きく突き放してトップです。2001年まで日本の最大の輸入相手国はアメリカでしたが、2002年以降はずっと中国が輸入額第1位です。

日本の輸入相手国（2013年）

	国	輸入額	割合
1位	**中国**	**17兆6500億円**	**21.7%**
2位	アメリカ	6兆8100億円	8.4%
3位	オーストラリア	4兆9800億円	6.1%
4位	サウジアラビア	4兆8600億円	6.0%
5位	アラブ首長国連邦	4兆1500億円	5.1%
輸入総額		81兆2700億円	

資料：財務省貿易統計　2014年

日本の輸入額上位10品目（2013年）

	品目	割合
1位	原油・粗油	17.5%
2位	LNG	8.7%
3位	衣類・同付属品	4.0%
4位	石油製品	3.3%
5位	通信機	3.3%
6位	半導体等電子部品	3.0%
7位	石炭	2.8%
8位	医薬品	2.6%
9位	電算機類	2.4%
10位	鉄鉱石	2.1%

資料：財務省貿易統計　2014年

4. TPP参加の影響

　日本では現在、TPPへの参加の是非をめぐってさまざまな論争が起こっています。TPPとは、環太平洋経済連携協定の略称で、2010年3月にP4協定参加のシンガポール、ニュージーランド、チリ、ブルネイに加えて、アメリカ、オーストラリア、ペルー、ベトナムの8カ国で交渉が開始されました。その後、マレーシア、メキシコ、カナダ及び日本が交渉に参加しています。

　この協定はアジア太平洋地域において貿易の高い自由化を進め、経済を活発化させることを目標としたもので、物品やサービスをはじめとする非関税分野や新しい貿易課題を含む自由貿易協定です。

　参加国の貿易における関税が撤廃されるため、貿易の自由化が進み、自動車をはじめとする日本製品の輸出額増大が見込まれますが、一方でアメリカなどから安い農作物が流入し、日本国内の農林水産業に大きなダメージを与えるため、農協や漁協などの生産者団体を中心に反対の意見が広がっています。

重要語句

◆経済成長率(けいざいせいちょうりつ)

第二次世界大戦後、日本は急速な経済成長を遂げ、1968年にはGDPがアメリカに次いで世界第2位となった。日本の実質GDP成長率は戦後から現在まで、「高度成長期」「安定成長期」「低成長期」と移行し、経済成長率は段階的に低下してきている。

◆失業率(しつぎょうりつ)

戦後の日本社会では企業が終身雇用制をとっており、日本の失業率は欧米の先進国と比べても低い。しかし、バブル景気崩壊後の不況によってリストラ（整理解雇）が増え、就職氷河期と呼ばれる時代が訪れたため、失業者は社会問題となった。

◆高度経済成長期(こうどけいざいせいちょうき)

日本では1955年から1973年にかけて高度経済成長期と呼ばれる経済成長が続き、この間の実質GDPの成長率は年平均9.1％だった。産業は農業や軽工業から、鉄鋼・造船・科学などの重化学工業が中心となった。

◆バブル経済(けいざい)

日本では1986年から1991年にかけて地価や株価の資産価値が大幅に上昇して「バブル経済期」と呼ばれた。経済が拡大して好景気をもたらしたが、1991年にバブル景気が崩壊すると地価や株価が一気に下落して長期にわたる経済不況期に入った。

◆アベノミクス

2012年末に総理大臣となった安倍晋三はデフレ経済からの脱却と富の拡大を目指した経済政策を打ち出した。この経済政策は「アベノミクス」と呼ばれ、「大胆な金融政策」「機動的な財政政策」「民間投資を喚起する成長戦略」が基本方針となっている。

◆TPP

TPP（環太平洋経済連携協定）とは、アジア太平洋地域において貿易の高い自由化を進め、経済を活発化させることを目標とした自由貿易協定である。現在、日本は参加を検討しているが、参加の是非をめぐってさまざまな論争が起こっている。

◆東京(とうきょう)オリンピック

2013年9月、2020年のオリンピック開催地が東京に決定した。東京での開催は1964年に続き2回目となる。前回大会は日本経済を躍進させる原動力になったため、今回も日本経済の回復につながることが期待されている。

練習問題

基本問題

問題1 以下の文章の空欄に言葉を入れてください。
・現在、日本の名目 GDP は世界第（　　　）位です。
・日本では急速に経済が発展した 1955 年から 1973 年までを（　　　　　）と呼んでいます。
・日本では（　　　　　　）をとっている会社が多いため失業率は低いです。
・1950 年に始まった（　　　　　）によって日本経済は復興しました。
・日本最大の輸出相手国は（　　　　）、最大の輸入相手国は（　　　　　）です。

問題2 バブル経済はどのようにして起こりましたか。

問題3 日本の水産業が衰退していった理由は何ですか。

問題4 日本の製造業の特徴を挙げてください。

問題5 日本の主な輸出品と輸入品を挙げてください。

応用問題

問題1 日本から中国への輸出が多い品目は何か調べてみましょう。

問題2 中国人旅行者の日本ビザ取得の条件について調べてみましょう。

問題3 人民元と日本円の為替レートの変化について調べてみましょう。

コラム⑩ 日本経済回復へ——東京オリンピック誘致成功

　2013年9月8日、2020年の夏季オリンピック開催地が東京に決定しました。東京でのオリンピック開催は1964年に続き2回目となります。候補地は最終的に、東京、イスタンブール（トルコ）、マドリッド（スペイン）の3都市に絞られていましたが、東京開催を決定付けた一つの要因として、前日に行われた各国の最終プレゼンテーションでニュースキャスターの滝川クリステルさんが発した言葉が挙げられています。

　滝川さんはフランス語のプレゼンテーションの中で、海外から来たアスリートや観光客に対して日本が歓迎する気持ちを日本語の「お・も・て・な・し」という言葉で表現し、日本をアピールしました。大きなインパクトを残したこの言葉は「2013ユーキャン新語・流行語大賞」を受賞しました。

　滝川さんの素晴らしいスピーチもさることながら、オリンピック誘致成功に至るまでの日本人の努力を忘れることはできません。2011年、日本は東日本大震災によって窮地に立たされました。しかし、日本国民は被災地への援助を続け、被災者は苦しい生活に直面していても他人への思いやりの心、助け合う心、感謝の気持ちを忘れることはありませんでした。日本人が震災で見せた姿は、世界中の人々に日本の素晴らしさ、日本人の思いやりの精神を伝えたのです。

　また、滝川さんはこう言いました。「もし皆様が東京で何かをなくしたならば、ほぼ確実にそれは戻ってきます。たとえ現金でも」。世界を旅する7万5000人の旅行者を対象としておこなった調査で、東京は世界で最も安全な都市に選ばれました。

　1964年に開催された東京オリンピックは日本中に元気と勇気を与え、日本経済を躍進させる大きな原動力となりました。2020年の東京オリンピックが経済回復につながるかどうかは、開催までの取り組みにかかっていると言ってもいいでしょう。

（文・王茵茹）

日本開催のオリンピック

1964年	東京オリンピック
1972年	札幌オリンピック（冬季）
1998年	長野オリンピック（冬季）
2020年	東京オリンピック

第11章 日本の企業

日本企業の「ホウレンソウ」って何？

　みなさんは日本企業について、どれくらい知っていますか？　日本企業は戦後の日本経済の発展に大きな影響を与え、日本の経済発展に多大な貢献をしてきました。日本の企業文化は他国と比べて非常に独自性が強いと言われています。これは日本人に合った企業文化とも言えますが、近年は経済不況や国際化の影響でその企業文化にもさまざまな問題点が見えてきました。ここでは日本の企業について一緒に考えていきましょう。

キーワード
　労働時間　年功序列　終身雇用制　非正規雇用者　ホウレンソウ
　タテ社会　企業内教育（OJT）　居酒屋　ブラック企業

基本情報◆日本の企業

1. 日本企業の特徴——独特な企業文化と経営スタイル

- ●年功序列と終身雇用制
- ●タテ社会、上下関係
- ●集団による意思決定、集団責任
- ●企業内教育（OJT）重視
- ●企業別労働組合、従業員中心の企業観
- ●長期的業績、市場シェア重視

　日本経済は1955年から1973年までの高度経済成長期（実質GDP増減率は平均9.1%）、1973年から1991年までの安定成長期（バブル期も含む、実質GDP増減率は平均4.2%）を経て、1991年にバブル経済が崩壊、その後は経済低成長期が続いています。そのような過程の中で、日本の企業は業績悪化、倒産などの危機に面しながらも常に日本経済を支え、成長してきました。

　独特の企業文化と経営スタイルを持つ日本企業では上記のような特徴があり、それぞれに長所と短所があると言われています。

2. 日本企業の労働状況——労働時間が短縮し賃金は低下

特徴①　労働時間はしだいに短くなってきている
特徴②　有給休暇があっても使わない人が多い
特徴③　労働賃金は経済不況により下がっている

（1）労働時間

　日本人の労働時間は長く、日本人は働きすぎというイメージがあるかもしれません。日本人の年間総実労働時間はこの30年間で300時間以上減少してきました。しかし、これはフランスやドイツなどの先進国と比べると200〜300時間長く、給料の発生しないサービス残業をしている人も多いですから、やはり日本人の労働時間は長いと言えます。

　日本は他の先進国と比べると残業や休日出勤が多いのが特徴です。2013年の厚生労働省の調査で、大企業では1ヵ月の残業時間が60時間を超える人が43.9%もいることが分かりました。長時間労働は生産性の低下を招き、精神的ストレスを感じてうつ病になったり、少子化や介護問題にも影響を与えたりする危険性があります。

労働者の年間総実労働時間の推移

年	年間総労働時間
1980年	2104時間
1990年	2044時間
2000年	1854時間
2010年	1733時間
2012年	1765時間

参考資料：厚生労働省「毎月勤労統計調査」

労働者の生活時間（正規雇用者・非正規雇用者）

国	日本		アメリカ		フランス	
性別	男性	女性	男性	女性	男性	女性
自宅を出る時間（時:分）	7:41	8:55	7:41	7:56	7:46	8:04
出社時間（時:分）	8:33	9:35	8:21	8:38	8:28	8:45
退社時間（時:分）	19:08	17:08	17:18	16:57	17:33	17:29
勤務中の食事時間（時:分）	48.0	37.3	42.3	39.1	48.2	48.9
勤務中の休憩時間（時:分）	28.2	18.1	6.4	5.8	11.8	10.8
残業時間（分）	92.3	22.8	34.7	15.8	31.9	15.2
家で仕事をする時間（分）	5.9	25.0	31.5	36.0	17.1	24.6
休日の自宅仕事時間（分）	18.1	39.3	58.2	60.5	35.0	46.0

資料：独立行政法人労働政策研究・研修機構　2013年

（2）休暇

日本人労働者の年間休日数は平均して 137 日（2011 年）です。有給休暇は他の先進国と比べると多くありませんが、祝日などの休日が比較的多いため、年間の休日数はほとんど変わりません。

しかし、忙しい会社では休日出勤をしなければなりませんし、有給休暇があっても、仕事の状況や周囲の目を気にして、有給休暇を使い切らない社員も多いようです。

年間休日数（2011年）

国	週休日	週休日以外の休日	年次有給休暇	年間休日数
日本	104	15	18.3	137.3
イギリス	104	8	24.7	136.7
ドイツ	104	10	30.0	144.0
フランス	104	10	25.0	139.0
イタリア	104	8	28.0	141.0

資料：独立行政法人労働政策研究・研修機構　2013年

（3）労働賃金

日本人のサラリーマンの平均年収は長期にわたる経済不況の影響で近年は減少傾向にあります。2013 年のサラリーマンの平均給与は 414 万円でした。これは会社が社員の給与を抑えるために労働時間を短縮していることも原因として挙げられます。

日本では年功序列制を取り入れている会社が多いため、入社してすぐの給与は安く、勤続年数が増えるにつれて給料もしだいに上がっていきます。厚生労働省が発表した 2013 年の平均初任給を見ると、大学院修士課程修了が 22 万 6 千円、大学卒が 19 万 9 千円、高校卒が 15 万 7 千円となっています。（第 4 章参照）

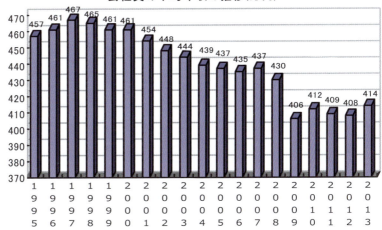

会社員の平均年収の推移（万円）

資料：国税庁「民間給与実態統計調査」

Topic 1　年功序列と終身雇用制

年功序列と終身雇用制は日本企業の特徴的な雇用制度です。これらの制度によって、社員は生活が保障され、日本企業の発展につながってきました。ここではこれらの制度の内容と現状について考えていきましょう。

1. 年功序列とは何か

年功序列とは官公庁や企業などにおいて、年齢や勤続年数などに応じて昇進や昇給が決まっていく慣習のことです。これは、経験とともに労働者の技術や能力が蓄積され、最終的には企業の成績に反映されるという考え方です。結果として、経験豊富な人が管理職などのポストに就く割合が高くなります。

(1) 年功序列の利点

勤続年数、年齢によって昇給するため、子どもの学費や夫婦の医療費など経済的な面で安定し、将来の生活に対して安心感が生まれます。そのため若い時は比較的低賃金でも従業員の不満が少ないです。若い時に辞めてしまうと損をするので従業員の定着率が高まり、労働者の転職を抑制します。

(2) 年功序列の欠点

大過がなければ昇進していくので、リスクのある行動に対して積極的になりにくいです。また、転職者や非正規雇用者は勤続年数が短くなるため、給与や昇進の面で不利になることが多いです。若くて能力が高い社員ほど成果主義の企業に流出する可能性が高くなります。

(3) 年功序列の現状

長期にわたる経済停滞の中で短期で成果をあげたい、中高年者の給料を抑えたい、などの理由で成果主義を取り入れている企業が増えてきています。自分の能力に見合った給与を得られる成果主義の会社に流れていく若者もいますが、完全に成果主義にするのではなく、年功序列と併用している企業が多いです。

2. 終身雇用制とは何か

終身雇用制とは入社から定年まで会社が雇用を保障するという雇用制度です。終身雇用制は使用者と従業員間の暗黙の了解と、それを維持したいという期待の上に成立している日本の企業文化だといえます。

（1）終身雇用制の利点

社員に将来へのモチベーションと安心感を与えることができます。更に、企業は長期的展望に基づいて企業内教育（OJT）が行えるため、人材育成への投資が可能になります。他社への技術流出の危険性も低いため、技術向上を図れ、社員を適した部署に配置することができます。

（2）終身雇用制の欠点

終身雇用制を取り入れると、企業は社員を簡単に解雇できなくなり、不況期にはそれが不利に働く場合もあります。また、終身雇用による安心感によって、生産性を低下させるという指摘もあります。

（3）終身雇用制の現状

終身雇用制は、戦後の長期にわたる経済成長期にはうまく機能していました。しかし1990年代から続いた経済の低迷と労働力の高齢化によって、企業はリストラ（人員削減のための解雇）を行い、正規社員の採用を制限するようになりました。そのため契約社員や派遣社員が増えて日本の終身雇用制は崩壊し始めました。ただ、そのような状況下でも日本の会社の90％程度は定年制であり、転職率は欧米と比べれば半分以下です。

3. 雇用形態はどのように変化しているのか

長期にわたる経済停滞の影響で、定年まで社員を養い、中高年者に高額の給与を払うことが困難になる企業も出てきました。企業はリストラなどによって賃金コストを削減し、契約社員、派遣社員、パートタイム労働者などの非正規雇用者を増やすようになりました。これは経営不振などの際に人員調整を容易にするためです。

1990年の非正規雇用者数は870万人でしたが、2013年には1964万人となり、非正規雇用者は1000万人以上増加しました。2013年の非正規雇用の割合は37.2％で、3人に1人以上が非正規雇用者となりました。一方、正規雇用者数は1998年に3798万人でピークを迎えた後、2013年には3310万人となり、490万人も減少しています。

非正規雇用者はいつまで仕事があるか分からない不安定な状況となり、正社員と非正規社員の収入格差は拡大しています。この状況は共働きでないと生活が維持でない、子どもを産んでも経済的不安があるといった状況を生み、非婚・晩婚化、少子化にも影響を与えています。

雇用形態別雇用者（2013年11月）

	実数(万人)	割合(％)
役員を除く雇用者	5274	
正規の職員・従業員	3310	62.8
非正規の職員・従業員	1964	37.2
パート	956	18.1
アルバイト	424	8.0
派遣社員	116	2.2
契約社員	278	5.3
嘱託	112	2.1
その他	78	1.5

資料：総務省統計局

Topic 2　日本企業の「ホウレンソウ」

日本には独特な企業文化があり、外国人にとっては理解しづらいことも多いです。ここでは「ホウレンソウ」や「タテ社会」といった日本の企業文化の特徴について考えていきましょう。

1. 日本企業の「ホウレンソウ」

「ホウレンソウ」とは中国語で「菠菜」のことですが、日本企業の「ホウレンソウ」とは「報告」「連絡」「相談」の「報連相(ほうれんそう)」を指します。

> ◆**報告**：上司からの指示や命令に対して、部下が経過や結果を知らせること。
>
> ◆**連絡**：上司や部下にかかわらず、必要な情報を関係者に知らせること。
>
> ◆**相談**：判断に迷うときや意見を聞いて欲しい時に上司や先輩、同僚に参考意見を聞き、アドバイスをもらうこと。

日本の企業は「ホウレンソウ」によって上司と部下の意思疎通をスムーズにし、洗練されたアイディアを生んだり、問題をうまく解決するといった利点を生んできました。「ホウレンソウ」は仕事を円滑に進行させるだけでなく、ミスやトラブルを減らし、仕事の効率をあげるためのものです。

しかし、日本以外の国では、この考え方はなかなか理解されにくいです。自分が信用されていないと感じることもありますし、「ホウレンソウ」をすることで、判断が遅れてビジネスチャンスを逃したり、余計な作業が増えて仕事の効率が悪くなるなどの欠点も指摘されています。

2. 日本社会はタテ社会

タテ社会とは、人間関係において、役職、年齢、経験などの上下の序列（上下関係）が重視される社会のことです。同じ平社員(ひらしゃいん)でも入社が1年違えば、そこに上下関係が生まれます。これは会社に限ったことではなく、組織や学校など、さまざまな場面で見られます。

タテ社会では、上の人に対して敬語を使わなければなりません。日本語の敬語が発達したのもこの影響が大きいでしょう。上司の命令は絶対で、窮屈な社会だと思うかもしれませんが、上下関係がはっきりしていることで各自の役割がはっきりし、仕事がスムーズに進むという利点もあります。

一般的に日本の社会構造は上下関係を重んじる「タテ社会」、一方、欧米は互いを平等に扱う「ヨコ社会」と言われています。

3. 集団による意思決定

日本企業では管理組織において集団による意思決定を行う場合が多いです。会議が頻繁に行われ、重要な事柄を決定する時には稟議を行う会社が多いです。

稟議とは最終的な意思決定をする際に複数の管理者・担当者からの合意を得るための仕組みです。集団による意思決定は優れた意見が得やすい、多角的な見方ができるなどのメリットがある一方、決定スピードが遅い、責任が不明確などのデメリットもあり、国際社会では通用しないという意見も多いです。

4. 企業内教育（OJT）重視

日本では年功序列と終身雇用制を取り入れている企業が多いため、新卒者の一括採用を行う会社がほとんどです。

採用された新卒者は企業内部で教育され、人材として育成されていきます。その手法が OJT（On-the-Job Training）と呼ばれるものです。OJT とは仕事の実践を通して必要な能力を身につけさせていく方法です。このような企業内教育があったからこそ、日本企業は最先端の技術を生み出し、成長し続けてきたのかもしれません。

5. 企業別労働組合

労働組合とは、労働者が団結して賃金や労働時間などの労働条件の改善を図るためにつくる団体のことです。欧米では業種ごとに作る産業別労働組合が多いですが、日本では企業単位で組織された企業別労働組合が中心で、それらの企業別組合が集まって産業別労働組合を作っています。

労働者が団結して企業側と団体交渉を行い、ストライキなどの団体行動をする権利は憲法第 28 条で保障された基本的な権利です。しかし、職場の状況などによっては組織としての機能が制約される場合も多いようです。

サラリーマンの居酒屋文化

日本ではサラリーマンは仕事の後、よく職場の同僚や上司、部下と一緒に居酒屋に行きます。居酒屋とは美味しくお酒を飲むためのさまざまな料理が用意されている飲食店です。サラリーマンはお酒を飲みながら仕事のことや日常のことを話します。一品一品の量が少ないため、2人で行ってもいろいろな料理を注文できます。お酒の種類も多いので、料理を何度も追加注文しながら好きなお酒を飲むことができます。お酒を飲みながら仕事の愚痴を言って日常のストレスを解消したり、仲間と楽しく話して明日からの仕事の活力にする人もいます。居酒屋はサラリーマンにとっての憩いの場所と言ってもいいでしょう。

Topic 3　日本を支える製造業

トヨタ自動車やパナソニック、資生堂などはみなさんも知っている日本企業だと思います。ここでは日本にはどのような企業があり、どのように成長してきたかについて紹介します。

1. 日本の産業はどのように発達していったのか

日本は資源に乏しい国ですが、製造業を中心として発達してきました。他国から原材料を輸入して製品を作り、それを他国に輸出します。自動車や電気機器など性能の高い日本製品は世界に認められ、戦後の何もなかった時代から短期間でGDP世界第2位まで経済成長することができました。

現在では多くの企業が生産コストを削減するために海外に工場を持ち、安い材料費と人件費で製造するようになりました。自動車や電気機器以外にも、食品、化粧品、医療品などさまざまな業種が海外事業を拡大させています。

2. 日本企業の製造技術が高いのはなぜか

日本の産業は技術分野において優れており、それを企業の研究開発力が支えています。日本企業が活発な技術革新を行ってきた背景には、経営戦略として長期的な視野で研究開発に投資してきたこと、日本の経営者は技術系出身の内部昇進者が多いため研究開発に積極的であること、新技術への現場の適応能力が高いことなどが挙げられます。

こうした日本企業の特徴は、終身雇用制のような長期雇用の慣行や、安定株主が多いことなどとも密接に関係しています。

3. 日本企業で売上高の高い業種

日本で売上高が高いのは自動車メーカーや電気機器メーカーなどの製造業、そして総合商社です。どの企業も社員数が多く、世界各地に工場や支社を持っています。

2013年時点で、日本で最も売上高の高い企業はトヨタ自動車です。愛知県豊田市に本社があり、社名が市名になった珍しいケースです。

日本企業年間売上高ランキング（2013年度）

順位	会社名	業種	売上高
1位	トヨタ自動車	自動車	25兆6919億円
2位	伊藤忠商事	商社	14兆6457億円
3位	丸紅	商社	13兆6335億円
4位	ＪＸホールディングス	石油	12兆4120億円
5位	ホンダ	自動車	11兆8424億円
6位	三井物産	商社	11兆1554億円
7位	ＮＴＴ	通信	10兆9251億円
8位	日産自動車	自動車	10兆4825億円
9位	日立製作所	電気機器	9兆6162億円
10位	住友商事	商社	8兆1461億円

資料：日本経済新聞　2014年

【海外でも有名な日本メーカー】

　日本製品は高性能で壊れにくく、使用者のことを考えて作られているので、海外での評価も高いです。ここでは中国人にも馴染みの深い自動車メーカー、電気機器メーカー、化粧品メーカーについて紹介します。

(1) 自動車メーカー

　日本車は安全性が高くて燃費が良く、それほど高くないため、世界中で大変人気があります。特にアメリカでは約4割の人が日本車に乗っています。日本の自動車メーカーは世界中で有名ですが、中でもトヨタ自動車は売上高が20兆円を超える日本最大の企業であり、自動車販売台数は2012、2013年と2年連続で世界第1位です。

> **主な自動車メーカー**
> ◆トヨタ自動車
> ◆日産自動車
> ◆ホンダ
> ◆スズキ
> ◆マツダ

(2) 電気機器メーカー

　一般的に日本の電気機器は性能がよく、多機能で壊れにくいと言われています。特にテレビ、パソコン、デジタルカメラなどの製品は海外でも大変人気があります。日本のメーカーは次々と新製品を開発して販売数を伸ばそうとしていますが、近年は低価格で販売する韓国メーカーなどに押され、苦戦を強いられています。

> **主な電気機器メーカー**
> ◆日立
> ◆パナソニック
> ◆ソニー
> ◆東芝
> ◆富士通

(3) 化粧品メーカー

　日本の化粧品は成分規制が厳しく、自然に近い成分を使用した肌に優しいものが多く、海外でも大変人気が高いです。特にタイ、ベトナム、中国などのアジア圏では、日本の化粧品は大変人気があり、資生堂や花王などの化粧品メーカーは海外での市場を拡大しています。化粧品の海外への出荷額はこの10年で約2倍に増加しました。

> **主な化粧品メーカー**
> ◆資生堂
> ◆花王
> ◆ポーラ
> ◆コーセー
> ◆マンダム

ブラック企業

　「ブラック企業」とは、従業員に対して劣悪な環境での労働を強いる企業のことで、広い意味で入社を勧められない企業のことを指します。ブラック企業では、労働基準法などの法に抵触する条件で労働させたり、従業員の健康面を無視した極端な長時間労働を強制するため、従業員は肉体的、精神的な負担を与えられます。「ブラック企業」は2013年の流行語にもなり、社会問題になっています。

重要語句

◆労働時間
　2012年の日本人の年間労働時間は1765時間で、この30年間で300時間以上減少している。しかし、フランスやドイツなどの先進国と比べると200〜300時間長い。日本企業は残業や休日出勤が多いのも特徴である。

◆年功序列
　年功序列とは官公庁や企業などにおいて、年齢や勤続年数などに応じて昇進や昇給が決まっていく慣習のことである。経験とともに労働者の技術や能力が蓄積され、最終的には企業の成績に反映されるという考え方に基づいている。

◆終身雇用制
　終身雇用制とは入社から定年まで会社が雇用を保障するという日本の雇用慣行である。将来の生活に対して安心感が生まれ、人材の流出を防ぐことができるが、不況時に社員を解雇することが困難なため、近年は非正規雇用者を増やす企業が増えている。

◆ホウレンソウ（報連相）
　日本企業の「ホウレンソウ」とは「報告」「連絡」「相談」の「報連相」を指す。上司と部下の意思疎通ができ、ミスやトラブルを減らして仕事の効率をあげるためのものだが、判断が遅れてビジネスチャンスを逃したり、余計な作業が増えて仕事の効率が悪いなどの欠点も指摘されている。

◆タテ社会
　タテ社会とは、人間関係において、役職・階級、年齢、経験などの上下の序列（上下関係）が重視される社会のことである。日本社会は古くから上下関係を重んじる「タテ社会」であり、欧米は互いを平等に扱う「ヨコ社会」と言われている。

◆企業内教育（OJT）
　企業内教育（OJT：On-the-Job Training）とは、新入社員が企業内部で教育され、人材として育成される日本企業の社員育成手法のことである。日本では終身雇用制をとっている企業が多く、転職者が少ないためOJTが可能になっている。

◆居酒屋
　居酒屋はお酒に合うさまざまな食べ物が用意された飲食店で、日本のサラリーマンは仕事後によく利用する。同僚や仲間とお酒を飲みながら仕事のことや日常のことなどを話し、ストレスを解消させたり、仕事への活力にしたりする。

練習問題

基本問題

問題1 以下の文章の空欄に言葉を入れてください。
・年齢や勤続年数に応じて昇進や昇給が決まる慣習を（　　　　　　）と言います。
・入社から定年まで会社が雇用する雇用慣行を（　　　　　　）と言います。
・日本企業の「ホウレンソウ」とは（　　　　）（　　　　）（　　　　　）のことです。
・日本のサラリーマンは仕事のあと同僚や仲間と（　　　　　　）に行くことが多いです。
・従業員に対して劣悪な環境での労働を強いる企業を（　　　　　　）企業と言います。

問題2 日本人の労働時間は近年、どのように変化していますか。

問題3 企業の雇用形態は近年、どのように変化していますか。

問題4 「ホウレンソウ」のデメリットは何ですか。

問題5 日本企業が企業内教育（OJT）を重視できる理由は何ですか。

応用問題

問題1 「タテ社会」と「ヨコ社会」の違いについて説明してみましょう。

問題2 日本企業の福利厚生について調べてみましょう。

問題3 中国でも有名な日本企業を一つ選び、事業内容について発表してみましょう。

コラム⑪ 「経営の神様」——パナソニック創業者・松下幸之助

　日本には「経営の神様」と呼ばれる男がいました。電子機器会社・パナソニック株式会社（Panasonic）の創業者、松下幸之助です。彼は一代でパナソニックを世界的に有名な大企業に育て上げました。パナソニックの旧社名は「松下電器産業株式会社」ですが、中国でも知っている人が多いのではないでしょうか。

　1918年、23歳の松下幸之助は松下電気器具製作所（現在のパナソニック）を設立し、その後、製品の革新と巧みなマーケティング、そして時代を先取りした経営戦略を駆使しながら、第2次世界大戦後の日本で業界最大の企業を育て上げました。

　彼が「経営の神様」と呼ばれる理由は、彼の経営者として考え方・理念が素晴らしく、人間的に尊敬される人物だったからです。彼は「会社の目的は社会貢献にある」という考え方を持ち、1932年に「起業家や実業家は全ての製品を無限に生産し、価格を水道の水のように安くすることを目標にすべきだ」と宣言しました。そして、ラジオ設計の重要な特許を買収して同業メーカーが自由に使えるように無償で公開しました。これは業界全体の発展に大きな貢献を果たしたとして評価されました。

　また、松下幸之助は長期的視野を持った経営者でした。1945年には「繁栄によって平和と幸福を」を実現するための研究機関としてPHP研究所を創設し、1965年には日本で最初に週休2日制を採用しました。また、晩年には松下政経塾を立ち上げ、政治家の育成にも力を注ぎました。野田佳彦元首相は松下政経塾の卒塾生です。

　80歳で相談役に退いたあとも、彼は21世紀に日本が果たすべき役割を考えて精力的に動きつづけました。松下幸之助は94歳で死去するまで、常に日本の未来を見据えていたのです。

パナソニックの経営理念

産業人たるの本分に徹し
社会生活の改と向上を図り
世界文化の進展に
寄与せんことを期す

※1929年に松下幸之助が制定したもの

第12章 日本の政治

なぜ日本の総理大臣はよく代わるのか？

　みなさんは日本の政治の仕組みを知っていますか。日本では2000年代に入ってから、8回も総理大臣が代わりました。日本の総理大臣はどのように選出されるのか、なぜこんなによく代わるのか、また、日本の政治はどのように機能しているのか、こういった疑問に答えるには、まず日本の政治システムを知らなくてはなりません。本章では日本の選挙制度、日本の政党制、日本の地方自治という3つの角度から、日本の政治システムと日本政治の特徴について考えていきます。

キーワード
　民主主義　内閣総理大臣　日本国憲法　天皇　三権分立
　内閣　衆議院と参議院　与党と野党　地方公共団体

基本情報◆日本の政治

1. 日本の政治の特徴

◆民主主義

日本は民主主義国家です。民主主義とは、市民が直接、もしくは自由選挙で選ばれた代表を通じて権限を行使し、市民としての義務を遂行する統治形態です。

◆法治国家

日本の政治は、国の最高法規である日本国憲法によって定められた体制に基づいて行われています。日本の行政・司法は、憲法と国会が定める法律、法令などに基づいて行われているため、日本は法治国家だといえます。

◆内閣総理大臣

日本の行政の首長は内閣総理大臣です。総理大臣は首相という言い方もします。内閣総理大臣は国会の議決によって国会議員の中から決められ、国務大臣の任免権が与えられます。現在の日本の総理大臣は自由民主党の安倍晋三です。

2. 日本国憲法

日本国憲法は第二次世界大戦敗戦後、連合国軍最高司令官の監督のもとで改正され、1946年に公布、1947年5月3日から施行されました。施行されて以来、一度も改正されたことがなく、日本の法体系の最高法規として現在も機能しています。

日本国憲法の三大原則は「国民主権」「基本的人権の尊重」「平和主義」です。「国民主権」は政治の主体は国民であること、「基本的人権の尊重」は個人の人権を保障すること、「平和主義」は戦争の放棄と戦力の不保持を意味しています。

憲法改正は、各議院の総議員3分の2以上の賛成で国会がこれを発議し、国民投票で過半数の賛成があると改正できます。

3. 天皇

天皇は、歴史的には日本の君主であり、大日本帝国憲法においては国の主権者にあたりました。しかし、第二次世界大戦後に日本国憲法が制定され、天皇は「日本国の象徴であり日本国民統合の象徴」と規定されています。

現代の日本においては、天皇は憲法の定める国家に関する行為のみを行い、国の政治に関する権能を持たないとされています。明仁天皇（1933年12月23日―）は現在の日本の天皇であり、第125代の天皇です。

天皇の仕事
- 内閣総理大臣・最高裁判所長官の任命
- 衆議院の解散　●法律の公布
- 栄典の授与など形式的、礼儀的な行為

4. 三権分立

　三権分立とは、国家権利を国会（立法権）、内閣（行政権）、裁判所（司法権）に三分し、相互に監視させることによって、国家権利の均衡を保っていく仕組みです。

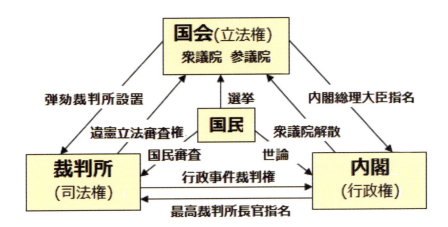

国会（立法機関）

　国会は国権の最高機関であり、唯一の立法機関です。衆議院（任期4年）と参議院（任期6年）からなる二院制が採用されており、両院議員とも国民投票によって選ばれます。年1回の「通常国会」では、法律の制定、予算の審議・決定、内閣総理大臣の指名などが行われ、必要に応じて「臨時国会」も行われます。

内閣（行政機関）

　内閣は国会の信任に基づいて組織され、国会に対して責任を負う仕組みになっています。内閣は国会で決まった法律や予算に従って行政管理を行い、外交関係の処理、条約の締結、法律案や予算案なども作成します。
　内閣は内閣総理大臣（首相）とその他の国務大臣（14～17人）から構成されます。総理大臣は国会の議決によって国会議員から選ばれ、国務大臣の任免権を有します。

裁判所（司法機関）

　日本の裁判所は最高裁判所と下級裁判所からなります。最高裁判所は憲法により直接設置されている司法権の最高機関で、東京都千代田区に置かれています。下級裁判所には高等裁判所、地方裁判所、簡易裁判所、家庭裁判所などがあります。
　最高裁判所の長官は内閣が指名し、天皇が任命します。その他の裁判官については、内閣が任命します。裁判所には「違憲立法審査権」があり、法律、政令、条例などが憲法に違反していないかを審査する権限を持っています。

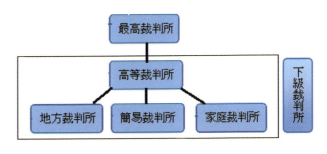

Topic 1　選挙制度

民主主義国家の日本では国会議員や地方議員は国民による選挙によって選ばれます。ですから、選挙は国の政治、自分たちの生活を左右する大切なものです。ここでは日本の選挙制度について紹介していきます。

1. 日本の選挙の四大原則

民主主義国である日本は、政治の主体である国民が選挙によって代表者を選び、その代表者を通じて政治に参加する間接民主制（代議制）をとっています。選挙は国民が政治に参加する最も民主的な方法だといえます。日本では、普通選挙、平等選挙、秘密選挙、直接選挙という4つの原則にもとづいて選挙が行われています。

これらの原則に従って、日本では主に国会議員・地方議会議員・地方公共団体の首長（都道府県知事・市町村長）の選挙が行われています。その際に適用される法律は公職選挙法です。

【選挙の四大原則】

1. 普通選挙	成人なら、男女関係なく誰でも選挙権を持っている
2. 平等選挙	年齢や収入に関係なく、一票の価値を同じにする
3. 秘密選挙	誰が投票したかが分からないように無記名で投票する
4. 直接選挙	有権者が直接投票することで、議員や首長を選ぶ

2. 日本の総理大臣とアメリカの大統領の違い

同じ民主主義の国でも、日本とアメリカでは国の首長を決める方法が違います。アメリカでは「大統領制」によって大統領は国民の投票で選ばれるため、議会で多数派ではなくても大統領になれます。大統領は総理大臣と比べて強い権限をもっています。

一方、日本は「議院内閣制」ですから、総理大臣は国民が選挙で選んだ国会議員の中から選ばれ、国会議員によって国会で議決されるため、総理大臣は議会で多数派を占めている政党（与党）から選出されます。総理大臣は国務大臣を任命して内閣を組織し、議会に対する責任を持ちます。

日本の総理大臣とアメリカ大統領の比較

	総理大臣（日本）	大統領（アメリカ）
選出方法	国会で国会議員によって選出される。	国民投票によって選出される。
政治制度	議院内閣制	大統領制
立場	内閣の首長であり、一人の国会議員	行政の首長であり、独立した存在
行政権	内閣。総理大臣が国務大臣を任命し、内閣を組織する。	大統領。強い政治的権限をもち、行政庁は大統領の支配下におかれる。
責任対象	国会に対して責任を持つ。	全国民に対して責任を持つ。
内閣不信任案	あり。可決されれば内閣総辞職または衆議院を解散する。	なし。大統領は特別な理由がない限り、任期を全うする。

3. 衆議院選挙と参議院選挙

　日本の国会は衆議院と参議院の二院制で行われています。二院制は同じ政策について異なる議院で審議するので慎重に議論できることが長所です。国会議員は衆議院議員と参議院議員に分かれており、衆議院は任期も短く解散もあるため（実質任期は平均2年半）、参議院に比べて強い権限が与えられています。両院の国会議員は国民による選挙で決定しますが、衆議院と参議院では定員や任期などが違います。

	定員	任期	選挙権	被選挙権	選挙区
衆議院議員	475人	4年（解散あり）	満20歳以上 ※2016年夏の参議院選挙以降は満18歳以上に変更	満25歳以上	小選挙区：295人 比例代表：180人
参議院議員	242人	6年（3年毎に半数を改選、解散なし）		満30歳以上	選挙区：146人 比例代表：96人

　選挙は小選挙区制と比例代表制の並立制で行われます。小選挙区制は日本各地の選挙区で決められた定員を争い、比例代表制は支持をする政党を記名し、票数によって各党に議員数がふりわけられます。ですから、有権者はそれぞれ1人1票、計2票を無記名で投票する権利を持っています。

	衆議院	参議院
小選挙区制	全国を295の小選挙区に分け、定員1名が当選、295人を選出する	都道府県ごとの選挙区で、それぞれ定員の2名〜8名が当選、146名を選出する
比例代表制	全国を11のブロックに分け、各ブロックの定員数が当選、180人を選出する	全国を一つの選挙区として、定員の96名を選出する

4. 選挙運動

　公的選挙の候補者は公職選挙法によって定められた選挙規定に従って選挙運動を行うことができます。選挙運動期間は選挙公示日から始まり、衆議院選挙は12日間、参議院選挙は17日間というように選挙によって期間が限定されています。
　選挙運動の内容は、ポスター、テレビ、選挙運動車での呼びかけ、個人演説会、街頭演説などです。戸別訪問や文書等の配布は公職選挙法によって固く禁止されています。国政選挙では原則的に即日開票され、当選状況はテレビなどで速報されます。

5. 投票率低下問題

　現在、日本の国政選挙、地方選挙では投票率の低下が問題になっています。特に20代の投票率が低く、政治に無関心な若者が増えているといえます。2014年に行われた衆議院選挙では全体の投票率が戦後最低の52.7%でした。投票率は選挙の注目度によっても変わってきますが、全体的に投票率は低下しており、1990年の衆議院選挙以降、20代の投票率は一度も50%に達していません。

Topic 2　日本の政党

政党とは、同じ共通の政治目的を持つ人たちが集まる団体です。日本にはさまざまな政党があり、それぞれの政治方針や政治目的をもっています。ここでは日本の政党について紹介していきます。

1. 与党と野党

内閣が国会に対して責任を負う議院内閣制では、基本的に選挙で選ばれた国会議員が一番多い政党が「与党」となり、内閣を組織して国の政権を担当します。これを政党内閣といい、それ以外の政党は「野党」とよばれています。内閣は一つの党で結成される場合は単独内閣、複数の党で結成する場合は連立内閣と呼ばれています。

現在、日本の与党は自由民主党（自民党）と公明党の連立内閣を組織しており、内閣の首長である安倍晋三総理大臣は自由民主党です。

与党は行政権と立法権を行使する権限を事実上有しています。野党は行政権と立法権の事実上の実行力がないため、主な役割は与党の行政をチェックし、修正させ、場合によっては対案を出して議論を戦わせることなどです。現在の日本の野党には民主党、維新の党、日本共産党、次世代の党などがあります。

2. 日本の政党政治の歴史

日本では1955年の結党以来、自由民主党が与党として日本の行政を担当してきました。この政権はその後38年間にわたって続きます。

1993年、衆議院選挙で第一党は自由民主党でしたが、議員数が過半数に届かず、自由民主党と日本共産党を除く政党が連立政権を組んで与党となり、自由民主党は結党以来、初めて野党となりました。しかし、新政権は短命に終わり、翌年には自由民主党・日本社会党・新党さきがけの連立政権が誕生し、自由民主党が与党の座を奪い返しました。

その後も自由民主党政権は続きますが、2009年の衆議院選挙で民主党が圧勝し、日本政治史では初めて野党が圧倒的民意を受けて政権が交代しました。しかし、度重なる政策失敗により、2012年末の衆議院選挙で惨敗、再び自由民主党が与党となり、現在に至ります。

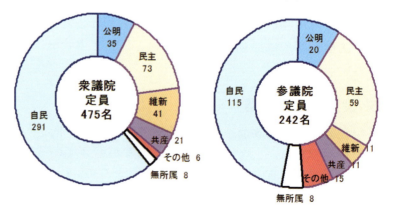

2014年衆議院総選挙直後の勢力図

3. 日本の政党

日本では政治思想や政治方針の違いによって多くの政党が存在しています。2014年末の時点で、国会に議席のある日本の政党は 11 政党あり、自由民主党と民主党の二大政党がその中心となっています。

なお、日本では無党派層（政党支持無し層）が増えているのも特徴の一つで、政党の離合集散が多いことが原因だと言われています。

日本の主な政党 （2014年衆議院総選挙直後）

政党	国会議員数	党首	政党の政治思想と特徴
自由民主党 （1955年—）	406人 （衆291、参115）	安倍晋三	保守、自由主義、反共主義、中道右派 長期にわたり政権与党として日本の国政を担う
民主党 （1998年—）	132人 （衆73、参59）	岡田克也	民主中道、共生主義 2009〜2012年にかけて政権与党となる
公明党 （1964年—）	55人 （衆35、参20）	山口那津男	中道主義 創価学会を支持母体としている
維新の党 （2014年—）	52人 （衆41、参11）	江田憲司	新保守主義 日本維新の会と結いの党が合併した新政党
日本共産党 （1922年—）	32人 （衆21、参11）	志位和夫	社会主義、共産主義、科学的社会主義 現存する最も古い政党
次世代の党 （2014年—）	9人 （衆2、参6）	平沼赳夫	国粋主義 日本維新の会から分党した新政党

4. 現在の政党政治への批判

複数の政党が存在し、議会における相互のかけひきや活動を通じて行われる政党政治は長年にわたって日本の政治形態でした。しかし、現在の政党政治に対する批判も出ています。例えば、政権を握ることや国会議員になることを重視するあまり選挙中心の政治となり国民の意見が政治に反映されていない、所属政党より候補者の人物で判断され有力な候補者が特定の政党に属さないことが多い、政党の方針が国民に理解されにくいなどです。

日本共産党

日本共産党は 1922 年 7 月 15 日に結成されました。その後、解党や分裂を繰り返しながらも政党として存続し、1945 年に合法政党として再結成されて以来、国会に議席を持つ政党としては最も長い歴史があります。現在、約 30 万人の党員と約 2700 人の地方議員を抱えており、資本主義先進国における共産主義政党としてはいまだに世界最大規模を誇っています。日本の政党では唯一、企業団体献金や政党交付金（政党助成金）を受け取っておらず、機関紙「しんぶん赤旗」の収入や党費、個人献金で党の運営を賄っています。

Topic 3　日本の地方自治

地方自治とは、地方公共団体が住民の意思に基づいて行う政治のことです。日本にはどのような地方公共団体があり、どのような地方自治が行われているのでしょうか。

1. 日本の地方自治とは

政治には、国の政治のほかに都道府県や市町村が行う地方の政治があります。その地域に住む住民がその地域の政治を自主的に行うことを地方自治といい、その地方自治を行う単位を地方公共団体、または地方自治体といいます。地方公共団体は一般的に地方自治体（都道府県や市町村などの地方自治体）と特別自治体（東京23区や組合などの地方自治体）の2つに分けられます。

なお、地方自治に関する基本的な事項については地方自治法によって規定されています。

＜地方公共団体＞	
地方自治体	特別自治体
・都道府県 ・市町村（市・町・村）	・特別区（東京23区） ・地方公共団体の組合 ・財産区

2. 地方公共団体の仕事

地方公共団体の仕事は、生活面、環境面、社会面などにおいて、その地域に関わるさまざまな内容があります。

1999年、地方分権を実現させるための法律、地方分権一括（いっかつ）法が制定され、地方公共団体に国から多くの権限が委譲されました。それにより、地方公共団体がこれまで以上に様々な分野で独自の政策を実行できるようになりました。

地方公共団体の主な仕事
1、教育・文化：公立学校、図書館、公民館などの運営。
2、社会福祉：住宅の供給、保育所、老人ホームの運営。
3、保健衛生：病院の運営、保健所の活動。
4、公営事業：バス、地下鉄、水道・下水道（げすいどう）の経営。
5、公共事業：道路・橋の建設、河川の改修。
6、防犯と安全：警察の仕事、消防の仕事。

3. 地方自治の仕組み

地方公共団体は地方議会とよばれる議決機関と、実際の行政をすすめる執行機関とに分かれています。地方議会は都道府県議会と市町村議会とに分かれ、議員は住民の直接選挙で選ばれます。一院制で任期は4年、解散もあります。

地方議会では、その地方公共団体だけに適用される条例の制定・改正・廃止、予算の決定などを行います。執行機関は首長である都道府県知事と市町村長、その首長を助ける副知事と副市町村長、それに付属機関がおかれています。首長は住民の直接選

挙で選ばれ、任期は4年です。また、日本の地方自治では住民の政治参加が直接的に認められる直接請求権があります。

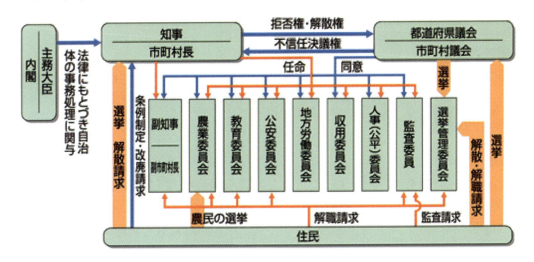

4. 地方自治の問題点

各地方公共団体にはさまざまな課題がありますが、なかでも街づくりにおける課題は地域の住民が快適な生活を送る上で重要です。街づくりにおける自治体の課題には、少子高齢化、産業・雇用創出などが挙げられます。

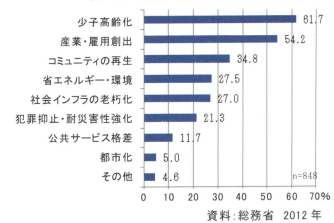

街づくりの観点から自治体が抱える課題

多くの自治体は街づくりの中で、「住みやすさ」「地域資源の豊かさ」「子育てのしやすさ」などを重視し、住みたくなる魅力的な街づくりを目指しています。

外国人の参政権

現在、日本では外国人の参政権（選挙権・被選挙権）が認められていません。在日韓国人などの特別永住者、一般永住者にも参政権が与えられておらず、外国人が参政権を得るためには日本国籍を取得することが必要です。日本国籍取得者（帰化人）には参政権が全面的に認められており、蓮舫（1985年に帰化。民主党参議院議員）などの国会議員もいます。ただし、地方自治体の住民投票のなかには国籍条項がないものもあり、いくつかの自治体では外国人が参加した住民投票も行われています。外国人の参政権については各政党で意見が分かれており、今後も検討されていく見通しです。

重要語句

◆内閣総理大臣

内閣総理大臣は日本の行政の首長であり、首相という言い方もされる。内閣総理大臣は国会議員の中から国会の議決によって決められる。現在の日本の総理大臣は自由民主党の安倍晋三。

◆日本国憲法

日本国憲法は 1947 年 5 月 3 日に施行されて以来、一度も改正されたことがなく、日本の最高法規として現在も機能している。日本国憲法の三大原則は「国民主権」「基本的人権の尊重」「平和主義」である。

◆天皇

天皇は日本国憲法により「日本国の象徴であり日本国民統合の象徴」と規定されている。現代の日本において、天皇は憲法の定める国家に関する行為のみを行い、国の政治に関する権能を持たないとされている。現在の天皇は第 125 代明仁天皇。

◆三権分立

三権分立とは、国家権利を国会（立法権）、内閣（行政権）、裁判所（司法権）に三分して権力の集中を避け、相互に監視させることによって、国家権利の均衡を保っていく仕組みである。

◆内閣

内閣とは、内閣総理大臣とその他の国務大臣で組織され、国の行政権を担当する最高の合議機関である。閣議による意思決定にもとづいて行政権を行使し、国会に対して連帯してその責任を負う。内閣総理大臣は国務大臣の任免権を有する。

◆衆議院と参議院

日本の国会は衆議院と参議院の二院制で行われている。国会議員は衆議院議員と参議院議員に分かれており、それぞれの国会議員は国民による選挙で決定するが、衆議院と参議院では定員や任期などが違う。

◆与党と野党

与党とは内閣を組織して行政を担当する政党のことで、基本的には選挙で選ばれた国会議員が一番多い政党が「与党」となる。それ以外の政党を「野党」と呼び、野党は与党の政策をチェックし、対峙することに存在意義があると言える。

練習問題

基本問題

問題1 以下の文章の空欄に言葉を入れてください。
・現在の日本の内閣総理大臣は（　　　　　　）です。
・日本国憲法の三大原則は（　　　　　　）（　　　　　　）（　　　　　　）です。
・選挙の際、支持をする政党を記名し、票数によって各党に議員数が決まる選挙制度を
（　　　　制）といいます。
・現在、日本の与党は（　　　　　党）と（　　　　　党）の連立内閣を組織しています。
・現在、日本では外国人に選挙権・被選挙権などの（　　　　　　）は認められていません。

問題2 日本の総理大臣とアメリカの大統領の違いを説明してください。

問題3 与党と野党はどのような相互関係ですか。

問題4 衆議院と参議院の違いについて説明してください。

問題5 日本の地方自治では街づくりにどのような課題を抱えていますか。

応用問題

問題1 日本にはどのような国務大臣がいるか調べてみましょう。

問題2 日本の若者が政治に無関心だと言われている理由を調べてみましょう。

問題3 これまで中国と大きな関わりをもってきた日本の総理大臣を調べてみましょう。

コラム⑫ 日本の総理大臣はなぜよく代わるのか？

　日本では、2000年代に入ってから8回、平成に入ってからの26年間で17回も総理大臣が交代しました。これは他の先進国と比べても短さが際立っています。なぜ日本ではこのように頻繁に総理大臣が交代するのでしょうか。

　日本の総理大臣は国会議員の中から国会の議決で選ばれますが、日本の憲法には総理大臣の任期は規定されていません。しかし、各政党には党首の任期があるため、実質的にはその期間が総理大臣の任期であるといえます。現在、自由民主党総裁の任期は3年となっており、任期がくれば、総理大臣在任中であっても総裁選、代表選が行われます。

　しかし、平成に入ってからの総理大臣では、自民党総裁を任期満了で退任したのは小泉純一郎の1回だけです。総理大臣の在位期間も最長は小泉純一郎の5年4ヵ月（第一次～第三次）で、平均すると一人の総理大臣の在位期間は1年半ほどです。

　近年の総理大臣の交代理由を挙げてみると、病気による退任、衆議院選挙による政権交代、そして、一番多い交代理由は、政治の動向や政策失敗などによる引責退任です。

　これは、バブル崩壊後の長年にわたる不景気によって政治が不安定になったことが理由として挙げられます。また、以前よりも頻繁に世論調査が行われるようになったことで、メディアが内閣支持率を大きく取り上げ、政治家が敏感に反応するようになったことも影響していると考えられます。

　更に、日本では衆議院選挙と参議院選挙が別々に行われるため、他国と比べて国政選挙が多く、政治への評価が頻繁に行われることも理由として挙げられます。

　国の代表がすぐに代われば、当然、政治方針も変化しやすく、国民の生活は不安定になりやすいです。

近年の日本の総理大臣

歴代	総理大臣	政党	期間	日数
87代	小泉純一郎	自民党	2001.4―2003.11	938日
88代			2003.11―2005.9	673日
89代			2005.9―2006.9	371日
90代	安倍晋三	自民党	2006.9―2007.9	366日
91代	福田康夫	自民党	2007.9―2008.9	365日
92代	麻生太郎	自民党	2008.9―2009.9	358日
93代	鳩山由紀夫	民主党	2009.9―2010.6	266日
94代	菅直人	民主党	2010.6―2011.8	452日
95代	野田佳彦	民主党	2011.8―2012.12	534日
96代	安倍晋三	自民党	2012.12―2014.12	729日
97代			2014.12―現在	

第13章　日本のマスメディア

日本は世界有数の新聞大国!?

　日本のマスメディアにはテレビや新聞、雑誌などがあり、日本人の世論や生活に大きな影響を与えてきました。近年はインターネットの普及によって情報入手が容易になり、時代の流れとともに各メスメディアも変化が求められています。ここでは、日本のマスコミ四媒体に注目し、各マスメディアの特徴を把握しながら現状とこれからの問題点について考えていきましょう。

> **キーワード**
> マスコミ四媒体　キー局　著作権　プライバシーの権利　肖像権
> 地上デジタル放送　新聞宅配制度　記者クラブ　クロスオーナーシップ

基本情報◆日本のマスメディア

日本のマスメディア——マスコミ四媒体

マスメディア（mass media）とは、新聞社、出版社、放送局などから国民に情報を伝達するメディア（媒体）のことで、新聞、雑誌、テレビ、ラジオ、インターネットなどがあります。日本ではマスコミュニケーション（マスメディアによる情報の伝達）を「マスコミ」と略して呼ぶことが多いです。

主な広告媒体であるテレビ、新聞、雑誌、ラジオは「マスコミ四媒体」と呼ばれ、日本のマスコミュニケーションの大部分を占めています。

1. テレビ——公共放送と民間放送

●公共放送

NHK（日本放送協会）が制作・放送しています。広告収入はなく、コマーシャル（CM）はありません。受信者から受信料を徴収することで運営しています。

●民間放送

民間放送のテレビ局は主に広告収入で運営しており、受信者は無料で視聴できます。日本には5つの主要なテレビ局があり、キー局と呼ばれています。ローカル局（地方局）ではキー局が制作した番組も放送されています。近年は若者のテレビ離れなどにより視聴率が低下しています。

日本のテレビ局（地上波放送）

＜公共放送＞
　NHK（総合・教育）
＜民間放送＞
　◆キー局
　　日本テレビ　TBS
　　テレビ朝日　フジテレビ
　　テレビ東京
　◆ローカル局
　　毎日放送　関西テレビ
　　よみうりテレビ　など

---

2. 新聞——宅配制度の定着

日本の新聞は広い分野を扱う一般紙とスポーツや産業など特定の分野に重点を置く専門紙に分けられます。一般紙には、国内全域で販売される全国紙と地域密着の地方紙があり、複数の都道府県を対象とした地方紙をブロック紙と言います。

販売方法としては、定期購読すると毎日早朝に家庭に新聞が届く宅配制度が定着しています。また、売店やコンビニエンスストアなどでは一部ごとの販売が行われています。

日本の新聞（一般紙）

＜全国紙＞
　読売新聞　朝日新聞
　毎日新聞　産経新聞
　日本経済新聞
＜地方紙＞
　ブロック紙
　　北海道新聞　中日新聞
　　西日本新聞　東京新聞
　　河北新報　中国新聞

3. 雑誌——発行部数と広告収入の減少

　日本では書籍・雑誌などさまざまな出版物が発行されています。出版業界では1996年まで出版物の販売が増加し、1989年には売上が2兆円を超えました。しかし、近年では活字離れやメディアの多様化などの影響で出版不況が続いており、販売額は低下しています。

　雑誌は幅広い年齢、それぞれの趣味嗜好に合わせた内容のものがあり、その種類は非常に豊富です。しかし、1冊あたりの販売部数が減少し、広告による収入が大幅に減っていることもあり、休刊・廃刊になる雑誌も多いです。雑誌で最も発行部数が多いのは漫画雑誌です。また、インターネットによる情報入手が容易になってきたため、デジタル雑誌なども徐々に増えてきました。

日本の主な雑誌

＜総合誌＞
　総合月刊誌　写真週刊誌
　男性週刊誌　女性週刊誌
＜専門雑誌＞
　文芸誌　経済誌　科学誌
＜趣味・娯楽＞
　ファッション雑誌　漫画雑誌
　スポーツ雑誌　ゲーム雑誌
　料理雑誌　アダルト雑誌
＜情報誌＞
　テレビ情報誌　FM情報誌
　求人情報誌　タウン情報誌

4. ラジオ——国民のラジオ離れが進む

　日本のラジオはNHK（日本放送協会）の公共放送と各地域に放送局がある民間放送があり、中国と同様にAMラジオ、FMラジオ、短波放送に分かれています。短波放送はラジオNIKKEI（国内放送）、NHKワールドラジオ（国際放送）があり、国際放送は中国でも聴くことができます。

　娯楽や情報収集の手段として利用されてきたラジオですが、近年は別のメディアへの乗り換えにより、車の運転中以外にラジオを聴く人が少なくなってきました。ラジオ局はポッドキャストなどのインターネット放送も開始しています。

日本の主なラジオ局

＜AMラジオ局＞
　ニッポン放送　文化放送
　TBSラジオ　NHKラジオ第一
＜FMラジオ局＞
　TOKYO FM　J-WAVE
＜短波放送＞
　ラジオNIKKEI（国内放送）
　NHKワールドラジオ日本
　　　　　　（国際放送）

5. インターネット——新しいマスメディアとして利用者増加

　インターネットは日本のマスコミ四媒体ではありませんが、近年、使用者が急速に増加しており、マスメディアの一つとして重要な存在になってきています。情報収集が容易であるため、不景気の影響で各媒体の広告収入が減少するなか、インターネットの広告収入だけは年々増加しています。

　そのためマスコミ四媒体も時代の変化に合わせた変化が求められています。インターネット放送やインターネット新聞など、インターネットを利用した情報送信が盛んになってきました。

Topic 1　報道の自由と権利問題

日本では報道の自由が認められています。ですから、マスメディアは自由に取材をし、それをメディアに流すことができます。しかし、報道協定などの特別な場合や報道のタブーと呼ばれる自主的な報道規制は存在します。

1. 報道の自由

報道の自由とは、報道機関がマスメディアを通じて国民に事実を自由に伝達できることを指します。日本国憲法第 21 条には国民の「知る権利」が認められており、報道機関はそのための重要な役割を担っています。報道の自由及び取材の自由は報道機関にだけ与えられた特権です。

また、日本の憲法では「集会、結社及び言論、出版その他一切の表現の自由」を認めています。ですから、日本国民は自由に集会を開いたり、出版することができ、政治批判をすることもできます。マスメディアも国や政治に対する内容を自由に表現することができます。

報道の自由度ランキング（2013 年）

	国名		国名
1 位	フィンランド	32 位	アメリカ
2 位	オランダ	50 位	韓国
3 位	ノルウェー	53 位	日本
4 位	ルクセンブルク	173 位	中国
5 位	アンドラ	178 位	北朝鮮

※対象国 179 カ国　　　　資料：国境なき記者団

2. 報道協定

日本では報道の自由が認められていますが、報道協定によって報道が控えられる場合があります。報道協定とは、警視庁や警察署が新聞、テレビ、ラジオなどの報道機関に対して報道を控えるように求め、報道機関が報道を自主的に控える協定のことです。主に誘拐事件やハイジャックなど人命に関わる事件が発生したときに用いられます。日本で過去に報道協定が結ばれた事件は約 60 件あります。

3. 報道のタブー

報道の自由が認められている日本では建前上、報道のタブーは存在しません。しかし、実際には諸事情により、マスメディアが特定の事件や現象について報道を控える話題・問題が存在すると言われています。

皇室の行事などに関する報道は反響が大きいため、ある程度の事実が確定するまでは自主的に報道を控えることがあります。また、マスメディア自体の批判、スポンサーの批判、記者クラブの批判なども控えられる傾向があります。

4. 情報発信における権利問題について

　著作権、プライバシーの権利、肖像権などは国民に保障された権利で、その権利を侵害すると法的措置を受ける場合があります。テレビや新聞などのマスメディアが情報伝達をする際はもちろん、一般の国民がインターネットなどで情報提供する際にも該当します。国によって判断基準は異なりますが、日本では近年これらの権利に対する意識が高まってきました。ただし、現在でも判断基準が曖昧(あいまい)な部分が多く、改善点は残されているといえます。

> ### ①著作権
> 　知的財産権の一つで、文芸、学術、美術、音楽などの創作的に表現したものを第三者に無断で利用させない権利。

　著作物を無断で複製したり、インターネット上に掲載することは著作権の侵害にあたります。音楽関係の著作権は日本音楽著作権協会（JAS RACK）が集中管理しており、マスメディアで使用された場合はもちろん、カラオケ店で曲が流れただけでも権利者に著作権料が発生します。日本では原則として著作権の保護期間は著作者の死後50年までとなっています。映画は公表後70年まで著作権が発生します。

> ### ②プライバシーの権利
> 　個人の私生活を勝手に公開させない権利で、人格権の一つだと考えられている。

　日本では2005年に個人のプライバシーを守るために個人情報保護法が施行されました。公人(こうじん)・公的存在に関しては寛容になることもありますが、有名人が週刊誌やスポーツ新聞などの記事でプライバシーを侵害されたとし、提訴することもあります。悪質で意図的な内容はプライバシーの侵害にあたりますが、マスメディアは「言論・表現の自由」を主張するため、問題になることが多いです。

> ### ③肖像権
> 　自己の肖像をみだりに他人に撮影されたり、使用されないための権利。人格権の中のプライバシーを守るための権利だと考えられている。

　人物の写真や映像などを使用する際、写っている人に肖像権が発生するため、メディアで使用する際には権利者の許諾が必要になる場合があります。最近のテレビ番組では肖像権を侵さないため、街中の映像で通行人などが映る時、場合によってはモザイク処理を行うようになりました。一般人がインターネットで他人の顔写真を無断で公表することも該当しますが、肖像権や著作権は権利者が訴えないと罪に問われないため、個人の判断が曖昧になっていることが多いです。

Topic 2　日本のテレビと新聞

日本のマスメディアの中でも、テレビと新聞は国民に与える影響力が大きく、日本のマスメディアの中心と言えるでしょう。ここでは日本のテレビと新聞の特徴について詳しく説明していきます。

日本のテレビ

1. 地上デジタル放送が完了

日本では2012年3月に地上波のアナログテレビ放送が終了し、日本全土で完全地上デジタル化になりました。

デジタル方式の放送ではデジタルデータを伝送することにより、より高品質な映像と音声を受信でき、複数の番組の同時放送や字幕放送が可能になりました。テレビ局ではクイズ番組への参加やアンケート収集など、デジタル放送ならではのサービスにも力を入れています。

2. 日本人がよく見るテレビ番組

日本人が日常的によく見るテレビ番組のジャンルは、ニュース・報道、ドラマ、バラエティなどで、主婦層や高齢者にはワイドショーも人気があります。

大晦日に放送される「NHK紅白歌合戦」は毎年高視聴率を獲得しており、サッカーW杯やオリンピックなど、特別なスポーツの大会も年間視聴率ランキングで上位に入ることが多いです。2014年の年間視聴率ランキングではサッカーW杯と紅白歌合戦が上位を占めました。

また、日本のドラマは中国とは違い、全10話程度の少ない回数で放送されるものが多いです。2013年に放送されたドラマ「半沢直樹」は最終回の視聴率が42.2％で高視聴率でしたが、近年は特別注目を集めたドラマ以外は全体的に視聴率が伸び悩んでいます。

3. テレビの視聴時間

総務庁の「情報通信統計データベース」によると、2013年の日本人のテレビ平均視聴時間は平日で3時間48分、日曜日は4時間12分でした。これは他国と比べても視聴時間が長く、日本人はテレビが好きな国民だと言えます。

高齢者や主婦など、長時間家にいる人は非常に視聴時間が長く、一方で若年層はインターネットなどを利用する時間が増えてきたこともあり、視聴時間は減少傾向にあります。

日本の新聞

1. 日本は世界有数の新聞大国

　日本は新聞の発行部数が中国、インドについで世界第3位で、成人千人あたりの発行部数も他国と比べて非常に高いです。また、日刊紙発行部数では、世界第1位が読売新聞、世界第2位が朝日新聞ですから、日本ではいかに新聞が読まれているかがわかります。

　これは、宅配制度を中心とした販売システムが確立され、新聞が日本人の生活スタイルの一部分になっていることなどが理由として挙げられます。ただし、インターネットなど他媒体で情報が得られるようになり、若者の新聞離れなども影響して、全体の発行部数は2005年から9年連続で減少しています。

国別日刊紙の発行部数

	国	発行部数	成人千人当り
1位	中国	12006万部	110部
2位	インド	11289万部	130部
3位	日本	4786万部	431部
4位	アメリカ	4572万部	183部
5位	ドイツ	1802万部	254部

資料：WAN-IFRA　2012年

世界の日刊紙発行部数

	紙名・国名	発行部数
1位	読売新聞（日本）	1000万部
2位	朝日新聞（日本）	750万部
3位	The Times of India(インド)	380万部
4位	毎日新聞（日本）	350万部
5位	参考消息（中国）	310万部

資料：WAN-IFRA　2011年

2. 日本の新聞宅配制度

　日本には全国に約1万8000店の新聞販売店があり、各世帯と新聞の宅配契約を結んで毎朝家まで宅配する販売システムがあります。新聞を読む人のほとんどがこの宅配制度を利用しており、日本の高い新聞購読率を支えています。しかし、ほしいニュースを主体的に買うことができないため、良い記事を載せて売上を伸ばそうという競争原理が働きにくいです。

　この販売店は新聞社とは別の会社によるもので、新聞社との契約によって販売事業を行っています。新聞販売店は特定の新聞のみを扱う「専売店」、特定の新聞以外に他紙も扱う「複合店」、その地域の全ての新聞を扱う「合売店」の3種類に分けられます。

3. 新聞の値段

　日本の新聞の値段は新聞によって違いますが、朝刊紙の値段は130円、夕刊紙は50円くらいが相場です。宅配制度を利用する人は朝刊と夕刊セットで1ヵ月4000円程度、朝刊のみ、もしくは統合版で3000円程度の料金を支払います。1部あたりの値段は中国に比べると物価を考慮しても高いですが、1日130円程度で朝刊と夕刊の2紙を家まで宅配してもらえると考えればお得だと言えます。近年は電子版を出している新聞社もあります。

Topic 3　マスメディアの問題点

日本のマスメディアは中国と比べて規制が少なく、自由に報道や出版ができることが特徴です。しかし、記者クラブ、クロスオーナーシップ、視聴率や購買率を重視しすぎることなどが問題視されています。

問題点1　記者クラブの存在

多くの官公庁や警察には記者クラブといわれる組織があります。記者クラブは官公庁や警察内に記者室を持っていて、独占的な情報提供を受けることができます。

記者クラブ加盟社以外（例えばフリージャーナリストや週刊誌、海外メディア）は取材することができず、取材対象の都合の悪い情報が入手できない可能性が生まれます。これにより、真実を伝える上で障害が生まれ、各マスメディアは同じような情報だけを伝えているという指摘もあります。また、都合の悪い情報や批判的な記事を掲載すれば情報を入手できなくなる危険性があり、メディアが本来果たすべき監視作用も失われると批判されています。

問題点2　クロスオーナーシップの問題

日本では新聞社が放送局の大株主になっている場合が多く、キー局は地方に系列のローカル局をもっているので、「新聞社―テレビ局（キー局）―地方ローカル局」という縦の系列が存在します。例えば、「読売新聞―日本テレビ―よみうりテレビ」などです。これはクロスオーナーシップと呼ばれています。

そのため、新聞社の問題点をテレビが報道したり、テレビの問題点を新聞が報道することは日本ではあまりありません。本来、新聞とテレビは独立してお互いを監視することが望ましいとされているため、クロスオーナーシップは多くの国で禁止されています。

問題点3　視聴率を重視しすぎる番組作り

日本の民間放送のテレビ局では収入の大半を広告費が占めています。そのため、テレビ局は広告主を獲得するために視聴率を重視した番組作りを行う傾向が強く、テレビ局は視聴率を稼ぐために人気タレントを起用するといった安易な番組制作に走る傾向があります。最近は「番組の質が低下した」「どのテレビ局も同じような番組ばかり」といった指摘が増えてきました。

近年は衛星放送の視聴者が増えてチャンネルの選択肢が広がり、各番組の視聴率は全体的に低下しています。

問題点4　広告収入、スポンサーの意向に沿った内容

　マスメディアの主な収入源は購読料と広告費です。バブル経済期には多くの広告主がつき、多額の広告収入を得られましたが、現在は不景気の影響もありマスメディアの広告費はインターネットを除いて年々減少しています。

　そのため、大きなスポンサー（広告主）を批判するような報道が難しい状態です。スポンサーからメディアに直接圧力をかけることはなくても、スポンサーが広告契約を取りやめれば影響は大きくなります。近年は不景気の影響でマスメディアにスポンサーがつきにくいですから、スポンサーの宣伝要素の強い番組になるなど、スポンサーの意向に沿った番組作り、紙面作りが求められ、公正な情報提供に支障をきたす可能性があると言われています。

媒体別広告費

媒体	2007年	2012年
総広告費	7兆0191億円	5兆8913億円
テレビ	1兆9981億円	1兆7757億円
新聞	9462億円	6242億円
雑誌	4585億円	2551億円
ラジオ	1671億円	1246億円
インターネット	6003億円	8680億円

資料：電通「日本の広告費」

問題点5　メディア報道の客観性

　日本人にとってマスメディアの影響は大きく、世論がマスメディアの報道によって左右されてしまうことが多いです。言論NPOの「第10回日中共同世論調査」（2014年）によると、中日関係に関して「自国のメディアの報道は客観的で公平か」というアンケートに対して、「客観的な報道をしていると思う」と答えた日本人は26.8％でした。これは中国の73.9％に対して非常に低い割合でした。

　この結果は日本人がメディア報道に対して厳しい目をもっていると捉えることもできますが、購買率や視聴率を意識するあまり国民が注目する内容をテレビや雑誌などで大げさに伝えている、報道すべきことがきちんと報道されていないなどの指摘もあり、中日関係に影響を与えていると考えられます。

自分の国の新聞や雑誌、テレビは日中関係にとって客観的な報道をしていると思いますか

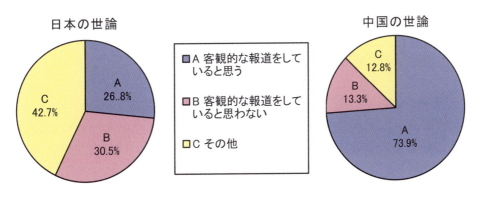

資料：言論NPO「第10回日中共同世論調査」2014年

重要語句

◆マスコミ四媒体
マスメディア（mass media）とは、新聞社、出版社、放送局などから国民に情報を伝達するメディア（媒体）のことで、主な広告媒体であるテレビ、新聞、雑誌、ラジオは「マスコミ四媒体」と呼ばれている。

◆キー局
日本のテレビの民間放送には5つの主要なテレビ局があり、キー局と呼ばれている。キー局が制作した番組は各ローカル局（地方局）でも放送されている。日本のキー局は日本テレビ、TBS、テレビ朝日、フジテレビ、テレビ東京である。

◆報道の自由
報道の自由とは、報道機関がマスメディアを通じて国民に事実を自由に伝達できることを指す。日本国憲法第21条には国民の「知る権利」が認められており、報道機関はそのための重要な役割を担っている。

◆地上デジタル放送
日本では2012年3月に地上波のアナログテレビ放送が終了し、日本全土で完全地上デジタル化となった。デジタル方式の放送ではデジタルデータを伝送することにより、より高品質な映像と音声を受信できるようになった。

◆新聞宅配制度
日本には全国に約1万8000店の新聞販売店があり、各世帯と新聞の宅配契約を結んで毎朝家まで宅配する販売システムがある。新聞を読む人のほとんどがこの宅配制度を利用しており、日本の高い新聞購読率を支えている。

◆記者クラブ
多くの官公庁や警察には記者クラブと言われる組織がある。記者クラブは官公庁や警察内に記者室を持っていて、独占的な情報提供を受けることができる。記者クラブ加盟社以外は取材することができない。

◆クロスオーナーシップ
日本では新聞社が放送局の大株主になっている場合が多く、キー局は地方に系列のローカル局をもっているので、「新聞社―テレビ局（キー局）―地方ローカル局」という縦の系列が存在し、クロスオーナーシップと呼ばれている。

練習問題

基本問題

問題1 以下の文章の空欄に言葉を入れてください。
・テレビ、新聞、雑誌、ラジオは（　　　　　　　）と呼ばれています。
・近年、使用者が急激に増加しているメディア媒体は（　　　　　　　）です。
・文芸、学術、美術、音楽などの創作的に表現したものを第三者に無断で利用させない権利を（　　　　　）と言います。
・毎年日本で大晦日に放送される高視聴率番組は（　　　　　　　）です。
・世界で最も発行部数が多い新聞は（　　　　　）です。

問題2 キー局と呼ばれている日本の主要なテレビ局を挙げてください。

問題3 日本人の新聞購買率が高い理由は何ですか。

問題4 記者クラブが問題視されているのはなぜですか。

問題5 日本のテレビ局が視聴率を重視する理由は何ですか。

応用問題

問題1 日本にはどのような専門雑誌があるか調べてみましょう。

問題2 現在の中国の著作権保護対策について調べてみましょう。

問題3 日本と中国のテレビドラマの違いを挙げてみましょう。

コラム⑬ 日本のスポーツ新聞はとにかく派手

　スポーツ新聞は世界各地にありますが、日本に来た外国人は日本のスポーツ新聞を見て驚く人が多いです。日本で駅の売店やコンビニエンスストアに行くと、まずスポーツ新聞が目に飛び込んできます。売店で一般の新聞よりもスポーツ新聞が多く売られている国は日本くらいです。

　日本では新聞の一般紙を家庭へ宅配してもらう人が多いですが、スポーツ新聞は基本的に即売方式なので、競争が激しく、スポーツ新聞各紙は売上を上げるために第一面のデザインをできるだけ派手にし、購買者の目を引きつけようとしています。紙面いっぱいの写真と派手な色の大きな見出しは遠くから見てもよく目立ちます。

　紙面の内容は野球やサッカーなどのスポーツ情報を中心として、芸能、ゴシップ、レジャー、釣り、風俗、ギャンブルなどの情報が書かれており、総合的なスポーツ・レジャー新聞となっています。特に野球や競馬などの情報は非常に細かく書かれていて、紙面は充実しています。

　現在、全国的に販売されているスポーツ新聞には「日刊スポーツ」（朝日新聞社系）や「スポーツニッポン」（毎日新聞社系）などがあり、ほとんどのスポーツ新聞が一般紙の系列に属しています。スポーツ新聞の価格は一般紙と同じく130円くらいで、2013年の発行部数は一般の日刊紙4312万部に対して387万部でした。

　スポーツ新聞は日本のスポーツ文化の浸透に大きく貢献し、日本人の生活に娯楽を与えてきました。近年は発行部数が減少傾向にありますが、日本のスポーツ好きにとっては、今でもなくてはならないものです。

日本の主なスポーツ新聞

　日刊スポーツ
　スポーツニッポン
　東京スポーツ
　中日スポーツ
　サンケイスポーツ
　スポーツ報知
　デイリースポーツ

「日刊スポーツ」より

第14章　日本の学校教育

日本の学校って、3時過ぎに授業が終わるって本当？

　教育は将来その国を背負う人材を育てる非常に重要なものです。日本の学校では授業は午後3時過ぎには終わり、その後、生徒は部活動などの活動を行います。また、修学旅行や社会科見学など、教室での授業以外にも多くの行事や体験学習が行われています。日本ではなぜそのような活動が多いのでしょうか。ここでは、日本の初等教育、中等教育を中心に日本の教育の特徴を知り、中国との違いについて考えていきましょう。

キーワード

　義務教育　　就学率　　文化祭（学園祭）　　修学旅行　　社会科見学
　特別活動　　学校行事　　部活動　　アルバイト

基本情報◆日本の学校教育

1. 日本の教育システム——小学校・中学校は義務教育

特徴① ほぼ100%の人が義務教育を受けている
特徴② 修業年齢が決まっており、同年齢の人と授業を受ける
特徴③ 高等教育機関への就学率が上昇

　日本国民の三大義務は「教育・勤労・納税」で、日本では教育が昔から重視されてきました。義務教育は中国と同じ小学校6年間と中学校3年間で、小学校、中学校の就業率はほぼ100%です。公立の小中学校では授業料と教科書代が無料です。

　教育機関は中国と大きな違いはありません。6歳までは保育園、幼稚園に入り、小学校、中学校、高等学校、大学と進学していきます。また、日本では各教育機関で修業できる年齢が決められているため、中等教育までの同級生はほとんど同じ年齢です。

　また、義務教育後の高等学校、大学への進学率も戦後から徐々に上昇し、現在では高等学校進学率が97%、大学進学率が50%を超え、高等教育を受ける人も増えてきました。尚、高等学校は日本では「高校」と呼ぶことが多いです。

日本の教育システム

教育区分	教育機関	修業年齢	修業年限
制度外	保育園	0歳〜	
就学前教育	幼稚園	3歳〜	
初等教育	小学校	6歳〜	6年
中等教育	中学校	12歳〜	3年
	高等学校	15歳〜	3年
高等教育	大学(学部)	18歳〜	4〜6年
	大学(大学院)	22歳〜	2〜5年
	短期大学	18歳〜	2〜3年
	高等専門学校	15歳〜	5年
特別支援学校	身体に障害がある人の学校で、各教育段階にそれぞれの特別支援学校が存在する		
専修学校	職業もしくは実際の生活に必要な能力を育成する		

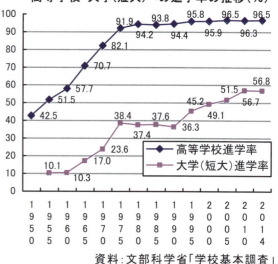

高等学校・大学(短大)への進学率の推移(%)

資料:文部科学省「学校基本調査」

2. 授業内容——主要科目以外にもいろいろな授業や活動がある

特徴① 授業内容の地域差はあまりない
特徴② 図画工作、家庭科、技術、道徳などの授業がある
特徴③ 特別活動としていろいろな体験学習が行われている

　日本の初等教育、中等教育での授業内容を見ると、主要科目は中国とほぼ同じですが、授業時間や授業数、特別活動の内容などはいろいろな違いがあります。

まず授業内容は、幼稚園から高等学校までは文部科学省が出した教育指導要領に沿って行われ、地域による違いはあまりありません。ただし、高等学校では普通教育だけでなく、専門教育科目が増え、工業高校、商業高校、農業高校、水産高校など専門教育を受けられる高校もあります。

教科別に見ると、以前は中学校から開始していた英語の授業が2011年から外国語活動として小学校5、6年生で勉強するようになりました。また、日本では図画工作、家庭科、技術など生活に必要な能力を育成する実技科目や道徳性を養う道徳の授業が行われています。この他に総合的な学習や特別活動の時間を設けているのも日本の授業内容の特徴です。

小学校の各教科の年間授業時数（1授業45分）

	1年	2年	3年	4年	5年	6年
国語	306	315	245	245	175	175
社会			70	90	100	105
算数	136	175	175	175	175	175
理科			90	105	105	105
生活	102	105				
音楽	68	70	60	60	50	50
図画工作	68	70	60	60	50	50
家庭科					60	50
体育	102	105	105	105	90	90
道徳	34	35	35	35	35	35
外国語					35	35
総合学習			70	70	70	70
特別活動	34	35	35	35	35	35
総授業数	850	910	945	980	980	980

資料：文部科学省「小学校学習指導要領」

中学校の各教科の年間授業時数（1授業50分）

	1年	2年	3年
国語	140	140	105
社会	105	105	140
数学	140	105	140
理科	105	140	140
音楽	45	35	35
美術	45	35	35
保険体育	105	105	105
技術家庭	70	70	35
外国語	140	140	140
道徳	35	35	35
総合学習	50	70	70
特別活動	35	35	35
総授業数	1015	1015	1015

資料：文部科学省「中学校学習指導要領」

3. 授業時間——日本の学校の終業時間はとても早い

特徴①　学校週5日制で土曜日と日曜日は休み
特徴②　午後3時過ぎには授業が終わる
特徴③　放課後は部活動、その後は家庭学習

某高等学校の時間割表

8:30～ 8:40	HR
8:40～ 9:30	1時限目
9:40～10:30	2時限目
10:40～11:30	3時限目
11:40～12:30	4時限目
12:30～13:10	昼休み
13:10～14:00	5時限目
14:10～15:00	6時限目
15:00～15:30	掃除・HR
15:30～17:30	部活動

日本の小学校、中学校、高等学校では、現在、学校週5日制が行われており、多くの学校は土曜日と日曜日が休みになっています。

授業時間は学校によって異なりますが、通常は1つの授業が45～50分程度です。授業開始は8時半～9時くらいで、授業が終わる時間は曜日によって違いますが、3時～4時くらいの学校が多いです。これは中国と比べ、とても早い終業時間です。授業が終わったあとは掃除とホームルーム（HR）が行われ、その後は部活動に参加します。日本の学校では、高等学校まではほとんどの生徒が自宅から通学します。寮に住む生徒は少なく、宿題や予習復習などは家庭学習となります。放課後は自由な時間が長いため、学習塾に通う学生も多いです。

Topic 1　特別活動と学校行事

日本の学校では中国で行われていない特別活動や学校行事がたくさんあります。どのような行事や活動が行われていて、その行事や活動にはどのような意味があるのでしょうか。一緒に考えていきましょう。

1. 特別活動とは

特別活動とは日本の小学校、中学校、高等学校で行われる教科外活動、学科外活動のことで、正規の教育課程です。集団活動を通してよりよい生活や人間関係を築き、自主的、実践的な態度を育て、自己の生き方についての考えを深め、自己を生かす能力を養うことが目的とされています。

特別活動の内容は学校によって違いますが、主な活動としては、学校行事、学級活動、生徒会（児童会）活動などがあり、農家や工場などを見学する社会科見学、地域の伝統文化に触れる体験学習、集団宿泊訓練を目的とした修学旅行や林間学校などを実施している学校も多いです。

2. 日本の学校で特別活動が多い理由

日本の教育でこれらの活動が重視されているのは、教育は学力を上げるためだけのものではなく、人間形成を行うためのものだという教育方針があるからです。

農家に行って実際に農作業をしたり、農家の人の話を聞いたりすることで、食べ物や農家の人へ感謝の気持ちを感じ、地域の伝統芸能に触れることで伝統芸能の素晴らしさを感じます。学園祭や体育祭では団結力や責任感、周囲との協調性の大切さを学び、遠足や修学旅行では集団行動の重要性を学ぶとともに、仲間との大切な思い出を作ることができます。

また、校外での活動も多いため、社会を知ることで、今後の人生の選択において幅広い選択肢を得ることにもつながります。

消防署での社会科見学

3. 日本の学校行事

日本の学校ではさまざまな学校行事が行われています。入学式や卒業式などの儀礼的行事、文化祭や合唱コンクールなどの文化的行事、運動会や球技大会などの体育的行事、修学旅行などの集団宿泊的行事、ボランティア活動などの奉仕的行事などが主な行事です。

```
＜日本の学校の主な学校行事＞
◇儀礼的行事……入学式、卒業式、始業式、終業式、終了式、朝会
◇文化的行事……文化祭(学園祭)、合唱コンクール、写生大会、芸術鑑賞会
◇健康安全・体育的行事……体育祭(運動会)、水泳大会、球技大会、陸上大会、マラソン
  大会、スキー教室、スポーツテスト、健康診断、避難訓練
◇旅行・集団宿泊的行事……遠足、修学旅行、林間学校、臨海学校
◇勤労生産・奉仕的行事……ボランティア活動、社会科見学
```

◆文化祭(学園祭)：日常活動の成果を発表する目的で行われます。部活動や有志によるダンス、演奏、演劇などの発表、クラス展示、軽食などが食べられる模擬店や喫茶店、有名人を招いた講演会やコンサートが行われることもあります。

◆体育祭(運動会)：春または秋に開催されることが多く、各学年の混成チームに分かれてさまざまな競技で順位を競います。身体を鍛えるとともに、協力・調和・連帯感・団結力を養うことが目的とされています。

◆修学旅行：教職員の引率により、児童・生徒が団体行動を行い、宿泊を伴う見学・研修を行うための旅行です。京都、奈良、東京、北海道、沖縄などが人気で、最近は東南アジアや東アジア、アメリカなどの外国に行く高等学校も増えています。

◆林間学校：小学校や中学校などで行われる校外の活動です。春から秋にかけて山間部や高原の宿泊施設に宿泊し、ハイキングや登山などを行います。

◆写生大会：校外に出て風景や建築物などを描く活動です。自然に触れ、絵を描くことの素晴らしさを知ります。

◆避難訓練：地震と火災を想定して行われることが多く、避難経路を覚え、指示に従って冷静に行動できるように訓練することが目的です。

◆社会科見学：知識や経験を広げることを目的として、工場や農場、特別施設などを見学します。その地域の産業を知ることができ、将来の職業選択にも役立ちます。

◆芸術鑑賞会：音楽演奏、合唱、演劇、落語、伝統芸能など、普段触れることのできない文化や芸術を鑑賞します。

Topic 2　部活動

みなさんは日本の人気アニメ「网球王子」や「灌篮高手」を見たことがありますか？　これは日本の部活動が舞台となったスポーツアニメです。日本では実際にこのような部活動が存在しています。部活動とはどのようなものか見ていきましょう。

1. 日本の学校で行われる部活動

日本の学校では課外活動として部活動があり、多くの児童・生徒が学年・学級の枠を越え、共通の興味や関心を追及する自発的な活動として行われています。

部活動は学校が認可したもので、教師が顧問として参加します。生徒全員に入部を義務付けている学校もありますが、学業を優先したり、活動が合わないなどの理由で入部していても活動に参加しない生徒や退部してしまう生徒もいます。

部活動の内容は運動部と文化部に分かれており、日常の活動以外に各種大会に参加します。活動時間は放課後2時間程度ですが、厳しい部活動では朝練習や休日練習を行ったり、平日の活動時間を延長している部もあります。

2. 部活動の目的

部活動の目的はスポーツや文化に親しみ、学習意欲を向上させ、責任感・連帯感などを養うことが目的とされています。また、クラスや学年の枠を越えた活動であるため、通常の授業では学ぶことができない多くのことを学ぶこともできます。部活動を通して学べることは以下のようなことです。

- 個々の能力の向上。
- 自主性や責任感、団体行動を身につける。
- 身体と精神を鍛錬し、人間形成を促す。
- 活動を通して仲間との絆を深める。
- 先輩と後輩の上下関係を学ぶ。
- 大会などを通して他校と交流する。

3. 部活動の種類

部活動の内容は学校によって違います。生徒数の多い学校では部活動の種類も多いですが、小規模の学校では種類が少なく、部員が少ないと廃部になることもあります。部活動の種類は運動部と文化部に大別され、運動部では同じ競技でも男女別になっていることが多いです。部活動は基本的に1年を通して行われますが、部活動によっては大会前などに期間限定で行われているものもあります。

<主な運動部>	<主な文化部>
野球部（軟式野球・硬式野球）、テニス部（軟式テニス・硬式テニス）、サッカー部、バレーボール部、バスケットボール部、水泳部、陸上部、ソフトボール部、ラグビー部、バドミントン部、レスリング部、体操部、剣道部、柔道部、相撲部など	吹奏楽部、軽音楽部、合唱部、美術部、書道部、演劇部、写真部、放送部、茶道部、華道部、新聞部など

4. 人気のある部活動

部活動は学校によって活動内容や成績に違いがあるので、どの部活動が人気かは一概に言えませんが、男子運動部では野球、サッカー、バスケットボール、女子運動部ではテニス、バレーボール、バスケットボールなどが人気です。文化部では吹奏楽部や軽音楽部、美術部などに入部する生徒が多いようです。

部活動に参加する生徒の割合は中学校に比べて高等学校は低いですが、これは学業を優先する学生が増えることが理由として挙げられます。運動部への参加は以前と比べると減少傾向にあります。

運動部に所属する生徒の割合(%)　2009年

中学校			高等学校		
全体	男子	女子	全体	男子	女子
64.9	75.5	53.8	40.7	54.5	26.5

資料：日本中学校体育連盟、全国高等学校体育連盟

5. 部活動の影響力

各部活動はそれぞれ年間数回の大会があり、成績が良いと、市（区）大会から都道府県大会、全国大会へと進んでいきます。高校野球や高校サッカーの全国大会はテレビでも中継され、大変人気があります。

なかには全国大会で好成績を残して大学や社会人でも競技を続け、将来はオリンピック選手になる人もいます。部活動は全ての生徒が参加できるので、どんな生徒でも将来その分野で活躍する可能性があるのです。

その学校の知名度が上がれば入学希望者も増えるため、スポーツ強豪校と呼ばれている私立校では、スポーツ推薦入学などで県内や近隣の県から優れた生徒を集め、強いチームを作ろうとする学校もあります。

日本中が注目する高校野球甲子園大会

日本では毎年の夏、全国高等学校野球選手権大会が兵庫県の阪神甲子園球場で開催され、甲子園大会と呼ばれています。これは1915年に始まった歴史の長い大会で、学生スポーツで最も人気のある大会です。各都道府県予選を勝ち抜いた代表校が参加して日本一を目指し、この大会で活躍した選手はプロ野球で活躍することもあります。春には同球場で選抜高等学校野球大会が行われます。

Topic 3　学校外での活動

日本の学校では終業時間が早いため、放課後は時間に余裕があります。部活動をする人、学習塾に通う人、習い事をしたりアルバイトをする人もいます。ここでは学校外の活動に注目してみましょう。

1. 学校外での学習活動

日本では学校の授業や活動以外に学習塾に通ったり、習い事をしている子どもが多いです。中学受験に備え、近年は小学校高学年の通塾率も高くなってきました。

中学生では更に通塾率が上がり、特に中学3年生は高校受験を控えているため、60％以上の生徒が学習塾に通っています。それにともない、習い事をする比率は下がっています。

高校生になると中学ほど通塾率は高くないですが、大学入試が近づくと学習塾や予備校に通い、家庭教師をつける生徒も増えてきます。

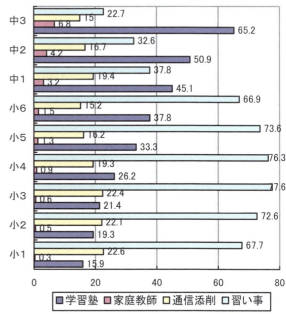

学年別学校外学習活動の実施状況（％）

資料：文部科学省　2008年

2. 日本人の習い事

日本では、子どもの頃から学校外で何かしらの習い事をしている児童生徒が多いです。一番多いのはスポーツです。水泳、野球、サッカー、卓球、剣道などは人気があり、地元のチームや教室に入って練習します。スポーツ以外で人気があるのはピアノ、習字、ダンスなどです。最近は英会話を習う人も増えてきました。

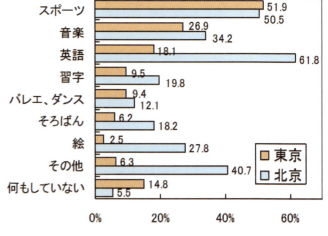

東京と北京における小学生の習い事の状況

資料：Benesse 教育研究開発センター　2008年

3. 学習塾や習い事の費用

　日本では多くの子どもが学習塾に通ったり習い事をしていますが、費用はいったいどれくらいかかるのでしょうか。塾や教室によって費用は異なりますが、中高生になると習い事にかかる費用が減り、学習に関わる費用が増えていきます。

　世帯収入によって支出額の差は大きく、中学受験をさせるかどうかによっても支出額に大きな差がでてきます。経済不況などの影響でここ数年は全体的に費用が減少しています。

1ヶ月あたりの学校外教育活動の費用（円）

	スポーツ活動	芸術活動	家庭学習活動	教室学習活動	合計金額
幼児	2300	1500	1600	1800	6700
小学生	5000	2500	3200	6500	16200
中学生	2900	1900	4400	13100	22300
高校生	2600	1800	3400	9400	17200

資料：Benesse 教育総合研究所　2013年

4. 高校生、大学生のアルバイト

　日本では高校生、大学生でアルバイトをしている人が多いです。高校生は労働基準法によって保護規定が設けられており、仕事時間などが制限されています。アルバイトを禁止している高校もあるため学校差がありますが、日本では高校生の約25％がアルバイトをしています。

　また、日本の大学は選択科目が多く、授業時間を調整しやすいため、中国と比べるとアルバイトがしやすいです。60％以上の大学生がアルバイトをしており、ほとんどの学生はアルバイトをした経験があります。

　日本では親からの援助に頼らず、自分が自由に使えるお金は自分で稼ごうとする大学生が多いです。また、社会経験を積んだり仲間を増やすことが目的でアルバイトをする大学生も増えています。

5. 人気のあるアルバイト

　日本にはアルバイト情報誌などもあり、学生はさまざまなアルバイトをしています。高校生はファミリーレストラン、カフェ、ファストフード店などの飲食店で働く人が多く、全体の約50％を占めています。

　大学生も飲食店で働く人が多いですが、スーパーやコンビニエンスストアなどの販売業、リゾート地でのサービス業、家庭教師や塾講師なども人気があります。中には1ヵ月で10万円以上稼ぐ学生もいます。

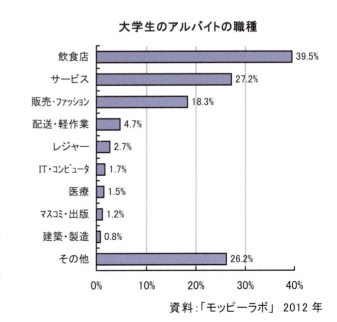

大学生のアルバイトの職種

- 飲食店　39.5%
- サービス　27.2%
- 販売・ファッション　18.3%
- 配送・軽作業　4.7%
- レジャー　2.7%
- IT・コンピュータ　1.7%
- 医療　1.5%
- マスコミ・出版　1.2%
- 建築・製造　0.8%
- その他　26.2%

資料：「モッピーラボ」2012年

重要語句

◆義務教育
　日本の義務教育は中国と同じく小学校6年間と中学校3年間である。就学率は小学校、中学校ともほぼ100%に達している。公立の小中学校の授業料と教科書代は無料になっている。

◆授業時間
　日本の小学校、中学校、高等学校の授業時間は学校によって異なるが、通常は1つの授業が45～50分程度である。授業開始は8時半～9時、授業が終わる時間は3時～4時の学校が多い。これは中国と比べ、非常に早い終業時間である。

◆特別活動
　特別活動とは日本の小学校、中学校、高等学校で行われる教科外活動、学科外活動のことで、正規の教育課程である。特別活動の内容は学校によって違うが、主な活動としては、学校行事、学級活動、生徒会（児童会）活動などがある。

◆文化祭（学園祭）
　日常活動の成果を発表する目的で行われる。部活動や有志によるダンス、演奏、演劇などの発表、クラス展示、軽食などが食べられる模擬店や喫茶店、有名人を招いた講演会やコンサートが行われることもある。

◆修学旅行
　修学旅行とは教職員の引率により、児童・生徒が団体行動を行い、宿泊を伴う見学・研修を行うための旅行である。京都、奈良、東京、北海道、沖縄などが人気で、最近では東南アジアや東アジア、アメリカなどの外国に行く高等学校も増えている。

◆社会科見学
　社会化見学とは、知識や経験を広げることを目的として、工場や農場、特別施設などを見学すること。社会を知ることで、今後の人生の選択において幅広い選択肢を得ることにもつながる。

◆部活動
　部活動は日本の学校で行われる課外活動で、学年・学級の枠を越え、共通の興味や関心を追及する自発的な活動である。部活動は学校が認可したもので、教師が顧問として参加する。部活動の内容は運動部と文化部に分かれており、放課後や週末に活動を行う。授業では学ぶことのできない多くのことを学ぶことができる。

練習問題

基本問題

問題1 以下の文章の空欄に言葉を入れてください。
・日本の義務教育は小学校6年間と中学校3年間で、就学率はほぼ（　　　　％）です。
・日本では高等学校を（　　　　　）と呼ぶことが多いです。
・日本の学校では午後（　　　　　）時過ぎには授業が終わります。
・知識や経験を広げることを目的として工場や農場、特別施設などを見学する特別活動を
（　　　　　）と言います。
・日本の部活動は（　　　　部）と（　　　　部）に分けられます。

問題2 日本国民の三大義務は何ですか。

問題3 日本の学校の特別活動にはどのようなものがありますか。

問題4 どのような部活動が日本では人気がありますか。

問題5 日本の大学生の多くがアルバイトをしている理由を挙げてください。

応用問題

問題1 日本の小中学校の年間授業時数の表を見て、中国との違いを挙げてみましょう。

問題2 日本のアルバイトの時給はどれくらいか調べてみましょう。

問題3 日本の学校の生徒会ではどのような活動をしているか調べてみましょう。

コラム⑭ 100年以上前に就学率95%、教育を重視する日本

　みなさんは日本人の就学率、識字率が100年以上にわたって世界一でありつづけてきたことを知っていますか。実は日本で教育が普及したのは非常に早かったのです。

　日本では江戸時代（1603～1868年）、庶民の子弟のための寺子屋、藩士の子弟のための藩校など民間の教育機関がある程度普及していました。寺子屋では主に読み書き、計算を教えており、江戸時代末期になると江戸の識字率は80％近かったと言われています。当時のヨーロッパの大都市ロンドンでは30％、パリでは10％程度の識字率だったそうですから、当時の日本人の識字率がいかに高かったかが分かるでしょう。

　なぜこのような早い時期に教育機関が普及していたのか不思議に思う人もいるかもしれません。寺子屋制度は義務教育ではなく、国や役所が設置したものでもありません。庶民たちが自分たちに必要だと感じて自分たちで運営したものでした。このように庶民の熱意から自然発生した教育機関は当時としては世界的にみても非常に珍しいものでした。

　その後、日本では明治維新（1868年）の直後に学校制度が導入され、近代化のために学費の無償化を実施しました。その結果、明治中期に急激に就学率が上昇し、今から100年以上前の1905年には小学校の就学率が95.6％だったと言われています。

　このように、日本では昔から教育を重視してきました。教育の早期普及が明治期の発展につながり、日本人の素養を高めたと言われています。戦後の急速な経済発展も教育の影響が大きかったと言えるでしょう。

　尚、現在の日本の小学校と中学校の就学率はほぼ100％、高等学校の就学率は約96％、大学の就学率は約50％です。

寺子屋

第15章 日本の社会問題

2035年には日本人の3人に1人が65歳以上!?

　ここまで、みなさんには日本社会についてのさまざまな内容を紹介してきました。日本社会の特徴、優れた部分についても理解が深まったと思います。しかし、日本の現代社会には少子高齢化問題、生活問題、教育問題など改善していかなければならない問題がたくさんあります。ここでは現在の日本社会の問題点について、主要なものをまとめて紹介していきます。これらの問題は今後の中国社会にも関係するものが多いですから、中国と比較しながら考えてみてください。

> **キーワード**
> 　少子高齢化　超高齢社会　社会保障制度　格差社会　いじめ
> 　体罰　モンスターペアレント　「ゆとり教育」と「脱ゆとり教育」

基本情報◆日本の社会問題

1. 日本の社会問題

　日本はこれまで、国民が幸せな生活を送れるよう、生活面、環境面、労働面など多方面にわたって改善を続けてきました。
　しかし、時代の流れとともに新たな問題点が生まれてきました。なかでも大きな問題として取り上げられているのが少子高齢化社会への対応です。これは社会保障、家庭、労働、生活などさまざまな方面に影響を与えることが予想されています。
　それぞれの問題点は各方面に関係性をもっていますが、この章ではいくつかの分野に分けて日本社会の問題点を紹介していきます。

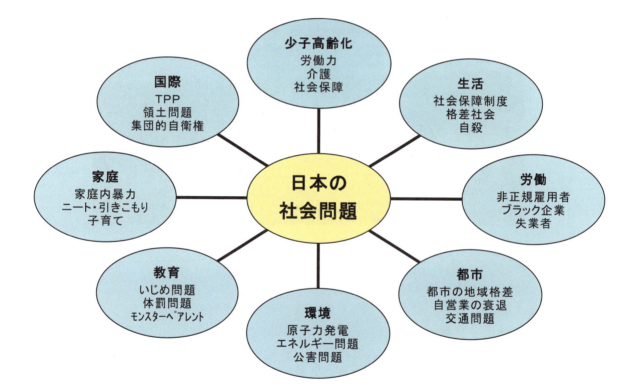

2. 中国社会との関係性

　日本社会の問題点は中国も無関係ではありません。現在、日本で問題となっている少子高齢化、社会保障制度、格差社会などは中国でもすでに問題視されています。
　経済の方面に目を向けると、日本では1955～73年が高度経済成長期であったのに対し、中国では1978年の人民解放以来経済成長を続け、特に2000年代に入って急速な発展を遂げてきました。つまり、中国でも今後、日本と同じような問題が発生する可能性が高いのです。また、国際化社会となった今、日本の社会問題が中国に与える影響についても考えていかなければなりません。

3. 現在の日本社会における主な問題点

◆労働問題　※第10章、第11章を参照
- 非正規雇用者……長期にわたる経済停滞の影響で非正規雇用者が増加し、契約社員や派遣社員は不安を抱えた生活を強いられています。
- ブラック企業……劣悪な環境での労働を強いるブラック企業が問題になっています。
- 失業者……2008年のリーマンショックによって完全失業率が上がりました。

◆都市問題　※第6章、第9章を参照
- 都市の地域格差……若者の都市流出、地域産業の衰退などによって人口が首都圏に集中し、山村や離島では過疎化、無人化が進んでいます。
- 自営業の衰退……地方都市では中心市街地で多くの店舗が廃業し、シャッター商店街が増えています。自営業者層の衰退は地域社会の形成上、問題となっています。
- 交通問題……都市部の交通渋滞、駐車場不足、満員電車、地方の交通手段不足など。

◆環境問題　※第7章を参照
- 原子力発電……2011年の福島第一原発事故によって放射性物質の漏えい、核廃棄物処理問題などが起こり、原子力発電の安全性が疑問視されています。
- エネルギー問題……石油や天然ガスなどの限りある化石燃料から太陽光や風力を利用した自然エネルギーへの転換が求められています。
- 公害問題……産業公害から都市・生活型公害へと変化し、自動車の排ガスによる大気汚染、合成洗剤による河川汚染などが問題になっています。

◆家庭問題　※第1章を参照
- 家庭内暴力……近年、幼児に親が暴力を振るう児童虐待、配偶者に対して暴力を振るうDV、介護を要する親に暴力を振るう高齢者虐待などが問題となっています。
- ニート・引きこもり……独身の若者で就学・就労・求職活動をしていない「ニート」、長期間自宅に引きこもり社会参加しない「引きこもり」が問題となっています。
- 子育て……夫が働き、妻は専業主婦という従来の形から夫婦が共働きする家庭が増え、夫婦で子育てをするのが一般的な日本では子育てに支障が出ています。

◆国際問題　※第10章を参照
- TPP……TPP（環太平洋経済連携協定）はアジア太平洋地域の自由貿易協定ですが、参加には賛否両論あり、現在も議論が繰り広げられています。
- 領土問題……韓国との間で竹島、ロシアとの間で北方領土、中国との間で釣魚島の領有権争いがあり、それが双方の友好関係にも悪影響を与えています。
- 集団的自衛権……集団的自衛権とは自国と密接な関係の国が武力攻撃された際に武力をもって阻止する権利ですが、反対派も多く、激しい議論が起こっています。

※「少子高齢化」「生活」「教育」についての問題点はTopic1～3で詳しく説明します。

Topic 1　少子高齢化問題

少子高齢化社会とはいったいどのような社会なのでしょうか。そして、どのような問題点があるのでしょうか。ここでは少子高齢化社会の現状と今後の対策などについて紹介します。

1. 少子高齢化社会とは

少子高齢化社会とは、人口構造が高齢化していく社会のことです。高齢化を示す指標はいろいろありますが、通常は総人口に占める高齢者人口（65歳以上）の割合を基準にすることが多いです。

国や地域の人口構成は、発展途上段階から経済成長を遂げる過程で、多産多死型→多産少死型→少産少死型へと変化していきます。現在の日本は少産少死型の人口構成に入っており、高齢化は急速に進んでいます。総人口に占める高齢者比率は世界一です。

主要国の高齢者比率（2010年）

国家	高齢者比率
日本	**23.0%**
中国	**8.2%**
アメリカ	13.1%
イタリア	20.4%
ドイツ	20.4%
フランス	16.8%
イギリス	16.6%
オーストラリア	13.5%

資料：内閣府「高齢社会白書」

2. 少子高齢化の原因

少子高齢化社会は持続的な出生率と死亡率の低下から生じます。つまり、日本の高齢化は「長寿化」と「少子化」という二つの大きな要素が組み合わさった結果といえます。この二つの流れが重なったことで、日本の人口に占める高齢者の比率は上昇を続けているのです。長寿化は医療技術の進歩や生活水準の向上などによってもたらされ、少子化は人々の所得水準が上がり、大学進学者などが増えたことで婚期が遅れ、子育てに躊躇（ちゅうちょ）が生まれたことなどが原因です。子どもを産む数が減ると、それが若者の減少、生産活動を担う労働力人口の減少に繋がっていきます。

3. 少子高齢化の推移

日本では1970年に65歳以上の比率が7％に達し、高齢化社会に突入しました。1995年には14％に達して高齢社会となり、2007年には21％に達して超高齢社会となりました。

総務省が発表した2014年の推計人口によると、65歳以上の人口は3296万人となり、総人口に占める割合は25.9％で過去最高となりました。これは人口の4人に1人が高齢者ということになります。このままいくと、20年後の2035年には高齢

日本の総人口と高齢者比率の見通し

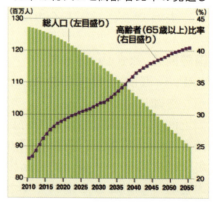

資料：国立社会保障・人口問題研究所

者比率が33%を超えて総人口の3人に1人が高齢者になると予測されています。

高齢化は1950年代以降、継続的に進んできましたが、

- ●65歳以上人口の割合が7%以上……「高齢化社会」
- ●65歳以上人口の割合が14%以上……「高齢社会」
- ●65歳以上人口の割合が21%以上……「超高齢社会」

長寿化が少子化を上回っていたため、総人口は増加し続けてきました。しかし、2000年代半ばになると少子化が長寿化を上回るようになり、人口は減少傾向にあります。

4. 少子高齢化社会の弊害

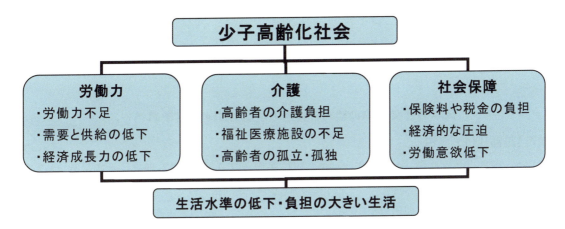

少子高齢化社会はさまざまな方面で問題をもたらします。少子化によって労働力不足となり、需要と供給が低下して経済成長力が下がり、国民の生活水準が低下する恐れがあります。

さらに生産活動を行う労働者の負担が非常に大きくなります。単純に一人の労働者が養う高齢者の割合が増加するわけです。保険料や税金の負担が大きくなり、経済的な圧迫から労働意欲低下を招くことなどが予想されます。また、高齢者増加にともなう福祉医療施設の不足、核家族化が進むなかでの高齢者の介護、高齢者の孤立や孤独死なども問題になっています。

5. 超高齢社会に向けた取り組み

超高齢社会となった日本ですが、今後も更に高齢者比率が上昇する見通しです。今後はバリアフリー、介護施設、老人ホームなど高齢者が生活しやすい環境を整えていくことが重要になってきます。現在、体が健康で意欲のある高齢者が何らかの仕事を続けられるようにする「生涯現役社会」の考え方が注目されています。この社会が実現すれば、社会保障負担や消費税率の引き上げも小幅ですみますし、高齢者も新たな生きがいを見つけて健康維持につながり、社会とのつながりを持つこともできます。

また、社会的孤立や孤独死が問題となるなか、地域社会のなかで人間関係、地域力、仲間力を強めていくことも重要です。高齢者の現状やニーズを考え、超高齢社会に適合した地域社会を作り出していくことが今後の課題となっています。

Topic 2　生活問題

生活面での問題は直接国民の日常生活に関わってきますから国民にとって非常に重要な問題です。ここでは日本の社会保障制度、格差社会、自殺問題について考えていきましょう。

1. 社会保障制度

社会保障制度とは、国民の最低生活水準を保障し、生活の安定を図ることを目的として国の責任で現金やサービスなどの給付を行う制度です。失業・医療・介護・老齢などを対象として社会保険（医療、年金、雇用、介護など）や公的扶助、社会福祉事業などにより給付が行われています。

日本の社会保障の給付と負担の現状（2014年度予算ベース）

【給付】総額 115.2 兆円　　　　　　　　　　　　　　　　　　　　　　　　　　（19.3%）

| 年金　56.0 兆円（48.6%） | 医療　37.0 兆円（32.1%） | 福祉等 22.2 兆円 |

【負担】総額 110.0 兆円

| 保険料　64.1 兆円（59.9%） | 税　42.9 兆円（40.1%） | ＊ |

＊積立金の運用収入等

社会保障給付費の推移

	1970年	1980年	1990年	2000年	2014年（予算）
国民所得（兆円）A	61.0	203.9	364.9	371.8	370.5
給付費総額（兆円）B	3.5(100%)	24.8(100%)	47.2(100%)	78.1(100%)	115.2(100%)
（内訳）年金	0.9(24.3%)	10.5(42.2%)	24.0(50.9%)	41.2(52.7%)	56.0(48.6%)
医療	2.1(58.9%)	10.7(43.3%)	18.4(38.9%)	26.0(33.3%)	37.0(32.1%)
福祉その他	0.6(16.8%)	3.6(14.5%)	4.8(10.2%)	10.9(14.0%)	22.2(19.3%)
B／A	5.77%	12.15%	13.61%	21.01%	31.09%

資料：厚生労働省　2014年

日本の社会保障給付は年金、医療、福祉などが主ですが、その負担は国民の保険料や税金などで賄われています。社会保障制度が整っていくにつれて給付費は年々増加し、2014年度予算ベースでは115.2兆円と過去最高の水準になりました。しかし、国民所得に占める給付金の割合は、1970年の5.8%から2014年には31.1%に上昇し、国民の負担は年々重くなっています。

欧米諸国では日本より国民負担率の高い国が多いですが、日本は少子高齢化が急速に進み、労働力人口も減少しています。今後は更に国民負担率が上昇していくと予想されますので、社会保障制度は日本の将来を考える上で非常に大きなポイントとなっていくでしょう。

2. 格差社会

　1980年代前半まで、日本社会は経済格差、所得格差の少ない「総中流社会」と呼ばれていました。しかし、バブル崩壊後の不況によって若年層の雇用条件が悪化したため、世代間の所得格差が生まれ、産業の規制緩和によって成功者と失敗者の格差が広がっていきました。近年は非正規雇用者、フリーター、ニートなどが増加していることもあり、この格差は将来的に更に広がっていくと考えられています。

　格差が拡大すれば、親の経済格差が子どもの教育環境に影響し、世代を越えて格差が継承されたり、格差に不満を持つ人の犯罪率が上がって治安が悪化する可能性も出てきます。都会と地方の地域格差（所得格差、経済格差、人口増加率など）も問題になっており、格差社会の改善に向けて長期的な対策が望まれています。

3. 自殺問題

　日本は自殺大国と言われ、1998年以降、14年連続で年間の自殺者数が3万人を超えていました。近年は減少傾向にあり、2010年から4年連続で減少していますが、それでも自殺者が多いのが現状です。2014年の日本の自殺者数は2万5374人でした。

自殺者数の推移（警察庁）

　自殺原因は「健康問題」「経済・生活」「家庭問題」などが上位を占め、なかでも「うつ病」を理由とした自殺者が多いです。世代別に見ると、50代60代の自殺者が多く、20歳未満の自殺者は全体的には低い割合です。

　世界保健機構（WHO）が2014年9月に発表した報告書によると、2012年調査で10万人当たりの自殺者数が多い国はガイアナ（44.2人）、北朝鮮（38.5人）、韓国（28.9人）と続き、日本は18番目に多い18.5人、中国は7.8人でした。

　日本では現在、自殺予防のための取組みが行われており、2006年には自殺対策基本法が施行されました。また、自殺予防週間を設けたり、24時間体制で相談を受ける「いのちの電話」がボランティアによって運営されています。

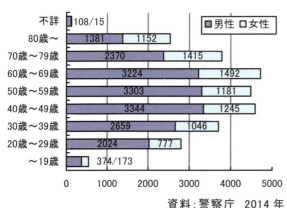

男女別・年齢別自殺者数（2013年）
資料：警察庁　2014年

原因・動機別自殺者数（2013年）

原因	自殺者数	割合
健康問題	13680人	50%
経済・生活問題	4636人	17%
家庭問題	3930人	15%
勤務問題	2323人	9%
男女問題	912人	3%
学校問題	375人	1%
その他	1462人	5%

資料：警察庁　2014年

Topic 3　教育問題

教育とは、国家を支える人材を育成する大切なものであり、日本の教育は早くから発達してきました。授業と学校生活の両面から日本の教育について考えていきましょう。

1. いじめ問題

2012年度、日本の小中学校、高等学校では約19万8千件のいじめが確認されました。特に多いのは小学校高学年から中学2年生にかけてでした。しかし、これは学校が把握した件数であり、他にも確認されていないいじめが数多く存在すると予想されます。いじめは昔から日本の学校で問題になっていましたが、ひどくなると登校拒否や自殺を考える生徒もいるため、現在でも社会問題として取り上げられています。

いじめは肉体的、精神的、立場的に自分より弱いものを暴力や差別、いやがらせなどによって一方的に苦しめるものです。他国にもいじめはありますが、日本のいじめは「暴力的」なものより無視や仲間はずれなどの「コミュニケーション操作系」のいじめが多いと言われています。近年ではインターネットを利用して無記名で個人を中傷するいじめも増えてきました。

また、日本は他国と比べていじめの「仲裁者」「通報者」が少なく、「傍観者」が多い傾向があります。いじめを教師や親に伝えると更にいじめがひどくなる場合や、いじめている側がいじめに気づいていない場合もあるため防止が難しいですが、学校側や親の適切な対応が求められています。

<主ないじめの内容>

<暴力>
・叩く　・小突く
・殴る　・つねる
・蹴る　・格闘技の技
・道具を使った暴力

<言葉>
・悪口を言う
・笑い者にする
・悪い噂を流す
・恐喝

<無視>
・無視をする
・仲間はずれ
・物を隠す
・物にいたずらをする

← ネットを利用した中傷

2. 体罰問題

現在、日本の学校では教師による体罰が社会問題になっています。体罰とは、教師が指導の一環（懲戒）として児童生徒に身体的・肉体的な苦痛を与えるものです。日本では体罰が古くから存在し、教育的な指導として認識されていました。しかし、それが児童生徒の人格否定につながったり、大きな負傷に至る事件が取り上げられるにつれて、社会的にも問題視されるようになりました。体罰は授業中に限らず、部活動の指導でもよく問題になっています。

日本では現在、学校教育法第 11 条で体罰は禁止されています。しかし、教育上必要である場合の教師の懲戒権は法律で認められています。体罰と懲戒権の区別は曖昧なため、何もできない教師に対して暴力行為が行われる場合もありますが、現在の体罰に対する世間の見方は厳しく、教師は体罰と判断される行為を行えば免職を含めた懲戒処分を受けることもあります。

3. モンスターペアレント

　「モンスターペアレント」とは、学校や教職員に対して自己中心的で理不尽な要求をする保護者のことです。このような保護者が日本で増え始めたのは 90 年代後半だと言われています。彼らは本来なら子どもの自助努力やコミュニティの中で解決すべき事柄に対しても一方的に学校側に対応を押し付けてくるため、特定の生徒を特別扱いすることができない教師は対応に苦労しています。

　このような保護者が生まれた背景には、教師に対する敬意の薄れ、少子化による過保護傾向などの要因が挙げられます。

> ＜モンスターペアレントの要求の例＞
> ・特定の児童を自分の子どもと遊ばせないで欲しいと要求する。
> ・クラス編成について要求する。
> ・教育方法について要求（反発・反論）する。
> ・子ども同士のケンカやいざこざに介入する。

4.「ゆとり教育」と「脱ゆとり教育」

　日本では近年、学習指導要領の内容が大きく変化しています。

　1990 年代、日本では「詰め込み式」と言われる教育が行われ、受験戦争が激化しました。しかし、これが少年非行、いじめ、登校拒否など多くの問題を誘発していると批判があがり、政府は「学力重視」の教育を転換し、子どもたちが無理のない学習環境で自ら考える力を育成する教育を目指しました。これが「ゆとり教育」です。2002 年から施行された新しい学習指導要領では授業数が減少し、社会性、国際性を重視した総合的な学習が増やされました。

　しかし、国際的な学習到達度調査（PISA）の成績が悪化し、学力低下が問題視されたため、2008 年には授業数が再び増加した新しい学習指導要領に改定されました。これは「脱ゆとり教育」と呼ばれています。

　「ゆとり教育」を受けた世代は「ゆとり世代」と呼ばれますが、他の世代と比較されたり、「ゆとり」という言葉が侮辱的に使われたりする場合もあります。

重要語句

◆少子高齢化社会

少子高齢化社会とは人口構造が高齢化していく社会で、高齢化を示す指標は総人口に占める高齢者人口（65歳以上）の割合を基準にすることが多い。少子高齢化社会は持続的な出生率と死亡率の低下から生じており、日本の高齢者比率は世界一である。

◆超高齢社会

超高齢社会とは65歳以上の高齢者人口が総人口の21％以上になる社会のことで、日本は2007年に超高齢社会となった。今後も高齢化は進み、2035年には3人に1人が65歳以上の高齢者になると予測されている。

◆社会保障制度

社会保障制度とは国民の最低生活水準を保障し、生活の安定を図ることを目的として現金やサービスなどの給付を行う制度である。日本の社会保障給付は主に年金、医療、福祉などで、その負担は国民の保険料や税金などでまかなわれている。

◆格差社会

1980年代前半まで、日本社会は格差の少ない総中流社会と呼ばれていた。しかし、バブル崩壊後は徐々に所得格差、経済格差が広がっていき、富裕層と貧困層の二極化が進んでいる。

◆体罰

体罰とは、教師が指導の一環（懲戒）として児童生徒に身体的・肉体的な苦痛を与えるもので、社会的に問題視されている。日本では、学校教育法第11条で体罰は禁止されている。

◆モンスターペアレント

モンスターペアレントとは、学校や教職員に対して自己中心的で理不尽な要求をする保護者のことを指す。本来ならば子どもの自助努力やコミュニティの中で解決すべき事柄に対しても一方的に学校側に対応を押し付けてくるため問題になっている。

◆「ゆとり教育」と「脱ゆとり教育」

ゆとり教育とは、学力重視の教育を転換し、無理のない学習環境での教育を目指したもので、2002年から授業数を減らした新しい学習指導要領が施行された。しかし、学力低下が問題視され、2008年には授業数が再び増加した新しい学習指導要領に改定された。これを「脱ゆとり教育」という。

練習問題

基本問題

問題1 以下の文章の空欄に言葉を入れてください。
- 就学、就労、求職活動をしていない独身の若者を（　　　　　）と言います。
- 65歳以上の割合が総人口の21%以上の社会を（　　　　　）と言います。
- 社会保障給付費は主に（　　　　）と（　　　　　）で負担されています。
- 日本で最も多い自殺理由は（　　　　　）です。
- 教師が児童生徒に身体的・肉体的な苦痛を与える（　　　　　）は学校教育法で禁止されています。

問題2 日本の都市問題にはどのようなものがありますか。

問題3 日本では自殺予防のためにどのような対策を行っていますか。

問題4 近年、日本で増えてきているのはどのようないじめですか。

問題5 「ゆとり教育」と「脱ゆとり教育」はどのようなものですか。

応用問題

問題1 中国の高齢者比率が今後どのように変化していくか調べてみましょう。

問題2 中国と日本の社会保障制度について比較してみましょう。

問題3 自殺問題の図表を見て分かることを話し合いましょう。

コラム⑮ 超高齢社会における高齢者の生きがい探し

　みなさんは日本が世界一の長寿国だということを知っていますか？　厚生労働省の調査によると、2013年の日本人の平均寿命は84歳で世界第1位でした。男性の平均寿命は80.2歳で世界第4位、女性は86.6歳で世界第1位です。

　日本の定年退職は通常60歳〜65歳ですから、仕事を退いてからもまだまだ長い人生が待っているわけです。超高齢社会となった日本では、現在、高齢者が新たな生きがいを見つけるためのさまざまな試みが行われており、各地方自治体は高齢者を対象としたさまざまなイベントを催したり、高齢者が暮らしやすい環境づくりに取り組んでいます。

　高齢者も参加できるクラブ活動や生涯学習教室が増え、高齢者向けの社会奉仕活動や子どもたちに手芸(しゅげい)や地域の伝統文化などを教える「社会参加型」の活動も行われるようになってきました。最近は仕事を辞めてからマラソンや登山に挑戦する高齢者も増えています。若い世代も老人ホームや病院で演奏会や演劇会などを開いたり、高齢者向けの奉仕活動に参加する人が増加しつつあります。

　2014年10月、栃木県では「第27回全国健康福祉祭 ねんりんピックとちぎ」が開催されました。この大会は都道府県の持ち回りで毎年開催されているもので、「ふれあいと元気のある長寿社会」を作ることを目的とした健康・福祉・生きがいづくりの祭典です。今回の大会でも全国各地から60歳以上の高齢者約1万人が選手として参加し、スポーツや文化を通したさまざまな交流が行われました。各選手は若者に負けない元気な姿で大会を盛り上げ、活気と充実感に満ちた大会は無事に閉幕しました。

　今後もさらに高齢化が進む日本では、国と地域と個人が一緒になって元気な高齢化社会を作っていかなければなりません。

付 録

索引 ………………………………… 192
特別付録：日本知識クイズ ………… 202
日本知識クイズ　◆解答◆ …………… 206
参考資料 …………………………… 210
著者メッセージ
　もっと日本を感じてほしい ………… 216

索引

あ
あいさつ運動　19　22
愛知　108　112　138
青森　25　68　77　110
赤崎勇　6
秋田　6　7
秋葉原　55　56　57
明仁天皇　2　144　152
旭化成　90
朝日新聞　161　166
アナログテレビ放送　160　164
アパート　28　30　31
安倍晋三　2　123　128　144　148　149　152　154
安倍政権　49　121
アベノミクス　119　123　128
天野浩　6
アルバイト　64　135　167　174　175　177
安定成長期　120　122　128　132

い
生きがい　12　83　90
育児　11　12　14　15　20
育児休暇　12
育児休業制度　11　15　20
池田内閣　122
池袋　77
違憲立法審査権　145
居酒屋　131　137　140
石川　8
いじめ　179　180　186　187　189
いじめ問題　180　186
維新の党　148　149
イタイイタイ病　84　92
いただきます　40　66　68
一院制　150
一汁三菜　35　36　38
一家団欒　37
一戸建て　23　24　25　30　32
伊藤忠商事　125　138
いのちの電話　185
茨城　7　8　96　112
岩手　7　8
岩戸景気　112
インターネット　54　81　86　102　103　155　156　157　159　160　161　163　186
インターネット新聞　157
インターネット放送　157
インフラ整備　73　122　125
インフラ整備率　73

う
上野　110
失われた20年　123
内税　52
うつ病　132　185
運動部　172　173　176

え
エコ・アクション・ポイント　87　93
エコポイント　87
江崎玲於奈　6
江戸　77　106　113　178
愛媛　7　9
縁側　26　27　29　33
遠足　170　171
円高　123
縁の下　27
円安　49　123

お
オイルショック　48　85　120　122　124
横断歩道　61　72　74　78　80
大分　7　9
大江健三郎　6
大阪　4　7　9　25　50　76　77　80　81　82　101　107　108　109　110　112　113　116
岡山　7　9
沖縄　6　7　9　25　48　171　176
おせち料理　36　39
おふくろの味　37
お弁当　22　41　43
卸売業　4　12　125
音響装置付き信号機　71　78　80
温泉でのマナー　61
御嶽山　96

か
介護休業制度　11　17　20
介護殺人　17
介護施設　13　183
介護心中　17
花王　139
価格.com　54
雅楽　39
香川　7　9
下級裁判所　145
学園祭　167　170　171　176
核家族　11　12　14　19　20　183
格差社会　179　180　184　185　188
学習塾　169　174　175
学習到達度調査（PISA）　187
学生マンション　31

格安ショップ　54
鹿児島　6　7　9　77　96
火山　3　4　96
家事　14　15　20　51
過剰サービス　65
化石燃料　85　91　92　181
河川汚染　85　181
過疎　4　73　88　107　111　112　115　181
過疎化　4　107　111　112　115　181
家族構成　12　21
ガソリン税　53
片田敏孝　99
学級活動　170　176
学校給食　35　41　45
学校教育法　187　188　189
学校行事　167　170　171　176
学校週5日制　169
学校制度　178
合唱コンクール　170
家庭科　168　169
家庭裁判所　145
家庭内暴力　19　29　180　181
家庭問題　181　185
華道　34　173
神奈川　7　8　25　50　108　112　113
歌舞伎　39
花粉症　88
釜石　99
茅葺　26
為替相場　123
為替レート　2　50　51　129
川端康成　6
ガン　37　85
簡易裁判所　145
環境基本法　85
環境教育　83　87　89　94　100
環境省　87　91
環境庁　84
環境ホルモン　85
環境問題　46　83　85　88　169
観光業　113　118　125
関税　40　50　52　53　57　127
間接民主制　146
関東　3　7　25　28　70　96　113　124　160
関東大震災　28　96
乾杯　66　68　69

き

キー局　155　156　162　164　165
議院内閣制　5　146　148
企業内教育(OJT)　131　132　135　137　140　141
疑似体験　100
記者クラブ　155　158　164　165　168
技術　23　26　28　39　72　82　90　91　95　101　125　126　134　135　137　138　140　168　169　182
規制緩和　123　185
奇跡の一本松　106
帰宅困難者　95　97　104
喫煙スペース　61　68
喫煙マナー　59　60　61　68
揮発性有機化合物　29
岐阜　6　7　8　112
基本的人権の尊重　149　152
君が代　2
義務教育　2　41　167　168　176　177　178
キャン・ドゥ　54
救援物資　97　98　101　102
九州　2　3　4　7　9　77　124
牛丼戦争　58
教育委員会　100
教育指導要領　168
教育問題　179　186
共助　97
行政権　5　145　146　148　152
京都　6　7　8　9　25　39　50　56　73　76　87　89　94　99　107　108　110　111　112　113　116　145　171　176
共同住宅　24　25　30　31　32　33
キリスト教　5
儀礼的行事　170　171
禁煙　53　68
近畿　7　26　108　112　113　116
近畿圏　108　112　113　116
近畿日本鉄道　76
緊急地震速報　102
銀座　50
金融緩和　122　123
勤労　6　14　51　132　168　171

く

熊本　7　9　84　118
グリーン家電　87
クリーン作戦　89
グローバル時代　126
クロスオーナーシップ　155　162　164
群馬　6　7　8　99　112

け

軽工業　120　122　126　128
経済格差　185　188
経済産業省　87　90
経済成長率　119　120　121　128
経済大国　4　122
芸術鑑賞会　171
京浜工業地帯　124
契約社員　123　135　181

玄関　23　24　28　34　63
減災　96　97　102
原子力発電所　103　123
建設業　125
建築基準法　103
原油　126　127

こ

小泉純一郎　154
公園でのマナー　60　68
光化学スモッグ　85
郊外化　111　114　116　117
公害問題　83　84　85　180　181
工業　4　30　84　110　114　115　120　122　124　126　127　128　169
公共交通機関　72　76　79　81
公共事業　123　125　150
公共放送　156　157
高校野球甲子園大会　173
広告費　162　163
公助　97
公職選挙法　146　147
厚生労働省　13　17　18　19　36　37　43　49　132　133　184　190
高速道路　5　72　73　74　115　122
高知　7　79
交通安全運動　75
交通安全週間　75
交通事故　73　75　81
交通渋滞　73　74　181
交通戦争　75
交通マナー　59　71　72
交通問題　180　181
公的扶助　184
高等学校（高校）　49　100　104　133　168　169　170　171　173　174　175　176　177　178　186
高等教育　168
高等裁判所　145
高度経済成長　5　14　20　30　48　84　109　116　119　120　122　124　125　128　132　180
高度成長期（高度経済成長期）　14　20　30　48　84　109　110　116　119　120　122　124　125　128　132　180
神戸　76　101　108　109　110　112
公明党　148　149
小売業　4　125
高齢化社会　12　13　73　118　179　180　182　183　188　190
高齢社会　4　20　28　179　182　183　188　190
高齢者向けマンション　30
国際問題　181
国産品　43

国鉄　76　80　82
国土交通省　25　72　73　75　76
国内総生産　4
国民主権　5　144　152
国務大臣　144　146　152　153　154
小柴昌俊　6
孤食　35　40　44
個食　29　183
ごちそうさまでした　40　66　68
国会　5　144　145　146　147　148　149　151　152　154
国会議員　144　145　146　147　148　149　151　152　154
孤独死　29　183
小林誠　6
ゴミの分別　83　86　87
ゴミ箱　60　86　94
コミュニケーション　29　37　44　156　186
米離れ　38
孤立　17　183
コンビニエンスストア　22　37　125　156　166　175

さ

サービス業　4　175
サービス残業　132
災害対応型自動販売機　95
災害ボランティア　95　101　105
災害用伝言ダイヤル　103
最高裁判所　144　145
財政赤字　122　123
再生可能エネルギー　83　91　92
埼玉　7　8　50　76　108　112
財閥解体　122
裁判所　5　144　145　152
佐賀　7　9
鮭の稚魚の放流　89
雑誌　54　79　86　155　156　157　163　164　165
札幌　72　76　108　113　130
札幌オリンピック　113　130
さっぽろ雪まつり　8　113
茶道　34　173
佐藤栄作　6
座布団　27
参議院　143　145　147　151　152　153　154
参議院議員　147　151
参議院選挙　147　154
産業公害　84　85　92　181
産経新聞　156
三権分立　5　143　145　152
参政権　151
三大義務　168　177
三大都市圏　4　107　109　112　116　117

し

シートベルト　75
自営業者　115　181
滋賀　7　9　112　118
自家用車　72　73　74　85
敷金　23　31
識字率　2　178
シクロクリーン　90
四国　2　3　7
時差　2
自殺対策基本法　185
自殺問題　184　185　189
自殺予防週間　185
自助　97　187　188
地震　4　26　28　70　82　95　96　98　99　100
　　102　103　104　105　171
地震速報　102
静岡　6　7　8　112
資生堂　138　139
次世代の党　148　149
自然エネルギー　85　181
自然災害　1　4　96　105
持続可能な社会　83　87　92
視聴時間　160
市町村　109　110　112　113　116　146　150
市町村議会　150
視聴率　150　160　162　163　165
失業者　121　128　180　181
失業率　119　121　128　129　181
シックハウス症候群　23　29　32　33
しつけ　51　62　67　78
実質GDP成長率　120　128
私鉄　71　76　80
自転車　61　72　75　90
児童会　170　176
自動車　5　61　72　73　74　85　90　111　113
　　120　123　124　126　127　138　139　181
信濃川　3
渋谷　77
司法権　5　145　152
死亡率　75　182　188
島根　6　7　9　39
社会科見学　87　100　167　170　171　176
社会参加型　190
社会福祉事業　184
社会保険　184
社会保障制度　179　180　184　188　189
写生大会　171
シャッター商店街　115　117　118　181
重化学工業　84　120　122　126　128
就学率　167　168　176　177　178
修学旅行　167　170　171　176
衆議院　143　144　145　147　148　149　152
　　153　154
衆議院議員　147　152
衆議院選挙　147　148　152
修業年齢　168
就職氷河期　121　128
終身雇用制　49　120　121　123　128　131　132
　　134　135　137　140
住宅団地　114
集団宿泊訓練　170
集団宿泊的行事　170　171
集団的自衛権　180　181
自由民主党（自民党）　144　148　149　152　154
住民投票　151
授業時間　168　169　187　188
授業数　168　169　187　188
熟年離婚　19　20
受験戦争　187
主菜　36　38
首相　123　142　144　145　152
酒税　50　52　53
出生率　121　182　188
首都　1　2　4　5　8　50　97　108　109　112
　　113　114　116　122　181
首都圏　4　5　50　97　108　109　112　113
　　114　116　122　181
守礼門　48
循環型社会　83　85　87　92
帖　25　31　32
生涯現役社会　183
生涯未婚率　18
上下関係　132　136　140　172
障子　23
少子高齢化　4　120　125　151　179　180　181
　　182　183　184　188
乗車マナー　59　60　68
小選挙区制　147
肖像権　155　159
消費期限　42　43
消費者物価指数　48　49
消費税　47　52　53　56　57
情報家電　125
情報産業　4　125
賞味期限　43　55　102
食育　35　40　41　44　45　67
食事マナー　40　41　44　59　66　67　68
食中毒　42　43
食品安全　35　42　43　44
食品安全委員会　42　43　44
食品安全基本法　43
食品添加物　42　44　85
食品表示　35　42　43　45
食品問題　42
食物アレルギー　44
食料自給率　35　36　40
女性専用車両　71　78　80

女性専用マンション　30
女性の社会進出　12　14　15　18　21
女性労働者　121
初等教育　167　168
所得倍増計画　122
初任給　47　49　57
白川英樹　6
知る権利　158　164
進学率　12　18　168
新幹線　5　71　73　76　77　80　81　82　113　115
震源地　102
人口構造　182　188
人口増加率　185
新宿　77
震度　95　96　102　104
神道　5
新党さきがけ　148
振動発電　91
神仏習合　5
新聞　53　79　86　121　138　155　156　157　158　159　160　161　162　163　164　165　166　173
しんぶん赤旗　149
新聞宅配制度　161　164　155
新聞販売店　161　164
神武景気　122
森林破壊　88　89
森林ボランティア活動　89
森林・林業再生プラン　88　92

す

水産業　4　92　124　127　129
水質汚濁　84　85
図画工作　168　169
すき屋　58
寿司　36
鈴木章　6
スポーツ強豪校　173
スポーツ新聞　159　166
スポーツ推薦入学　173
スポーツニッポン　166
スポンサー　158　163
住友商事　125　138
スローフード　35　46

せ

生活習慣病　36　37　39
生活費　19　47　50　51
生活問題　179　184　185
正座　34
青春18きっぷ　79　80
製造業　113　122　123　124　125　127　129　138
生態系保護　89
政党　143　146　147　148　149　151　152　153　154
政党内閣　148
生徒会　170　176　177
政令指定都市　107　108　109　116
世界金融危機　120　121
世界保健機構（WHO）　185
石油石炭税　53
雪害　4
接客マナー　59　64　65　68　69
接客マニュアル　59　64　65
専業主婦　11　14　20　21　181
選挙運動　147
選挙権　146　147　151　153
選挙の四大原則　146
全国紙　156
仙台　70　108

そ

総合商社　4　125　138
総中流社会　185　188
総務省　13　14　15　17　18　19　25　38　50　51　87　182
卒業式　170　171
ソニー　124　139
蕎麦　66　68

た

体育祭　170　171
体育的行事　170　171
第一次産業　40　121　124
大学　12　18　31　49　57　97　99　110　133　168　173　174　175　177　178　182
大学進学率　12　18　168
大気汚染　84　85　181
体験学習　100　167　168　170
第三次産業　120　121　124　125
耐震改修促進法　103
耐震基準　96　103
耐震強度　28
ダイソー　54
大統領制　146
第二次産業　121　124
体罰　179　180　186　187　188
台風　3　4　6　95　100
太平洋ベルト　4　124
太陽エネルギー　91　92
太陽光発電　28
太陽暦　2
託児所　14　15　21
畳　23　24　26　27　31　34

脱ゆとり教育　179　187　188　189
タテ社会　131　132　136　140　141
田中耕一　6
田の字型　27
たばこ税　47　52　53　56
たばこ特別税　52　56
男女雇用機会均等法　12
団地　24　25　30　114
短波放送　157

ち

地域格差　180　181　185
チェーン店　37　54　58　64　115
地価　25　47　49　50　56　111　114　123　128
地下鉄　5　71　72　76　77　80　150
地産地消　83　91　92
地上デジタル放送　155　160　164
千葉　7　8　50　112
地方活性化　118
地方議会　146　150
地方圏　107　114　115
地方公共団体　2　107　112　116　117　143
　　146　150　151
地方裁判所　145
地方紙　156
地方自治　77　89　108　116　118　143　150
　　151　190
地方自治体　77　89　108　116　118　143　150
　　151　153　190
地方都市　72　81　108　115　116　118　181
チャイルドシート　75
中華街　113
中核市　108
中学校　41　168　169　170　171　173　176
　　177　178　186
中京圏　112　113　116
中京工業地帯　124
中国（中国地方）　7
駐車場不足　73　181
中等教育　3　7　112
中部　25　32
注文住宅　25　79
長距離通勤　25　79
超高齢社会　4　20　179　182　183　188　190
長寿　35　36　38　39　182　183　190
長寿化　182　183
朝鮮戦争　122
朝鮮特需　122
直接請求権　151
直接選挙　146　150　151
著作権　155　159　165
千代田区　145

つ

通貨　1　2　47　48　50　51　56
通勤時間　25　33　78　80
通塾率　174
通常国会　145
月島機械　90
津波　4　70　82　96　99　102　104　106
坪　32
梅雨　4
徒然草　26

て

低成長期　120　128　132
出稼ぎ　111
できますゼッケン　101
デジタル雑誌　157
寺子屋　178
テレビ　51　87　102　111　139　147　155　156
　　157　158　159　160　162　163　164　165
　　173
テレビ朝日　156　164
テレビ東京　156　164
天下の台所　113
転職率　135
伝統家屋　26
伝統芸能　39　44　170　171
天皇　2　5　6　143　144　145　152
天ぷら　38　39

と

東京　2　4　6　7　8　25　31　50　55　56　57
　　64　70　71　72　73　74　76　77　79　80　81
　　82　91　99　107　108　109　110　111　112
　　113　114　116　117　119　120　121　122
　　125　128　130　145　150　156　164　166
　　171　176
東京オリンピック　73　82　113　119　120　121
　　122　128　130
東京急行電鉄　26
東京23区　72　108　112　113　114　150
東京メトロ　76　77　80
道徳　55　168　169
糖尿病　37　39
投票率　147
東武鉄道　76
東北　4　7　70　77　98　111
道路交通法　71　74　80
徳島　7　9
独占禁止法　122
特別活動　167　168　169　170　176　177
特別区　108　112　113　150
特別自治体　150

特例市　108
都市　4　8　9　15　25　30　49　50　56　64
　　72　73　76　77　78　81　85　87　90　101
　　107　108　109　110　111　112　113　114
　　115　116　117　118　122　125　127　130
　　178　180　181　189
都市化　116　117　107　109
都市化率　109　116
都市・生活型公害　85　181
都市的集落　110
都市問題　114　181　189
図書館でのマナー　61
栃木　6　7　8　112　190
鳥取　7　9
都道府県　1　2　8　9　49　50　56　80　100
　　108　110　112　116　146　147　150　156
　　173　190
都道府県議会　150
都道府県知事　146　150
利根川　3　6
利根川進　6
朝永振一郎　6
共働き　11　15　14　15　135　181
富山　6　7　25　84　88
トヨタ　74　90　113　124　138　139
豊田市　138

な

内閣　2　5　16　42　97　121　122　123　143
　　144　145　146　148　152　153　154　182
内閣総理大臣　2　143　144　145　152　153
長崎　7　8　77　108　112　130
長野　6　7
中村修二　30
長屋　4　76　108　109　110　112　113　116
名古屋　4　76　108　109　110　112　113　116
奈良　6　7　9　112　118　171　176
習い事　174　175
南海トラフ大震災　96
南部陽一郎　6

に

新潟　7　8　39　77　82　84　92
新潟水俣病　84　92
ニート　180　181　185
二院制　145　147　152
日米貿易摩擦　123
日刊スポーツ　166
日経平均株価　123
日産　74　90　124　138　139
日産生命　123
日東電気　90
日本円　48　56　57　129

日本音楽著作権協会（JAS RACK）　159
日本型食生活　37
日本共産党　148　149
日本銀行　47　48　56
日本経済新聞　138　156
日本国憲法　5　143　144　152　153　158　164
日本三大工業地帯　124
日本社会党　148
日本食　22　36　37　38　44
日本テレビ　156　162　164
入学式　170　171
ニュータウン　114
任期　145　146　147　150　151　152　154
認認介護　17

ね

根岸英一　6
年金　184　188
年功序列　49　120　131　132　133　134　137
　　140
年中行事　36　39
ねんりんピック　190

の

能楽　39
農業　4　40　120　122　124　128　169
納税　168
脳卒中　37
農地改革　122
農薬散布　89
農林水産省　37　39　40　43　88　92
ノーベル賞　1　6
野口英世　48
野田佳彦　142　154
野依良治　6
ノロウイルス　43

は

排ガス　85　92　181
ハイパーインフレーション　122
ハイブリッド車　90
派遣社員　123　135　181
箸　41　66
バス　30　31　60　68　69　72　73　75　76　77
　　79　81　89　111　150　173
発電床　91
パナソニック　124　138　139　142
バブル期（バブル経済期）　85　111　122　123
　　125　128　132　163
バブル景気　73　121　123　128
バブル経済　50　85　111　119　120　122　123
　　125　128　129　132　163
バブル崩壊　25　49　111　114　120　150　185

188
バリアフリー　23　28　32　183
藩校　11　12　18　135　178
晩婚化　96　97　101　103
阪神淡路大震災　173
阪神工業地帯　124
阪神甲子園球場　173

ひ

比較.com　54
東日本大震災　4　59　70　82　90　95　96　97
　　98　99　101　103　104　105　106　123　130
引きこもり　180　181
樋口一葉　48
彦根市　118
ひさし　26　27
ビザの緩和　125
非正規雇用　15　123　131　133　134　135　140
　　180　181　185
非正規社員　15　135
被選挙権　147　151　153
人に迷惑をかけない　59　62　63
避難訓練　95　99　100　104　171
肥満　36　37　39
秘密選挙　146
100円均一ショップ　47　54
兵庫　6　7　97　108　112　173
表札　28
平等選挙　146
比例代表制　147
広島　6　7　9　76　96　108
琵琶湖　3　89

ふ

ファストフード　36　37　46　175
風力発電　91
風鈴　29
部活動　167　169　171　172　173　174　176
　　177　186
福井　7　8　25
福井謙一　6
福岡　7　9　25　76　79　108
副菜　36　38
福澤諭吉　48
福祉施設　16
福島　7　8　85　96　104　123　181
福島第一原子力発電所　123
福島第一原発事故　85　96　104　181
富士山　3　6
フジテレビ　164　156
ふすま　27　29
普通選挙　146
仏教　5　6

不法投棄　85
プライバシー　25　28　29　33　159　155
プライバシーの権利　159　155
ブラック企業　131　139　180　181
フリーター　185
プリウス　111　123
不良債権　24　25　31　114
風呂　24　25　31　114
ブロック紙　156
プロ野球　173
分煙　53
文化祭　167　170　171　176
文化的行事　170　171
文化部　172　173　176
分譲住宅　25　32
分譲マンション　114

へ

平安京　113
平均寿命　2　190
平成の大合併　107　109　116　117
平和主義　5　144　152
ペット共生型マンション　30
ベッドタウン　114　116

ほ

保育園　14　15　168
ポイ捨て　59　61　62　63　68　89　94
貿易　2　4　5　40　120　123　126　127　128
　　181
防災　28　29　95　96　97　98　99　100　101
　　102　103　104　105
防災意識　98
防災館　100
防災教育　100
防災グッズ　95　99　104
防災準備　97　98　101　105
防災情報　98
防災センター　100　101
防災とボランティアの日　96
防災の日　96
奉仕的行事　170　171
法治国家　144
報道規制　158
報道協定　158
報道の自由　158　164
報道のタブー　158
防犯　28　29　30　75　150
ホウレンソウ（報連相）　131　136　140　141
ホームルーム（HR）　169
保険料　183　184　188
歩行者のマナー　61　72
歩行者優先　71　72　74　80

北海道　2　3　4　6　7　8　77　108　112　113　116　156　171　176
ボランティア活動　88　89　96　100　101　170　171
ホンダ　74　90　124　138　139

ま
毎日新聞　156　161　166
マイホーム　23　25　29
マグニチュード　70　95　96　102　104
益川敏英　6
マスコミ（マスコミュニケーション）　155　156　157　164
マスコミ四媒体　155　156　157　164
マスメディア　155　156　157　158　159　160　162　163　164
松下幸之助　142
松下政経塾　142
松屋　58
間取り　23　27　29　30　31　32
マナーモード　60　68
満員電車　25　71　73　76　78　181
マンション　60　68

み
三重　6　7　9　84　112
未婚化　11　12　18
味噌汁　36　38　58
三井物産　125　138
三菱商事　125
みどりの窓口　79
水俣病　84　92
宮城　7　8　108
宮崎　7　9　49
民間放送　156　157　162　164
民主化　122
民主主義　143　144　146
民主党　144　148　149　151　152　154

む
無形文化遺産　35　38　39　44
無人市　47　55　56
無人化　107　115　181

め
明治維新　178

も
持ち家（持家）25　(51)
MOTTAINAI（もったいない）　83　86
モンスターペアレント　179　187　188

文部科学省　168　169　174

や
夜間押ボタン式信号機　78
家賃　31　33　47　49　50　56
野党　143　148　152　153
山一證券　123
山形　7　8　25　41
山口　7　9　149
山中伸弥　6
山梨　6　7　8　112
山手線　77

ゆ
有給休暇　132　133
優先席　60
湯川秀樹　6
輸出　5　12　123　124　127　129　138　156
輸出額　120　126　127
輸送人員　76　80
ゆとり教育　187　188　189　179
輸入　4　5　37　40　43　45　50　51　53　58　88　89　120　124　126　127　129　138
輸入額　120　126　127
ユネスコ　35　39　44　45
ゆるキャラ　118
ゆるキャラグランプリ　110

よ
要介護（要支援）認定者　16
洋室　24　31
幼稚園　100　104　168　99
ヨコ社会　136　140　141
横浜　8　49　76　108　109　112　113　110　112
吉田兼好　26
吉野家　58
四日市ぜんそく　84　92
与党　143　146　149　148　152　153
予備校　174
読売新聞　156　161　162
よみうりテレビ　156　162
嫁姑問題　12
世論調査　98　154　163
4R　86　92
四大公害病　83　84　92　93

ら
ライフライン　95　96　97　98　102　103
ラジオ　98　102　104　111　142　156　157　163　164　165
ラジオNIKKEI　157

り

リーマンショック　120　121　123　181
陸前高田　106
離婚原因　19　21
離婚率　18　19
リスク評価　43　44
リストラ　121　123　128　135
立法権　5　145　148　152
リニア中央新幹線　113
流行語　130　139
領土問題　5　180　181
林間学校　170　171
林業　4　88　89　92
臨時国会　145

れ

礼金　31　32
蓮舫　151
連立内閣　148　153

ろ

老人ホーム　13　16　150　183　190
労働基準法　139　175
労働組合　132　137
労働三法　122
労働時間　131　132　133　137　140　141
労働人口　121　129
労働力人口　13　182　184
労働力不足　120　121　183
労働力率　13　21
老老介護　11　13　17　20
ローカル局　156　162　164
ローン返済　25

わ

和歌山　6　7　9　25　50　112
和室　23　24　27　31　34
和食　35　36　38　39　44　45
割り勘　59　67　68
ワンルームマンション　24　25　31

A

AA制　67
AKB48　55
AMラジオ　157
BOOK OFF　54
BSE（狂牛病）　43　58
CO2削減　91
eパッカー　91
ETC車載器　74
FMラジオ　157
GDP　4　49　119　120　122　123　128　129　132　138
GHQ　120　122
ICカード　79
IT関連産業　123
JR　76　77　79　80
JAS法　42
LDK　30　32
NHK（日本放送協会）　156　157
NHK紅白歌合戦　160
NHKワールドラジオ　157
O-157　43
PASMO　79
PHP研究所　142
SNS　125
Suica　79
TBS　156　157　164
TPP（環太平洋経済連携協定）　40　119　120　127　128　180　181

特別付録：日本知識クイズ　全100問（1問1点）

みなさんはどれくらい日本のことを知っているでしょうか。日本についての知識が深まれば、日本語会話も幅広い内容で話せるようになります。今回はさまざまなジャンルの日本知識クイズを用意しました。全部で100問あります。自分が今どれくらい日本について知っているか試してみましょう。

日本の基礎知識

① 日本の首都はどこですか。　　　　　　　　　　　　　　（　　　　　　　　　）
② 「日本」は「にほん」の他にどのような読み方がありますか。（　　　　　　　　　）
③ 現在の日本の人口は約何万人ですか。　　　　　　　　　　（　　　　　　　　　）
④ 日本と中国の時差は何時間ですか。　　　　　　　　　　　（　　　　　　時間）
⑤ 日本で一番小さい貨幣（コイン）はいくらですか。　　　　（　　　　　　　円）
⑥ 日本で一番大きい紙幣はいくらですか。　　　　　　　　　（　　　　　　　円）
⑦ 日本でタバコとお酒が許されるのは何歳からですか。　　　（　　　　　　　歳）
⑧ 日本で車の普通運転免許が取得できるのは何歳からですか。（　　　　　　　歳）
⑨ 日本の国歌は何といいますか。　　　　　　　　　　　　　（　　　　　　　　　）
⑩ 日本の元号は現在「平成」ですが、その前は何ですか。　　（　　　　　　　　　）
⑪ 日本の正月は何月何日ですか。　　　　　　　　　　　　　（　　月　　日）
⑫ 日本の都道府県の数は全部でいくつですか。　　　　　　　（　　　　　　　　　）
⑬ 日本で一番高い山は何ですか。　　　　　　　　　　　　　（　　　　　　　　　）
⑭ 日本の北側の海は何と呼ばれていますか。　　　　　　　　（　　　　　　　　　）
⑮ 日本で頻繁に発生する自然災害は何ですか。　　　　　　　（　　　　　　　　　）

地理・名所関係

① 日本で一番長い川は何ですか。　　　　　　　　　　　　　（　　　　　　　　　）
② 日本で一番大きな湖は何ですか。　　　　　　　　　　　　（　　　　　　　　　）
③ 関西地方の中心都市はどこですか。　　　　　　　　　　　（　　　　　　　　　）
④ 愛媛県や高知県などは何地方と呼ばれていますか。　　　　（　　　　　　地方）
⑤ 九州地方の経済の中心の都道府県はどこですか。　　　　　（　　　　　　　　　）
⑥ 戦争で原爆を落とされた都市はどことどこですか。　　　　（　　　と　　　）
⑦ 東大寺や法隆寺などの有名なお寺があるのは何県ですか。　（　　　　　　　　　）
⑧ 北海道で一番大きい都市は何市ですか。　　　　　　　　　（　　　　　　　　　）
⑨ 日本の有名な温泉地を一つ挙げてください。　　　　　　　（　　　　　　　　　）

⑩「日本三景」と呼ばれる日本で景色の良い場所を一つ挙げてください。
（　　　　　　　　）
⑪京都にある有名な金色のお寺を何といいますか。　　　（　　　　　　　　）
⑫世界遺産となっている日本の城は何という城ですか。　（　　　　　　　　）
⑬東京の中央を通る電車の環状線を何線といいますか。　（　　　　　　　　）
⑭外国人観光客にも人気がある東京の電気店街の地名は何ですか。（　　　　　　　　）
⑮東京に完成した世界一の高さの電波塔を何といいますか。（　　　　　　　　）

生活・行事関係

①昔ながらの畳のある日本の部屋を何といいますか。　　　（　　　　　　　　）
②日本では家の入口の靴を脱ぐ場所を何といいますか。　　（　　　　　　　　）
③日本人が夏に着用する簡易式の和服を何といいますか。　（　　　　　　　　）
④日本の学校で行われる宿泊をともなう見学・研修旅行を何といいますか。
（　　　　　　　　）
⑤日本の学校で放課後に行われる運動や文化活動を何といいますか。
（　　　　　　　　）
⑥日本で１月に行われる成人の日は何歳になった成人を祝う日ですか。
（　　　　　歳）
⑦日本人が春にみんなで見る花は何ですか。　　　　　　（　　　　　　　　）
⑧日本の学校では入学式は何月に行われますか。　　　　（　　　　　月）
⑨日本の祝日「こどもの日」は何月何日ですか。　　　　（　　月　　日）
⑩日本では１年の終わりの12月31日を何といいますか。　（　　　　　　　　）

日本食関係

①日本人が食事のあとに言う言葉は何ですか。　　　　　（　　　　　　　　）
②日本でお酒を飲むお店を何といいますか。　　　　　　（　　　　　　　　）
③日本では、乾杯するのはいつですか。　　　　　　　　（　　　　　　　　）
④食事のお金を払う時、みんなで均等に払うことを何といいますか。
（　　　　　　　　）
⑤日本人が朝食に食べるネバネバした豆の食べ物は何ですか。（　　　　　　　　）
⑥日本人が昔から朝食に飲むものといえば何でしょう。　（　　　　　　　　）
⑦寿司や刺身を食べる時に付ける緑色の辛い物を何というでしょう。
（　　　　　　　　）
⑧日本人が昔から12月31日に食べる麺類は何でしょう。　（　　　　　　　　）
⑨日本で正月に食べる餅の入った料理を何といいますか。（　　　　　　　　）

⑩ご飯を手で握って海苔を巻く日本の食べ物は何ですか。　　　（　　　　　　　）

社会・企業関係

①日本の会社で年齢や勤続年数によって昇給・昇進が決まる仕組みは何ですか。
　　　　　　　　　　　　　　　　　　　　　　　　　　　　（　　　　　　　）
②1986～1991年に地価や株価の価値が大幅に上昇した経済を何といいますか。
　　　　　　　　　　　　　　　　　　　　　　　　　　　　（　　　　　　　）
③日本の輸出品目で最も輸出額が高い品目は何ですか。　　　　（　　　　　　　）
④日本の輸入品目で最も輸入額が高い品目は何ですか。　　　　（　　　　　　　）
⑤日本企業の「ホウレンソウ」は何を意味しますか。　　　　　（　　　　　　　）
⑥日本のテレビ局の名前を一つ挙げてください。　　　　　　　（　　　　　　　）
⑦日本の新聞の名前を一つ挙げてください。　　　　　　　　　（　　　　　　　）
⑧日本の自動車会社の名前を一つ挙げてください。　　　　　　（　　　　　　　）
⑨日本のビール会社の名前を一つ挙げてください。　　　　　　（　　　　　　　）
⑩日本の化粧品会社の名前を一つ挙げてください。　　　　　　（　　　　　　　）

政治・ニュース関係

①現在の日本の総理大臣は誰ですか。　　　　　　　　　　　　（　　　　　　　）
②現在、日本で国会議員が一番多い政党は何党ですか。　　　　（　　　　　　　）
③日本国憲法の三大原理は「基本的人権の尊重」「国民主権」もう一つは何ですか。
　　　　　　　　　　　　　　　　　　　　　　　　　　　　（　　　　　　　）
④日本の国会は何という建物で行われていますか。　　　　　　（　　　　　　　）
⑤日本の選挙権は何歳からですか。　　　　　　　　　　　　　（　　　　　歳）
⑥日本のGDPは現在、世界何位ですか。　　　　　　　　　　 （　　　　　位）
⑦2011年3月に日本で起きた大きな震災を何といいますか。　（　　　　　　　）
⑧2020年に行われるオリンピックは日本のどの都市で開催されますか。
　　　　　　　　　　　　　　　　　　　　　　　　　　　　（　　　　　　　）
⑨2014年4月から日本の消費税は増税されました。現在、何％ですか。
　　　　　　　　　　　　　　　　　　　　　　　　　　　　（　　　　　％）
⑩2014年にノーベル賞を受賞した日本人を一人挙げてください。（　　　　　　　）

歴史・文学関係

①江戸幕府を開いた人は誰ですか。　　　　　　　　　　　　　（　　　　　　　）
②織田信長や豊臣秀吉などが活躍した時代を何といいますか。　（　　　　　　　）
③鑑真和尚が日本に来て建てた寺を何といいますか。　　　　　（　　　　　　　）

④沖縄県は1879年までは何王国と呼ばれていましたか。（　　　　）
⑤1970年にアジア初の万国博覧会が開催された都市はどこですか。（　　　　）
⑥日本人のノーベル文学賞受賞者は川端康成ともう一人は誰ですか。（　　　　）
⑦日本の小説『坊ちゃん』の作者は誰ですか。（　　　　）
⑧日本の小説『失楽園』の作者は誰ですか。（　　　　）
⑨日本の人気作家・村上春樹の作品を一つ挙げてください。（　　　　）
⑩「祇園精舎の鐘の声……」で始まる日本の有名な軍記物語は何ですか。
（　　　　）

スポーツ関係

①柔道、剣道、空手などを日本では何といいますか。（　　　　）
②日本で一番人気のあるスポーツは何ですか。（　　　　）
③日本で最も人気のある東京のプロ野球チームは何ですか。（　　　　）
④高校野球の全国大会が行われる球場を何といいますか。（　　　　）
⑤大相撲で一番強い力士の役名は何ですか。（　　　　）
⑥日本の大相撲の試合場を何といいますか。（　　　　）
⑦日本のプロサッカーリーグは何リーグと呼ばれていますか。（　　リーグ）
⑧中国でも人気のある日本人女子卓球選手は誰ですか。（　　　　）
⑨日本の男子テニス選手で現在注目を集めている選手は誰ですか。（　　　　）
⑩日本では今までオリンピックが何回行われましたか。（　　回）

若者文化関係

①日本の若者がよく使う「めっちゃ」とはどんな意味ですか。（　　　　）
②映画「となりのトトロ」（龙猫）を作った監督は誰ですか。（　　　　）
③アニメ「SLAM DUNK」（灌篮高手）の主人公は誰ですか。（　　　　）
④「未来へ」（后来）を歌っている日本人歌手は誰ですか。（　　　　）
⑤中国でも人気のドラマ「一公升的眼泪」の日本名は何ですか。（　　　　）
⑥櫻井翔、松本潤などがメンバーの男性アイドルグループの名前は何ですか。
（　　　　）
⑦女性アイドルグループ「AKB48」の「AKB」はどんな意味ですか。（　　　　）
⑧『七人の侍』『羅生門』などの作品を作った日本の有名な映画監督は誰ですか。
（　　　　）
⑨日本で最も売上の多い漫画雑誌は何ですか。（　　　　）
⑩「嵐」「SMAP」など男性アイドルグループが所属する芸能事務所は何ですか。
（　　　　）

日本知識クイズ ◆解答◆ 全100問（1問1点）

日本の基礎知識
① 【東京】東京は人口約1300万人の大都市で、経済や文化の中心です。
② 【にっぽん】「にほん」も「にっぽん」もどちらも正しい国名です。
③ 【約1億2700万人】日本は世界で10番目に人口の多い国で、中国はその10倍以上です。
④ 【1時間】日本のほうが1時間早いので、中国が9時なら日本は10時です。
⑤ 【1円】昔は1円の下にも硬貨がありましたが、現在では使われていません。
⑥ 【1万円】現在、1万円札に描かれている肖像画は思想家の福沢諭吉です。
⑦ 【20歳】日本では法律で飲酒・喫煙は20歳からと決められています。
⑧ 【18歳】原付バイク免許は16歳で取得できます。日本では車は車道の左側走行です。
⑨ 【君が代】歌詞は『古今和歌集』の短歌の一つで、曲は1880年につけられました。
⑩ 【昭和】1989年に昭和から平成に元号が変わりました。
⑪ 【1月1日】日本では正月の1月1日を「元旦」といいます。また、1日から3日までを「正月三が日」といい、事実上、祝日と同じ状態になります。
⑫ 【47】1都1道2府43県。1都は東京都、1道は北海道、2府は京都府と大阪府です。
⑬ 【富士山】富士山の高さは3776メートルで、日本で一番美しい山とも言われています。
⑭ 【日本海】北からの寒流と南からの暖流がぶつかる場所で、豊かな漁場となっています。
⑮ 【地震、台風など】日本周辺は大陸のプレートが重なりあう場所で、非常に地震が起きやすいです。また、日本列島は台風の通り道になっており、毎年台風の被害が出ています。

地理・名所関係
① 【信濃川】信濃川の長さは367kmで日本一です。流域面積の広さは利根川が日本一です。
② 【琵琶湖】楽器の琵琶の形に似ているので、この名前が付けられました。
③ 【大阪】大阪は西日本最大の都市で、昔は「大坂」と表記されていました。
④ 【四国地方】比較的温暖な気候で、他に香川県と徳島県があります。
⑤ 【福岡県】プロ野球のチームもあります。明太子や豚骨ラーメンなども有名です。
⑥ 【広島県と長崎県】1945年8月6日に広島、8月9日に長崎に原爆が投下されました。
⑦ 【奈良県】東大寺には高さ14.7メートルの大仏があり、大変人気のある観光地です。
⑧ 【札幌市】人口193万人の大都市で、北海道の政治・経済の中心です。
⑨ 【箱根など】他に伊豆、別府、道後などが有名です。日本は世界一温泉の多い国です。
⑩ 【宮島・天橋立・松島】宮島は広島県、天橋立は京都府、松島は宮城県にあります。
⑪ 【金閣寺】正式名は「鹿苑寺」。古都京都の建築物として世界遺産に登録されています。
⑫ 【姫路城】世界遺産ではありませんが、熊本城、大阪城、名古屋城なども有名です。
⑬ 【山手線】東京、渋谷、新宿、池袋などを通るとても有名な環状線です。

⑭【秋葉原】この町はオタクが集まる街としても有名で、「アキバ」と呼ばれています。
⑮【東京スカイツリー】高さ 634 メートルで、2012 年に開業しました。2位は広州の広州塔で 600 メートルです。

生活・行事関係
①【和室】近年は畳のないフローリングなどの洋室が増えてきました。
②【玄関】日本では玄関には段差があり、靴を脱いで家に上がります。
③【浴衣】浴衣は和服の一種で、長襦袢を着ずに素肌の上に着る略装です。花火大会などでよく女性が着ます。
④【修学旅行】京都・奈良、東京などが人気です。近年は海外に行く学校も増えています。
⑤【部活動】授業では学べない集団行動や上下関係、技術の向上などを目的としています。
⑥【20歳】日本では20歳になると成人として認められ、1月には成人式が行われます。
⑦【桜】日本人は春になると桜の木の下で「花見」を行い、弁当を食べたりお酒を飲みながら桜を観賞します。
⑧【4月】日本では4月から新年度が始まります。3月には卒業式が行われます。
⑨【5月5日】日本では5月3日～5日が全て祝日でゴールデンウィークと呼ばれています。
⑩【大晦日】1年の最後のこの日、日本人は蕎麦を食べ、テレビで紅白歌合戦を観ます。

日本食関係
①【ごちそうさま（でした）】食事の前には「いただきます」と言います。
②【居酒屋・飲み屋】居酒屋はお酒を飲むための食事が色々と用意されているお店です。
③【食事の前】日本の乾杯は食事前の1回だけです。お酒は全部飲み干す必要はありません。
④【割り勘】立場の変わらない人同士で支払いをする時は割り勘にすることが多いです。
⑤【納豆】豆を発酵させて作った食べ物で健康に良いですが、臭いがきついです。
⑥【味噌汁】昔から日本人の朝食はご飯と味噌汁です。近年は洋食の人も増えてきました。
⑦【わさび】日本独自の香辛料として有名です。強い刺激のある香りが特徴です。
⑧【蕎麦】「年越し蕎麦」と言われ、日本では大晦日に縁起を担いでそばを食べます。「細く長く幸せに暮らせることを願う」という意味があります。
⑨【（お）雑煮】餅の他に肉や野菜などを入れた汁料理です。地方や家庭で異なります。
⑩【おにぎり・おむすび】手に塩をつけて米を握り、米の真ん中に梅干や昆布などを入れます。

社会・企業関係
①【年功序列】日本独自の企業文化ですが、長所も短所もあります。
②【バブル経済】経済拡大によって好景気をもたらしましたが、1991年に崩壊して地価や株価は一気に下落しました。

③【自動車】アメリカ、オーストラリア、中国などを中心に市場を広げています。
④【石油】主にサウジアラビア、アラブ首長国連邦などから輸入しています。
⑤【報告・連絡・相談】上司と部下の意思疎通をスムーズにしたり、問題をうまく解決できるなどの利点があります。
⑥【NHKなど】他に、日本テレビ、TBS、フジテレビ、テレビ朝日などがあります。
⑦【朝日新聞など】他に、読売新聞、毎日新聞、日本経済新聞、産経新聞などがあります。
⑧【トヨタ（TOYOTA）など】他に、日産、ホンダ、スズキ、三菱などが有名です。
⑨【アサヒビールなど】他に、キリンビール、サッポロビール、サントリーなどがあります。
⑩【資生堂など】他に、花王、カネボウ、コーセーなどがあります。

政治・ニュース関係

①【安倍晋三】自由民主党所属の衆議院議員です。
②【自由民主党】自由民主党は長期にわたり政権与党として日本の国政を担ってきました。
③【平和主義】平和主義は戦争の放棄と戦力の不保持を意味しています。
④【国会議事堂】東京都千代田区永田町にあり、通常国会、臨時国会が行われます。
⑤【20歳】日本の被選挙権は衆議院議員が25歳以上、参議院議員が30歳以上です。
⑥【3位】現在、1位はアメリカ、2位は中国です。日本は2010年まで40年間2位でした。
⑦【東日本大震災】東北地方太平洋沖で起こったマグニチュード9の地震によって津波が発生し、東日本沿岸地域の町をのみこみ、多くの死傷者がでました。
⑧【東京】最終候補地の東京、マドリッド（スペイン）、イスタンブール（トルコ）の中で東京が選ばれました。
⑨【8％】1993年に初めて消費税が導入され（3％）、今後も増税が検討されています。
⑩【天野浩、赤崎勇、中村修二】ノーベル物理学賞を受賞しました。中村修二は現在、アメリカ籍を取得しています。

歴史・文学関係

①【徳川家康】戦国時代の武将として織田信長、豊臣秀吉とともに有名です。
②【安土桃山時代（戦国時代）】安土桃山時代は1568～1598年、戦国時代は15世紀末～16世紀末といわれています。
③【唐招提寺】奈良県にある律宗の寺で、鑑真は晩年をここで過ごしました。
④【琉球王国】沖縄本島を中心に約450年間続いた王国です。
⑤【大阪】6400万人が来場し、2010年の上海万博が行われるまでは最高来場者数でした。
⑥【大江健三郎】代表作に『飼育』『宙返り』『個人的な体験』などがあります。
⑦【夏目漱石】今から約100年前に活躍していた作家です。『我輩は猫である』『こころ』などの作品も有名です。

⑧【渡辺淳一】不倫を描いた『失楽園』は映画化されました。
⑨【ノルウェイの森　など】他にも『海辺のカフカ』『１Ｑ８４』『ねじまき鳥クロニクル』などの作品が有名です。
⑩【平家物語】平家と源氏の戦いを描いた軍記物語で、鎌倉時代（1185〜1333年）に成立したと言われています。

スポーツ関係
①【武道】もともとは「武士として守るべき道。武術」という意味を持っています。
②【野球】日本では昔から野球が人気スポーツです。次に人気があるのはサッカーです。
③【読売ジャイアンツ（巨人）】親会社は読売新聞です。「巨人」と呼ばれ、これまでに日本一になった回数が一番多い人気球団です。
④【甲子園（阪神甲子園球場）】兵庫県西宮市にあります。プロ野球の阪神タイガースの本拠地球場です。
⑤【横綱】近年は外国人の横綱が増えています。横綱の次にいい役名は大関です。
⑥【土俵】土を正方形に盛って作ったもので、土俵中央の直径4.55メートルの円形の俵の枠の中で競技します。
⑦【Jリーグ】日本プロサッカーリーグの略称です。1993年からスタートしました。
⑧【福原愛】中国語の東北弁が上手です。ロンドン五輪では団体銀メダルを獲得しました。
⑨【錦織圭】世界ランキングでアジア人過去最高位となり、今後の活躍が期待されています。
⑩【3回】1964年東京、1972年札幌（冬季）、1998年長野（冬季）の3回です。

若者文化関係
①【とても、非常に】同じ意味で「超〜」を使う若者も多いです。
②【宮崎駿】他に「天空の城ラピュタ」「千と千尋の神隠し」など多数のアニメーション映画を制作しています。
③【桜木花道】日本で大人気になったバスケットボールのアニメです。
④【Kiroro(キロロ)】女性2人組ユニットです。「長い間」（長間）も中国で人気があります。
⑤【1リットルの涙】難病と闘いつづける少女を描いたドラマです。映画化もされました。
⑥【嵐】他に二宮和也、大野智、相葉雅紀がいます。1999年に結成されたグループです。
⑦【秋葉原】「ＡＫｉｈａＢａｒａ」からきています。2005年に誕生し、今一番人気のある女性アイドルグループです。
⑧【黒澤明】「世界のクロサワ」と言われ、国内外の多くの映画人に影響を与えました。
⑨【週刊少年ジャンプ】集英社発売の漫画雑誌で、「ドラゴンボール」「スラムダンク」などの名作を生み出しました。
⑩【ジャニーズ事務所】他にも、KinKi Kids、関ジャニ∞、Hey Say JUMPなどのアイドルグループが所属しています。

参考資料

第1章「日本の家族」

- 斉藤真緒「男性介護者の介護実態と支援の課題」『立命館産業社会論集』第47巻第3号、2011年
- 小山泰代「女性からみた家族介護の実態と介護負担」『人口問題研究』68-1、2012年
- 「労働力調査（基本集計）」総務省、1992年、2012年
- 「労働力調査（時系列）」総務省、2010年
- 本田一成著『主婦パート―最大の非正規雇用』光文社新書、2010年
- 「平成25年国民生活基礎調査の概況」厚生労働省、2013年
- 「平成24年就業構造基本調査」総務省、2013年
- 加藤寛監修、第一生命経済研究所編『2011年ライフデザイン白書』ぎょうせい、2010年
- 「平成25年人口動態統計月報年計（概数）の概況」厚生労働省
- 「世界の統計2014」総務省
- 「国勢調査」総務省、1970年、1990年、2010年
- 中西新太郎等（編著）『キーワードで読む現代日本社会』（第2版）、旬報社、2012年
- 「離婚に関する統計」「最高裁判所事務局司法統計年報」司法統計、2013年

第2章「日本の住居」

- 「平成25年住宅・土地統計調査」総務省統計局、2014年
- 「住宅の延べ面積・所有の関係別住宅数」総務省統計局、2008年
- 「家計を主に支える者の通勤時間」総務省統計局、2008年
- 「平成24年度住宅市場動向調査報告書」国土交通省住宅局、2013年
- 盛山正仁著『バリアフリーからユニバーサル社会へ』創英社／三省堂書店、2011年
- 安藤正典著『住まいと病気―シックハウス症候群・化学物質過敏症を予防する―』丸善、2002年
- 桂島宣弘編、アジアにおける日本研究ゼミナール著『留学生のための日本事情入門』文理閣、2005年

第3章「日本の食生活」

- 「和食；日本人の伝統的な食文化」（静岡文化芸術大学熊倉学長監修）農林水産省、2011年
- 「JPN50選抜総選挙―日本人の好きな料理―」クチコミデータ、2011年

- 「諸外国・地域の食料自給率（カロリーベース）の推移」農林水産省、(1961～2013)
- 「国民健康・栄養調査」厚生労働省、2013 年
- 「日本人の食事摂取基準」厚生労働省、2010 年
- 「食料自給率の推移」農林水産省、2010 年
- 「よくわかる食料自給率」農林水産省、2014 年
- 大野和興「食料自給率が低いことがなぜ問題か」「DEAR ニュース」111 号、開発教育協会、2004 年 10 月
- 「食育に関する意識調査」内閣府食育推進室、2013 年
- 「食育基本法と食育推進基本計画」内閣府食育推進室
- 「食育ガイド」内閣府食育推進室
- 「学校給食実施状況調査」文部科学省、2012 年
- 「学校給食法並びに同法施行令等の施行について」文部事務次官通達、1954 年
- 「もっと知ってほしい食品添加物のあれこれ」日本食品添加物教会、2013 年
- 「食品安全員会パンフレット」内閣府、2013 年

第 4 章「日本の物価」

- 「消費者が購入する際の商品およびサービスの価格」「消費者物価指数年報」（東京都区部）総務省統計局、2011 年
- "IMF—World Economic Outlook Databases"、2014 年 4 月版、10 月版
- 「学歴別にみた初任給」「賃金構造基本統計調査（初任給）」厚生労働省、2013 年
- 「平成 20 年住宅・土地統計調査」総務省統計局、2008 年
- 「各国の物価水準（日本の物価との比較）」公益財団法人国際金融情報センター公式 HP、2015 年
- 「家計調査」「家計調査年報」総務省、2013 年
- 「消費税（付加価値税）の標準税率」国税庁、2014 年
- 「たばこ税」一般社団法人日本たばこ協会公式 HP (http://www.tioj.or.jp)、2014 年

第 5 章「日本人のマナー」

- 桂島宣弘編、アジアにおける日本研究ゼミナール著『留学生のための日本事情入門』文理閣、2005 年
- 「接客マナー 〜マナー辞典〜」NPO 法人日本サービスマナー協会・公式 HP (http://www.japan-service.org/)
- 「大人が子どもに見せてはいけないと思う態度・行動ランキング」goo ランキング、2008 年
- 「飲食店を利用する際、料理の大切さを 5 とした時、接客サービスの大切さはどのくらいですか？」C-NEWS 編集部、2009 年
- 「食事としつけに関するアンケート 2009」Benesse 食育研究所、2009 年
- 「子供と家族に関する国際比較調査の概要」総務庁青少年対策本部、1995 年

- 「読売新聞」「被災日本人のマナー、米紙が絶賛」2011年3月15日
- 「Record China」「まるで無声映画、大震災でも秩序を崩さない日本人に喝采」2011年3月16日
- 「時事通信」「なぜ略奪がないの？被災地の秩序、驚きと賞賛―米」2011年3月16日

第6章「日本の交通事情」

- 「都市交通調査」国土交通省、2010年
- 土井靖範「戦後日本の旅客交通政策の評価と今後の戦略課題」『立命館経営学』第45巻第2号、2006年
- ODEC（2011）"Economic Policy Reforms 2011",Going for Growth
- JAMA（一般社団法人日本自動車工業会）公式HP（http://www.jama.or.jp）
- 「道路交通法」第六節の二「横断歩行者等の保護のための通行方法」第三十八条、最終改正：2013年11月27日
- 「平成25年中の交通事故死亡者数について」交通局交通企画課、2014年
- 「死者数・死傷者数・死傷事故件数の推移」（国土交通省HP）（http://www.mlit.go.jp/road/road/traffic/sesaku/genjyo.html）を加工して作成
- OECD（Organisation for Economic Co-operation and Development）公式HP（http://www.oecd.org/）
- 「国際競争力の強化に係る社会資本に関する国際比較」国土交通省、2012年
- 「東京都統計年鑑 平成24年」東京都総務局、2012年
- 三戸祐子著『定刻列車』新潮社、2005年

第7章「日本の環境対策」

- 「森林・林業再生プラン」農林水産省林野庁、2009年
- 「あいちの外来種・移入種対策ハンドブック」愛知県公式HP、2012年
- 「海水淡水化技術の普及状況と課題」独立行政法人化学技術振興機構、2009年
- 日本ベーシック株式会社公式HP
- 「地産地消の推進について」農林水産省、2014年
- 「電動ゴミ収集車eパッカーの紹介」日本環境衛生施設工業会、2010年
- 「日本の廃棄物処理・リサイクル技術」環境省HP
- 「自然エネルギー白書2011」自然エネルギー政策プラットフォーム、2011年
- 「革新的エネルギー・環境戦略」内閣官房公式HP、2011年

第8章「日本の防災対策」

- 「兵庫県南部地震における火災に関する調査報告書」社団法人火災学会、1996年
- 「阪神淡路大震災の支援・復旧状況」兵庫県HP、2006年

- 「東日本大震災で日本人はどう変わったか～『防災・エネルギー・生活に関する世論調査』から～」NHK放送研究と調査、2012年
- 「平成23年度第4回インターネット都政モニターアンケート結果」東京都生活文化局、2011年
- 「災害時に命を守る一人一人の防災対策」政府広報オンライン、2013年
- 「東日本大震災における学校等の対応等に関する調査報告書」文部科学省、2012年
- 「防災教育の推進について」「学校等における災害対策の現状と課題」全国都道府県教育長協議会、2013年
- 「わたしの防災サバイバル手帳」総務省消防庁
- 「自主的な防火防災活動と災害に強い地域づくり」総務省消防庁、2011年
- 「高田松原と奇跡の一本松」陸前高田市HP

第9章「日本の都市」

- 町村敬志・西澤晃彦著『都市の社会学』有斐閣、2000年
- 長谷川公一・浜日出夫・藤村正行・町村敬志著『社会学』有斐閣、2007年
- 松本通晴「都市移住と結節」松本通晴・丸木恵祐編『都市移住の社会学』世界思想社、1994年
- 「消費動向調査」（各年）、内閣府
- 「世界都市推計」国連統計局、2010年
- 「国土審議会政策部会長期展望委員会『国土の長期展望』中間取りまとめ」国土交通省、2011年
- 「国勢調査」（各年）、総務省

第10章「日本の経済」

- "IMF―World Economic Outlook Databases"、2014年4月版
- 「日本の経済成長率」「国民経済計算」内閣府、2010年
- 「労働力調査」（基本集計）総務省統計局、2014年5月分
- 「有効求人倍率と完全失業率の推移」朝日新聞デジタル、2014年
- 「アベノミクス『三本の矢』」首相官邸公式HP（http://www.kantei.go.jp）
- 「貿易相手先国上位10カ国の推移」財務省貿易統計、2014年
- 「主要輸出入品の推移」財務省貿易統計、2014年

第11章「日本の企業」 参考資料

- 「毎月勤労統計調査」厚生労働省、1980年、1990年、2000年、2010年、2012年
- 「データブック国際労働比較2013」独立行政法人労働政策研究・研修機構、2013年
- 「賃金構造基本統計調査」厚生労働省、2013年
- 「民間給与実態統計調査」国税庁、2012年

- 「年次経済財政報告」（経済財政政策担当大臣報告）内閣府、2006 年
- 「労働力調査（基本集計）2013 年 11 月分」、総務省統計局、2013 年
- 河野豊弘著「日米の戦略的意思決定の比較」『学習院大学経済論集』第 13 巻第 1 号、1976 年
- 「売上高ランキング」日本経済新聞、2013 年度
- 松下幸之助著「道をひらく」PHP 研究所、1968 年
- 「松下幸之助の生涯」パナソニック株式会社公式 HP

第 12 章「日本の政治」

- 石間英雄「政党組織と政党システム～1990 年代以降の日本の政党システム～」学士論文 一橋大学社会学部 2013 年
- 金井利之「『地域における政党』と『地域政党』」『自治総研通巻』419 号 pp.39-51、2013 年
- 川村一義「日本の政党制の変容と野党第一党の機能」GEMC journal NO.5 pp.80-103、2011 年
- 佐藤令「諸外国の選挙制度―類型 具体例 制度一覧―」『調査と情報』第 721 号 pp.1-14、2011 年
- 「衆院選挙制度の仕組み」時事ドットコム（http://www.jiji.com）、2014 年
- 千草孝雄「戦後日本における地方自治研究に関する一考察」『比較法文化』第 21 号 pp.1-20、2013 年
- 「選挙制度改革の取り組み」総務省 HP（http://www.soumu.go.jp/senkyo/kaikaku）
- 待鳥聡史「日本政治の現状と課題」NIPPON.COM、2011 年
- 「日本の地方自治その現状と課題」総務省、2011 年
- 「地域における ICT 利活用の現状及び経済効果に関する調査研究」総務省、2012 年

第 13 章「日本のマスメディア」

- 「印刷部数公表」社団法人日本雑誌教会、2013 年
- 「出版月報」（2009 年 11 月号）特集「いまコミック産業に何が起きているか―30 年間のデータより見えてきたもの―」公共社団法人全国出版教会、2009 年
- 「世界の報道の自由度指数(World press freedom index)」国境なき記者団(Reporters Without Borders)、2013 年
- 「テレビに関する調査」リサーチバンク、2013 年
- 「2013 年年間視聴率ランキング」ビデオリサーチ、2015 年
- 「情報通信統計データベース」「テレビジョン平均視聴時間量」総務省、2013 年
- 「新聞の発行部数と世帯数の推移」日本新聞協会、2013 年
- 「WORLD PRESS TRENDS」世界新聞・ニュース発行者協会（WAN-IFRA）、2012 年
- 「World Top 10 Newspapers」世界新聞・ニュース発行者協会（WAN-IFRA）、2011 年
- 「新聞販売所従業員数、販売所数の推移」日本新聞協会、2012 年
- 「2012 年日本の広告費」電通、2013 年
- 「自国のメディア報道は客観的で公平か」言論 NPO「第 10 回日中共同世論調査」、2014 年

第 14 章「日本の学校教育」

- 「高校・大学進学率の推移」e-Stat 学校基本調査年次統計、2013 年
- 「学校基本調査」文部科学省、2010 年
- 「小学校学習指導要領」文部科学省、2011 年改正
- 「中学校学習指導要領」文部科学省、2011 年改正
- 「運動部所属中学校生徒数」財団法人日本中学校体育連盟、2009 年
- 「運動部所属高校校生徒数」財団法人全国高等学校体育連盟、財団法人日本高等学校野球連盟、2009 年
- 「子どもの学校外での学習活動に関する実態調査報告」文部科学省、2008 年
- 「学習基本調査・国際 6 都市調査報告書」Benesse 教育研究開発センター、2008 年
- 「学校外教育活動に関する調査」Benesse 教育総合研究所、2013 年
- 「大学生の学習・生活実態調査」Benesse 教育総合研究所、2012 年
- 「大学生のアルバイトに関する調査」モッピーラボ、2012 年
- 石川英輔・田中優子著『大江戸ボランティア事情』講談社、1999 年
- 鬼頭宏著『日本の歴史 19 文明としての江戸システム』講談社学術文庫、2010 年
- 石川英輔著『大江戸生活事情』講談社文庫、1997 年

第 15 章「日本の社会問題」

- 「平成 24 年版 高齢社会白書」内閣府、2012 年
- 「統計からみた我が国の高齢者」「人口推計」総務省統計局、2014 年 4 月 1 日現在
- 「日本の将来推計人口」国立社会保障・人口問題研究所、2006 年
- 「ICT 超高齢社会構想会議報告書」(国際連合 "World Population Prospects:The 2012 Revision" より) 総務省、2013 年
- 山田昌弘著『少子社会日本—もうひとつの格差のゆくえ』岩波新書、2007 年
- 「平成 23 年度社会保障費用統計」国立社会保障・人口問題研究所、2011 年
- 「社会保障の給付と負担の現状と国際比較」厚生労働省、2014 年
- 佐藤俊樹著『不平等社会日本—さよなら総中流』中公新書、2000 年
- 「自殺を予防する—世界の優先課題」("Preventing Suicide: A global imperative") 世界保健機構 (WHO)、2014 年
- 「平成 25 年中における自殺の状況」警察庁統計、2014 年
- 「人口統計資料集 2013 年版」国際社会保障・人口問題研究所、2013 年
- 「平成 25 年簡易生命表」厚生労働省、2014 年

著者メッセージ

もっと日本を感じてほしい

　読者のみなさん、こんにちは。『新日本社会』はいかがでしたか？　この本を読んで今まで知らなかった日本が見えてきたでしょうか。

　日本ってすごいなあ。日本って変な国だなあ。それぞれの人がそれぞれの感想を持ったと思います。その感想がとても大事です。情報は知識として得るだけが全てではありません。得た情報に対して、自分がどのように感じ、どのように受け取るかが重要です。

　私は8年前、40カ国を周遊する世界一周の旅にでました。言語の通じない国も多く、最初は不安ばかりでした。しかし、そんな心配はまったく杞憂のものでした。その国のことをもっと知りたい、その国の人と接してみたい、そういった気持ちは知らず知らずのうちに相手に伝わり、彼らは言葉のしゃべれない外国人の私を受け入れてくれました。

　40カ国を周遊したあと、私は中国に住むことを決めました。旅で訪れた40カ国の中で、中国という国に最も興味をひかれたからです。良いことも悪いことも含めて、中国の全てを知りたいと思っていました。そんな中国は私の期待を裏切りませんでした。歴史、社会、言語、文化、自然、民族、政治、教育、食、全てのものが日本とは違います。その1つ1つを感じ、それぞれの関係を知ることで、今まで知らなかった中国が見えてきました。

　「日本人の○○○なところ、私はあまり好きにはなれません」学生からこんな感想を聞くと、ちょっと嬉しくなる自分がいます。その学生は日本ときちんと向き合って、日本を感じてくれたからです。日本には良い所もありますが、当然、悪い所も、問題点もたくさんあります。全部含めて日本です。本当に仲の良い夫婦はお互いの長所短所を知り、それら全てを受け入れています。中日両国がそんな関係になることを私は夢見ています。

　今回、この教科書を作った一番の理由は、もっと中国の人に普段は見えにくい日本社会の奥の部分まで感じてほしいと思ったからです。「日本語」の先には必ず「日本」があり、「日本人」がいます。日本という国があり、日本人がいるからこそ、日本語という言語は存在するのです。日本語学習者にはそのことを感じながらこの本を読んでもらえたらなと思います。『新日本社会』がみなさんの日本への興味を開く扉になることを願っています。

日本人著者代表　　井田　正道